张舰月 ○ 著

现代高校书院制人才培养研究

XIANDAI GAOXIAO SHUYUAN ZHI
RENCAI PEIYANG YANJIU

北京理工大学出版社
BEIJING INSTITUTE OF TECHNOLOGY PRESS

版权专有　侵权必究

图书在版编目(CIP)数据

现代高校书院制人才培养研究 / 张舰月著 . -- 北京：北京理工大学出版社，2024.3
ISBN 978-7-5763-3161-5

Ⅰ. ①现… Ⅱ. ①张… Ⅲ. ①高等学校-人才培养-研究-中国 Ⅳ. ①G649.2

中国国家版本馆 CIP 数据核字(2023)第 230204 号

责任编辑：申玉琴	文案编辑：申玉琴
责任校对：周瑞红	责任印制：李志强

出版发行 / 北京理工大学出版社有限责任公司
社　　址 / 北京市丰台区四合庄路 6 号
邮　　编 / 100070
电　　话 / (010)68944439（学术售后服务热线）
网　　址 / http://www.bitpress.com.cn
版 印 次 / 2024 年 3 月第 1 版第 1 次印刷
印　　刷 / 三河市华骏印务包装有限公司
开　　本 / 710 mm×1000 mm　1/16
印　　张 / 19.25
字　　数 / 250 千字
定　　价 / 85.00 元

图书出现印装质量问题，请拨打售后服务热线，负责调换

PREFACE 前言

扎根中国大地，办有中国特色的社会主义大学，是中国高等学校在新时代的使命。人才培养是高等学校的核心职能。长期以来国内研究型大学形成的是以专业招生和分类培养为核心的教育培养机制，以班级为单位的授课制学习管理方式，重专业轻素质的人才培养模式。为了寻求突破，国内高校进行了书院制育人模式的改革尝试。中国现代高校书院制改革，旨在进一步构建符合新时代人才需求的高等教育人才培养新模式，更好地践行"为党育人、为国育才"的中国式高校育人实践。当前越来越多的高校加入本轮现代高校书院制改革。学术界有关书院制改革的研究不断增多，主要涉及改革背景与目标、书院制结构与功能、中西方及现代古代书院制差异比较等方向。然而，书院制育人模式的成效及成效产生的机制，是高等教育领域尚待深入探讨的问题。

人才培养成效评价既是书院制改革的重点也是难点。书院制改革旨在改变传统专业学院对人才培养知识和能力的分割，促进学生全面发展和综合能力提升。本研究尝试围绕全面发展这一核心视角，考察书院制改革与大学生全面发展的关系和内在机理，为深化书院制改革提供参考。

本研究以某"双一流"大学为案例院校，选取院校影响理论中的I-E-O理论以及新人力资本理论为理论框架，采用定量研究与质性研究相结合的混合研究方法。首先，系统梳理了案例院校书院制改革过程与内容，为进一步深入分析成效和机制提供了翔实的背景资料。其次，按照认知能力与非认知能力，构建了学业表现与非学业表现两大类评价指标体系，用来评价书院制改革成效。最后，采用"准实验"的研究思路，采集了案例书院制改革前后本科生群体在课程学习等方面的大数据，并进行了间隔三年的追踪问卷调查；在计量方法方面，进行了各类课程学业表现的对比分析、相关性分析、回归分析和PSM分析，并将生源质量提升等影响因素纳入控制变量。同时，还开展了多轮次的深度访谈，旨在帮助解释定量分析的结论，进一步探究书院制改革产生成效的机制。

本研究发现：第一，现代高校书院制改革制度设计有利于人才培养模式创新。新时期经济社会发展对人才能力特征的需求已发生根本性变化，大多数书院制改革院校将"大学生全面发展"作为基本理论具有现实合理性，通过书院制或大类培养模式承载新时代人才培养目标具有可行性。第二，本研究构建的I-E-O理论+基于能力的新人力资本理论分析框架，对书院制人才培养成效评价具有较好解释力。本研究选取本科生人才培养领域较为经典的I-E-O理论作为理论基础，按照书院制人才培养目标中最核心的"能力"变量要求，又引入了新人力资本理论作为研究框架搭建理论基础，最终构建形成认知能力与非认知能力分析框架和指标体系，具有一定的合理性和可操作性，这一框架和体系有望运用于书院制人才培养成效评价领域。第三，书院制改革可以通过有效的制度设计对提升人才培养成效产生积极影响。在前期教育改革的基础上，书院制改革更全面突显了促进人才全面发展这一基本理念。研究对象高校在总体制度设计、人才培养总体方案、学生教育管理模式、书院与学院协同机制、导师制等具体实践过程中，全面纳入了新的人才培养目标与政策行动。第四，书院制改革有望显著影响大学生认知能力与非认知能力。通过对数千门本科生课程的定量分析，本研究发现书院制改革后本科生学业表现显著提升；书院制本科生从进入书院到参与培养活动，其非学业表现各项指标稳步提升。第五，促进资源要素合理配置与流动、形成新的育人场域是书院制取得人才培养成效的主要路径。书院制改革之所以能促进大学生人才培养成效提升，主要原因包括重塑了教育社区环境、构建了新的大学生教育管理体系和校园文化、夯实了通识教育、提升了社区教育功能、促进了师生交流互动、增强了学生的主体性和自我管理能力。

本研究的创新之处有三个方面：一是研究选题创新。本研究以案例高校为研究对象，尝试对现代高校书院制改革的整个过程展开系统梳理，对人才培养目标达成度展开深入分析，尤其是屈指可数地系统开展了书院制人才培养成效较为全面的评价。二是研究框架创新。本研究把I-E-O理论与基于能力的新人力资本理论结合起来，并围绕书院制人才培养改革的核心"能力"目标开展研究框架搭建，通过文献研究等技术，最终构建形成16项可评价指标的研究分析框架，相关研究框架和数据分析模式具有一定的创新性和推广价值。三是研究方法创新。首次尝试打通校内各部门"数据孤岛"，构建形成研究所需的本科生大数据库。研究引入"准实验"思维，运用"双重差分法"考察书院制改革前后不同届次学生的发展差异。本研究实现了长历史跨度、多类型访谈、大样本数据分析，从多方面提高了研究的科学性。

张舰月

2023年12月于北京

CONTENTS 目录

第1章 导论 / 001

- 1.1 研究背景 ………………………………………………………002
  - 1.1.1 现代高校书院制改革逐渐兴起 ……………………… 002
  - 1.1.2 亟待开展书院制改革人才培养成效评价 …………… 004
  - 1.1.3 书院制人才培养成效的相关研究 …………………… 007
- 1.2 研究意义 ………………………………………………………008
  - 1.2.1 理论意义 ……………………………………………… 008
  - 1.2.2 实践意义 ……………………………………………… 010

第2章 文献综述与理论基础 / 013

- 2.1 书院制育人模式研究综述 ……………………………………014
  - 2.1.1 中国古代书院研究 …………………………………… 014
  - 2.1.2 西方书院制研究 ……………………………………… 017

  2.1.3 中国现代高校书院制研究 ·· 018

2.2 **大学生发展评价理论研究综述** ··028

  2.2.1 政治经济学视角 ·· 028

  2.2.2 心理学视角 ·· 030

  2.2.3 教育学视角 ·· 037

2.3 **基于I-E-O理论构建的分析框架** ··038

  2.3.1 阿斯汀的I-E-O理论概述 ·· 038

  2.3.2 基于能力的新人力资本理论概述 ································ 044

  2.3.3 大学生认知能力与非认知能力指标要素 ························ 052

  2.3.4 本研究构建的书院制大学生能力评价指标体系 ················ 061

2.4 **本章小结** ··062

第3章

研究设计 / 065

3.1 **研究问题及核心概念** ··066

  3.1.1 现代高校书院制 ·· 066

  3.1.2 本科生全面发展 ·· 068

  3.1.3 本科生发展评价 ·· 070

3.2 **研究方法** ··072

  3.2.1 个案研究法 ·· 073

  3.2.2 文献研究法 ·· 074

  3.2.3 深度访谈法 ·· 074

  3.2.4 定量分析方法 ·· 074

3.3 **研究思路和论文结构** ··075

3.4 **研究章节** ··077

3.5 **本章小结** ··079

第4章

案例高校书院制人才培养制度设计 / 081

- 4.1 案例高校历次人才培养模式改革 ·················· 082
  - 4.1.1 通才教育改革 ························ 082
  - 4.1.2 专业教育改革 ························ 084
  - 4.1.3 通识教育、素质教育改革 ·················· 087
- 4.2 案例高校书院制育人模式改革 ···················· 092
  - 4.2.1 总体制度设计 ························ 093
  - 4.2.2 人才培养总体方案 ······················ 097
  - 4.2.3 学生教育管理模式 ······················ 101
  - 4.2.4 书院与学院协同 ······················· 102
  - 4.2.5 书院与社区互融 ······················· 104
  - 4.2.6 导师制的实施 ························ 105
  - 4.2.7 学生思想政治教育 ······················ 107
- 4.3 案例高校与国内其他高校书院制改革异同分析 ············ 108
- 4.4 本章小结 ······························· 109

第5章

书院制改革本科生学业表现成效评测 / 113

- 5.1 书院制人才培养学业表现评价 ···················· 114
  - 5.1.1 研究方法与数据来源 ····················· 114
  - 5.1.2 书院制改革前后大学生学业表现变化 ············· 120
- 5.2 书院制改革前后大学生学业表现影响因素模型 ············ 137
  - 5.2.1 学业表现影响因素模型变量设定 ··············· 137

    5.2.2 学业表现影响因素模型描述性与相关性分析 ·················· 138
    5.2.3 学业表现影响因素模型回归分析 ····························· 143
    5.2.4 学业表现影响因素PSM分析 ·································· 146
    5.2.5 书院制培养对学业表现影响的双重差分分析 ················ 148
    5.2.6 研究结论检验 ··· 149
  5.3 本章小结 ·· 156

第6章
书院制改革本科生非学业表现成效评测 / 159

  6.1 书院制人才培养非学业表现评价 ···································· 160
    6.1.1 研究方法与数据来源 ··· 160
    6.1.2 书院制改革前后大学生非学业表现变化 ······················ 167
  6.2 书院制改革前后大学生非学业表现影响因素模型 ················ 179
    6.2.1 非学业表现描述性统计与相关性矩阵表 ······················ 179
    6.2.2 非学业表现影响因素模型变量设定 ··························· 182
    6.2.3 非学业表现影响因素回归分析结果 ··························· 183
    6.2.4 广义双重差分模型结果 ··· 185
  6.3 本章小结 ·· 186

第7章
书院制人才培养成效的影响因素及机制分析 / 189

  7.1 访谈设计 ·· 190
  7.2 书院制改革人才培养成效的影响因素 ······························ 193
    7.2.1 开放式编码 ·· 193

7.2.2　主轴式编码 ·· 195
　　　7.2.3　选择性编码 ·· 196
7.3　书院制改革人才培养成效总体评价 ································ 202
7.4　书院制改革人才培养面临的各类矛盾与问题 ···················· 208
　　　7.4.1　书院制人才培养资源需求与各类投入尚未完全匹配 ········ 209
　　　7.4.2　书院制人才培养新旧模式转换尚未完全实现 ················ 214
　　　7.4.3　书院制人才培养体制机制仍然有待理顺 ····················· 221
7.5　现代高校书院制人才培养模式机制与成因分析 ·················· 224
　　　7.5.1　书院制对人才培养成效影响的作用机理 ····················· 225
　　　7.5.2　现代高校书院制人才培养存在问题的成因分析 ············· 226
7.6　本章小结 ··· 229

第8章
研究结论与展望 / 231

8.1　研究结论 ···232
　　　8.1.1　书院制改革通过有效设计对人才培养成效产生显著影响 ······ 233
　　　8.1.2　书院制改革可以有效作用于学生认知能力与非认知能力改变
　　　　　　 ·· 234
　　　8.1.3　形成新的育人场域是书院制实现人才培养成效提升的主要路径
　　　　　　 ·· 235
　　　8.1.4　书院制改革对制度、资源带来冲击性影响 ··················· 235
8.2　研究建议 ··· 236
　　　8.2.1　因校制宜推进书院制改革 ······································ 237
　　　8.2.2　全面提升书院制人才培养质量 ································ 239
　　　8.2.3　探索具有中国特色的书院制改革模式 ························ 241

	8.2.4 理顺书院制本科生人才培养的体制机制	……………	243
	8.2.5 细化书院制本科生人才培养各个环节	………………	246
	8.2.6 增加书院制本科生人才培养的各类投入	……………	248

8.3 研究创新 ……………………………………………………… 250

8.4 研究展望 ……………………………………………………… 252

    8.4.1 加强研究数据库建设和数据分析研究 ……………… 252

    8.4.2 加强书院制改革与人才培养成效作用的过程机理研究 ……… 253

    8.4.3 加强对I-E-O理论模型与新人力资本理论本身的研究 ……… 253

附件A H大学书院制理念下学生全面发展情况调查问卷（2019版）…… 255

附件B H大学书院制理念下学生全面发展情况调查问卷（2022版）…… 264

附件C 书院制改革本科生座谈会提纲 ………………………………… 276

附件D 书院制改革教师/行政人员座谈会提纲 ……………………… 278

参考文献 …………………………………………………………… 280

第 1 章
CHAPTER 1

导　论

1.1 研究背景

1.1.1 现代高校书院制改革逐渐兴起

人才培养是高等学校的核心职能。高校人才培养活动，应适应经济社会发展需求，并随着经济社会的发展变化，不断更新变革人才培养模式。自现代大学制度诞生之日起，世界各国高校，无不围绕人才培养模式这一核心议题，适应经济社会发展变化，不断改进高等教育人才培养活动。

书院制改革是本轮"双一流"[①]高校人才培养模式改革的重点方向之一。此前中国高等教育人才培养活动，长期形成了以专业学院招生和分类培养为核心的教育培养模式，以班级为单位的授课制学习管理模式，造成人才培养学科壁垒严重、能力要素不全、学生可持续发展能力不够，成为制约人才培养成效提升的瓶颈之一，也是高等学校人才培养模式改革的重点和难点。近年来，国内高校纷纷以书院制改革为切入点，试图通过新的教育理念变革和管理体制改革，打破上述人才培养瓶颈。本轮中国现代高校书院制改革通常与大类招生相结合，旨在构建形成"宽口径，厚基础"的新型人才培养模式。

现代高校书院制改革理念雏形最早发轫于20世纪80年代后期的北京大学，该校最早提出"加强基础，淡化专业，因材施教，分流培养"的本科教育改革计划，开启了本轮高校人才培养模式改革的序幕。此后，国内高校在北大上述大类招生理念的基础上，进一步融入高等教育国际化和全球化等元素，通过不断进行模式创新，试图培养全面发展的人才，最终发展形成了现

---

① 世界一流大学和世界一流学科（First-class universities and disciplines of the world），简称"双一流"，是中共中央、国务院做出的重大战略决策，也是中国高等教育领域继"211工程""985工程"之后的又一国家战略，有利于提升中国高等教育综合实力和国际竞争力，为实现"两个一百年"奋斗目标和实现中华民族伟大复兴的中国梦提供有力支撑。

代高校书院制人才培养模式。

书院制在中国教育历史上曾长期存在，但本研究所指的高校书院制人才培养模式，则是在最近20年才"再次兴起"（李翠芳，2009；陈晓斌、龚诗昆，2019），因此本研究称之为"现代高校书院制改革"。现代高校书院制涵盖大类招生、大类培养的部分改革理念，并进一步推动了从招生到就业整个人才培养环节的全链条改革活动。近年来，现代高校书院制改革成为中国高等学校人才培养模式改革的一种积极探索。截至2022年6月，国内42所世界一流大学建设高校中，已有27所高校陆续开展书院制改革试点工作（占比64.3%）。少数高校甚至已开展全员性书院制育人模式改革。目前在C9高校中，只有上海交通大学尚未推行书院制改革。在尚未创建书院的15所"双一流"大学建设高校中，华中科技大学、武汉大学、中南大学和中国农业大学等也创建了包含部分书院制理念的本科生院。

现代高校书院制改革，有力突出了"以学生为中心"的教育理念，旨在重新构建面向"学生全面发展"的人才培养体系、架构与方案，进一步强化通识教育，通过导师制、社区育人等创新改革，实现促进学生全面发展这一根本目标，推动实现"三全育人"[①]，激发学生的自主成长力，实现学生认知与非认知能力的全面提升。近年来，中国的高校纷纷开展书院制人才培养模式改革，但内地高校与港澳台高校仍然存在一些差异。当然，中国内地不同高校之间的书院制改革理念和模式也并非完全一致，目前仍很难用单一标准概括中国内地本轮现代高校书院制改革。因此，本研究所进行的书院制改革研究更多是基于研究对象高校（以下简称"H大学"）的特征展开。H大学书院制改革的核心是在学生全面发展理念指导下的一种教师全时间全空间参与的以学生为主体、以学生发展为出发点和落脚点，将学生宿舍等生活社区作为重要平台的人才培养制度，本质上是一种以学生为中心、以人才培养为核心的培养模式改革。应该说，现代高校书院制改革的根本目的是"全面育

[①] "三全育人"，即全员育人、全程育人、全方位育人，是中共中央、国务院在《关于加强和改进新形势下高校思想政治工作的意见》中提出的坚持全员全过程全方位育人（简称"三全育人"）的要求。

人"，旨在打破原有科层制的以教师、教室、班级为中心的行政化学生管理模式，突出导师教书与育人职责相统一，主要做法是不同院系、不同年级的学生集中住宿，通过书院社区加强学生互相学习交流和导师指导，为学生提供通识教育课程和第二课堂类活动，满足学生个性化发展需求，进而促进学生的全面发展。

1.1.2 亟待开展书院制改革人才培养成效评价

当前现代高校书院制改革中的人才培养成效研究仍然缺乏有效性评估。近年来，学术界有关书院制、大类培养等研究不断增加，但已有研究更多从书院制历史分析、大类培养治理结构、学生培养满意度等视角展开，书院制人才培养的成效评价研究较为缺乏，尤其是实证研究。书院制改革是否真的打破了传统人才培养学科、专业、能力等瓶颈，是否真的促进了学生的全面发展？书院制人才培养模式的作用过程和作用机理是什么？类似问题尚未得到学术界的充分研究，尚无法形成对书院制改革成效的客观评价，也因此无法为下一阶段书院制改革提供方向性指导。不同时代学生评价的内涵如表1.1所示。

表1.1 不同时代学生评价的内涵

时代	生产特点	基本素质	核心素质	综合体现	人才观表述方式
农业时代	分散的小农经济，封建国家基于"大一统"需求的科举选拔考试	对以儒家为首的诸子百家思想的精通程度	安分守己地服从皇权意志	为"兴邦治国"的使命效力	学而优则"仕"
工业时代	标准化、通用化、集中化的劳动和资本密集型大机器生产	掌握相关的专业知识和操作方法	服从、胜任大规模的工业生产	兢兢业业地在生产线上劳动	学而优则"业"
信息时代	以顾客为导向的信息密集型产业	观察力、想象力、思维力、专业背景、记忆力、合理的知识结构	责任感、主动性、创造力	在不同的岗位上具有创新能力综合素质	个人的全面发展

早在1999年,《中共中央国务院关于深化教育改革全面推进素质教育的决定》中就明确指出,建立符合素质要求的对学校、教师和学生的评价机制,建立自上而下的素质教育评估检查体系(杨叔子、余东升,2009;李孟贾、霍楷等,2021)。习近平总书记在全国教育大会上指出:"要深化教育体制改革,健全立德树人落实机制,扭转不科学的教育评价导向,坚决克服唯分数、唯升学、唯文凭、唯论文、唯帽子的顽瘴痼疾,从根本上解决教育评价指挥棒问题。"现代高校书院制改革是新时期影响高等教育人才培养活动的最关键改革举措之一。这一改革活动在部分高校已开展近10年,但一直缺乏对政策有效性的科学客观评价。本研究认为,对现代高校书院制改革评价,应坚持科学的教育评价导向,应以大学生人才培养成效作为核心评价目标,应基于科学研究,构建形成书院制改革对大学生人才培养成效的科学评价体系。

近年来,高等教育人才培养改革研究逐渐由目标导向的量化评价向定量与定性相结合、目标与过程相结合的评价方式转变。从国内教育学者对高等教育评价的认识过程来看,在20世纪80年代,高等教育管理者对评价什么、如何评价、评价结果使用、评价可能带来的各类问题等,还缺乏较为深入的认识与理解(刘琴,2009;傅程、黄斌等,2019)。进入20世纪90年代中期,特别是21世纪以后,在国际各类组织推崇的新公共管理理论,强调质量、绩效、问责等新规则推动下,我国高等教育从本科教学水平评估、学科评估、就业质量评估到各类人才项目评估,各类大学排行榜应运而生,自然指数、ESI各类数据竞相出台(王伟,2006;方勇,2017;王黎黎,2020)。各类量化评价结果,不仅事关机构与学科的地位和声誉,更关联到其生存与发展空间,左右着高校教育管理者的办学动机,也改变着人们的工作与生活方式,甚至影响教育改革的观念、信念、价值取向以及日常的话语体系(阎光才,2010)。目标导向的量化评价模式在人才培养领域"很有市场"。以大学对学生的评价为例,本科生的培养环节有一套完整的综合测评体系(许俊俊、楼甜甜,2015),该套测评体系在各大高校执行的模块基本相同,专业学习成绩占比85%~95%，剩余5%~15%是关于第二课堂、社会实践、科技创新获奖经历和宿舍卫生等方面。书院制下的学生评价模式与高校传统学生评价模式的对比如表1.2所示。

表1.2 书院制下的学生评价模式与高校传统学生评价模式的对比

对比项	传统高校学生评价模式	书院制模式下学生评价模式
评价目的	检验学习效果，作为奖学金、优秀学生评定的依据	激发学习动机，诊断并反馈学习效果，指导和帮助学生实施改进行动
评价主体	学业成绩评价：由教师评价 综合素质评价：由学院辅导员和班干部评价	主体评价、第二方评价、第三方评价
评价指标体系	学业成绩评价：重知识掌握；平时作业考核+期中期末书面考试 综合素质评价：德、智、体等加权综合，突出全面发展	定量评价：学业表现 定性评价：非学业表现 学业成绩与素质拓展评价分列并行，突出个性发展和能力测评
评价程序	重结果考核；班级组织记实评分；评价结果作为评奖依据	过程和结果并重；重视学生在评价过程中对自我能力提升的审视，各评价主体及时向学生反馈评价建议，指导后续素养提升

传统的目标导向的量化评价模式对书院制人才培养成效评价存在实际困难。传统目标导向的量化评价模式并不完全适应于书院制改革理念（苑永波，2001；钟擎，2018）。传统的高校评价模式属于典型的目标导向模式，评价方法以量化为主，评价方式为总结性评价。传统的评价模式更多强调可量化，忽视了人的行为的整体性和创造性，以及行为过程本身的重要价值（陈晓斌，2017）。传统的有关教育改革的效果评价，旨在通过教育评价"给出客观真实的展现"（王登峰，2019）。但书院制人才培养模式改革，针对人才培养成效这一核心目标，聚焦评价大学生的人才培养成效，如果像传统评价研究一样依靠完全量化的方法形成评价结论，确实存在困难。近年来学术界也开始反思，完全依靠目标导向的人才培养评价，对学生综合素质的提升往往无法起到动态监测和科学指导的作用，也不能为高校管理者在改革过程中及时提出持续的改进建议。

具体来看，传统的目标导向的量化评价模式在书院制人才培养成效评价过程中有以下问题：一是从评价功能看，传统评价模式比较重视鉴别、选拔与比较功能，忽视诊断、检视与激励功能。评价结果服务于奖学金评定、保研等。二是从评价标准看，传统评价模式重共性而轻个性评价。三是从评价主体看，忽视学生自我评价。书院制育人突出学生的主体性，强化学生的自我管理、自我评价，并通过检视进行自我调整与完善。四是从评价方式看，传统模式重视量化和总结性评价，忽视质性和过程性评价。五是从评价结果看，传统模式忽视反馈反思和指导调整功能，书院制强调师生互动，自我教育，评价结果要给学生提出改进的有效建议，同时为学校、书院、学院和教师提供适时调整教育教学行为的参考。此外，从评价周期来看，传统人才发展评价周期往往较短，一些实证研究通常使用横断面数据，无法通过长期追踪、前后对比等形成更为科学的研究结论。

1.1.3 书院制人才培养成效的相关研究

书院制改革，本质上是试图推进中国高等教育从学历本位向能力本位评价转变。在此过程中，传统以目标为导向的评价模式，不能完全满足对学生发展全面评价的需要。书院制人才培养成效评价，开始更多体现出综合性、多元性、发展性、激励性等特征，开始注重教育对象的品德发展、学业发展、身心发展、兴趣养成等方面（陈荣，2011；耿玉华，2012；王莉韵，2013；梁俊凤、孙丹，2018）。传统的人才培养评价模式，德育、美育、劳育等多方面的评价指标都未纳入其中，指标体系亟待完善。

与此同时，传统的大学生发展评价方法也需要创新。传统的"输入—输出"人才评价模式容易造成评价"灰箱"[①]问题。现代高校书院制是高校进行人才培养改革的一种探索，本科四年的大学生活可以理解成是一个"输入—输出"的状态，但如果对四年的培养过程不作了解，仅关注大学生四年成长

---

① 灰箱模型（Gray box）或概念模型（Conceptual model），是指那些内部规律尚不十分清楚，在建立和改善模型方面都还不同程度地有许多工作要做的问题。

输入与输出的"黑箱"①，仍然无法实际指导书院制人才培养模式改革（徐森、王伟，2013；李怀珍、贾宝先，2018）。目前，学术界不仅对书院制改革人才培养输入—输出情况的客观状况掌握不足，而且对身处书院之中的本科生在四年内成长的内部规律就更不清楚（朱宏，2008；董泽芳，2012；祝庆轩、关发辉，2018；张哲、叶邦银，2020；张欣，2021）。在建立和改善评估模型方面都还不同程度地有许多工作要做，让高校人才培养模式趋向于"白箱"②，即指研究者不仅知道该系统的输入—输出关系，而且知道实现输入—输出关系的结构与过程。

综上，本研究聚焦现代高校书院制人才培养过程中人才培养成效评价议题，主要研究现代高校书院制人才培养成效问题、人才培养过程与作用机理问题，对书院制改革是否以及如何影响大学生人才培养这一基本问题做出回答。通过上述系统剖析，深入挖掘分析案例高校书院制改革过程中人才培养的各类问题，尤其是书院制人才培养成效提升遇到的现实阻力，厘清问题类型，梳理问题成因，探寻改革策略，以研究为依托，对案例高校书院制改革现状展开全面"诊断"，为案例高校下一步改革提供决策参考。

1.2　研究意义

1.2.1　理论意义

本研究聚焦于书院制改革对人才培养成效的影响，旨在客观评价书院制人才培养各类成效，以此评估书院制改革本身的有效性，并及时发现人才培养问题，分析原因，形成解决对策，从而促进现代高校书院制改革深化和

---

① 黑箱理论，是指对特定的系统开展研究时，人们把系统作为一个看不透的黑色箱子，研究中不涉及系统内部的结构和相互关系，仅从其输入输出的特点了解该系统规律，用黑箱方法得到的对一个系统规律的认识。

② 白箱理论，是指研究者不仅知道该系统的输入—输出关系，而且知道实现输入—输出关系的结构与过程。

优化。本研究既是一项院校研究，也是一项学理研究，具有三个方面的理论意义。

一是系统构建书院制人才培养成效评价指标体系。已有书院制人才培养成效评价研究较为缺乏，零星研究针对课堂教学、某部分学生群体、部分书院等展开评价，总体上强调"人的全面发展""德智体美劳均衡发展"等宏观立场，但在中微观实际评测人才培养成效时，往往出现研究目标和指标体系窄化，只聚焦少数指标，只采集小样本数据，只局部进行人才培养成效评价等问题，这些研究活动最终可能进一步助长"智力决定论""分数决定论""就业决定论"等人才评价导向，不利于科学开展书院制人才培养评价。本研究在理论和文献研究基础上，结合现代高校书院制特征，尝试构建形成较为科学的书院制人才培养成效评价分析框架，并尽最大可能采集大样本（甚至全样本）数据，全面分析书院制改革过程，研究所形成的评价理念和方法、分析框架与技术、数据库等，有望成为后续书院制人才培养成效评价研究的重要参照。

二是运用I-E-O理论模型，并结合吸取了基于能力的新人力资本理论。本研究的文献综述部分显示出，有关大学生人才培养评价研究领域的理论基础众多，但这些传统理论要么过于宏大只具有理论解释力而无法直接指导书院制人才培养效果评价；要么理论过于微观只可以基于心理学等量表展开观测，无法对人才培养成效诸多要素进行全面考察。为此，本研究尝试将个体与环境互动理论、学生发展评价理论与基于能力的新人力资本理论相结合搭建理论研究框架。通过I-E-O理论和基于能力的新人力资本理论，不仅呈现了人才培养路径，而且凸显了人才培养的能力要素。新人力资本理论虽然提出仅10余年，但其对于从教育视角开展高等教育阶段学生能力增值研究具有重要意义，不仅具有理论上的充分解释力，更适合在高资源投入背景下，充分考量投入与产出的效益，并提供围绕认知能力、非认知能力等进一步构建指标体系的研究思路。本研究尝试从新的视角对书院制改革过程中人才培养成效评价进行理论阐释，并以上述理论为基础，结合学术界近年来对人才培养成效评价指标体系和方法技术的研究，遵循学生发展理论中齐克林大学生发展七向量、新人力资本理论中关于认知能力与非认知能力的划分标准，构建形成16项认知能力与非认知能力评价指标。将新人力资本理论引入现代高校书院制人才培养成效评价研究，构建人才培养成效评价指标体系，虽然学界对这些工作仍存在质疑，但其确实具有一定的理论创新意义。

三是在院校研究中加入大数据理念和方法。和传统大学生评价研究更多基于指标体系和问卷数据采集不同，本研究虽然也设计了问卷调查环节，但更主要的是依靠学生大数据展开研究。本研究写作过程中，打破了所在学校部门间人才培养"数据孤岛"，共收集完成H大学8 900万余条书院制本科生各类大数据信息，并从中筛选有效数据用以科学评价书院制人才培养成效，较好地将大数据研究理念和方法融入研究活动，基于大数据发现的书院制人才培养规律，有利于科学化开展大学生发展评价，所形成的"大数据+DID（双重差分法）"新模型具有一定的理论价值和创新意义。有望进一步凝炼形成相关理论表达，形成实际的理论贡献。

1.2.2　实践意义

本研究在着力开展学理研究的同时，也旨在深入开展院校研究。既服务于研究对象高校H大学的书院制改革活动，也意在寻求书院制人才培养过程中的共性经验、问题和对策。既为研究对象高校书院制改革人才培养成效状况提供研究参考，也为其他高校开展书院制人才培养成效研究提供理论、方法、指标和数据库等参照。具体来说，本研究有三方面的实践贡献。

一是对于推动科学评价书院制人才培养成效具有实践价值。当前全国有近30所"双一流"高校已开展书院制人才培养模式改革，也有大量的普通高等院校正尝试推动书院制。但书院制改革成效究竟如何？究竟应该怎样评价书院制改革过程的人才培养成效？书院制改革是否真正达到了人才培养成效提升的改革目标？书院制改革在人才培养方面究竟存在哪些问题、原因为何、如何解决？由于前期研究并不充分，实践界在具体书院制改革过程中仍然面临很多困惑。本研究以H大学为研究案例，虽然不能代表中国全部高校的书院制改革模式，但管中窥豹，仍然有望形成较为科学合理的书院制人才培养成效评价范例，这对后续各高校开展书院制人才培养成效评价具有一定的实践参考价值。本研究所形成的I-E-O模型分析框架，以及评价的指标体系、各类数据分析框架等，也有望被后续研究和实践所修订使用。

二是对推动H大学等书院制人才培养改革具有实践价值。本研究以H大学为案例条分缕析，对H大学的书院制改革是一次"全面体检"和"成果验收"，对H大学未来书院制改革问题查找与创新发展具有一定积极意义。同时，对其他高校书院制改革也具有参考价值。H大学在国内书院制改革起步较早，是目前少数实行全员制书院制改革的中国内地高校。H大学人才培养成效的科学评价实践，对一些只进行了部分书院制改革、对书院制未来发展仍持观望态度的高校是一种有效的信息呈现。

三是对推动高校建设人才培养大数据库具有一定的参考价值。传统人才培养成效评价过多倚重问卷调查（且大多是自评式问卷），研究科学性水平存疑。本研究在保留传统问卷调查方法的同时，引入了大学生学习大数据分析方法，尝试更为客观地呈现人才培养成效尤其是各类人才培养过程性状况。本研究的数据采集方法、数据分析框架、人才培养评价维度等，具有一定的实践创新意义，有望为后续研究提供参考借鉴。

第 2 章
CHAPTER 2

文献综述与理论基础

本章着手系统梳理近年来国内外对"书院"的研究,分别从中国古代书院、西方书院制、中国现代高校书院制研究进行分析。从早期的通识教育、人才培养、导师制的研究到近几年较为宏观的育人模式研究,不断聚焦书院制改革的精神内核。本研究从经济学、心理学、教育学的视角介绍了部分大学生人才培养成效评价的基本理论。本研究最终选取学生发展领域较为经典的I-E-O理论作为理论基础,按照书院制人才培养目标中最核心的"能力"变量要求,参考借鉴新人力资本理论,设定认知能力与非认知能力两大类评价方向,并形成评价指标体系,为构建现代高校书院制人才培养成效评价的理论研究框架奠定基础。

2.1　书院制育人模式研究综述

2.1.1　中国古代书院研究

"书院"一词最早起源于中国的古代书院,中国古代书院是集教学指导与学术研究为一体,结合文明绍继、大众启蒙、社会批判、学术研究等诸多功能的高等教育学术机构。由于学术界关于中国古代书院的研究成果众多,且中国古代书院制度和本研究现代高校书院制虽有联系但也有很大差异,因此本研究只对中国古代书院起源、历史、教育特点等作简要综述。

中国古代书院起源发展脉络研究。学界相关研究人员一般认为中国古代书院起源于唐代。当时的"书院"作为政府的文化机构,主要负责掌管抄书、校书、藏书等工作。唐代中后期,知识阶级受科举制度的影响,教育组织逐步由"官学至上"演变为"习业山林",学习内容也由经典向诗赋文章转移。书院这种新的教育组织形式在隐居、藏书、读书的基础上逐步发展而来,自此登上了古代教育的历史舞台。书院教育模式在宋代得到大力发展并达到鼎盛,该时期理学大师们通过收徒讲学、传播学术思想来弘扬书院制,书院制度由此变得更加制度化、规范化(卫道治,1998;王晓龙、张春生,2005;刘美灵,2020)。此时形成了与正统官学相补充抗衡的"学在民间"的传统,白鹿洞书院、嵩阳书院、应天府书院、岳麓书院、茅山书院和石鼓书院等著名的六大书院也由此产生。明清时期,书院制因国家危机而深受诟病,到了1901年,清政府废除科举制度,建立新式学校,书院自此退出历史舞台(郭娅、曹宁,2021)。

中国古代书院教育导向研究。一些研究认为,书院制历经了一千多年的发展,逐渐形成了较为明确的"书院精神",也可以认为是书院的教育导向。其中,人文精神是书院文化中的核心与灵魂。书院在上千年的发展历程中,一直本着对个体德性的深切关照乃至对生命的终极关怀,体现了"以人为本""人文化成"的精神实质和价值选择,完善个人品德和增进学识,具有深厚的人文底蕴(张传燧、邓素文,2005;金银珍、牟娟,2010;朱晓楠,2022)。与此同时,书院由于和正统官学不同,具备"草根性",因此也发展出一定的批判精神,它独立于官场,不完全被官方意识左右。相比于正统官学,书院主张根据学生的具体特点和问题作辅导教学,鼓励师生共同探讨,抛弃传统的知识灌输型教学方式,因此书院有着较为平等的师生关系、较为自由的学术言论以及较为独特的教学方式。书院鼓励学生精思善疑,敢于批判,不唯权威,不人云亦云,"读书不唯书,不唯圣贤,唯是是从",激励学生发出不同的声音,并引导其殊途同归,以臻至善,因而培养了一批具有怀疑与批判精神的师生。以明代东林书院为例,它鼓励学者要扭转学术风气,关心天下时政。顾宪成、高攀龙等著名学者相继主持讲学,订有《东林会约》,申明"饬四要,破二惑,崇九益,屏九损",展开对王学的批评。同时,大门上的"风声雨声读书声,声声入耳;家事国事天下事,事事关心"提醒着师生们要时刻心系天下时政(韩琳,2018)。

中国古代书院的教育特点。对学界有关古代书院教育属性、教育特征等文献进行概括,发现古代教育书院制度至少有四个方面的特点。一是教学方式灵活，以自学自励为主。书院在教学过程中强调学生的自主钻研，而教师则用自己的学识和经验指导学生的学习方向，与学生共同研讨，鼓励学生知难而进，在学习的过程中不仅要掌握知识更要提出问题。朱熹强调"读书需有疑""疑渐渐释，以至融会贯通，都无所疑，方始是学"（杨早，2022）。二是培养目标与办学形式各异。由于书院的创办者和正统官学不同，不完全被官方意识左右，故书院的办学风格、思想理念和教学方法等都独立于官方。另外，书院强调文武兼备，不仅重视发展以诗文、经世致用为主的学文书院，而且同步发展学武书院。如明嘉靖年间，九江兵备副使何棐创办的肄武书院，招收学子学习兵法、韬略、武经等。三是重视人文思想，以德育人。书院教育遵循儒家"以德育人"的教育理念，以塑造道德人格和至善品性为教育宗旨。书院教育重在培养高尚品格、陶冶人的情操，强调教育的首要任务在于培养人的德性。例如《白鹿洞书院揭示》强调，要重在躬亲践行，培养刚毅诚信、博厚悠远、仁爱通和的儒学文化精神（杨阿敏，2021）。在这种风气下，书院的师生关系十分融洽，尊师爱生的传统广为流传。四是注重聘请名师主持院务。山长、洞长、掌教等学识渊博、德高望重的名师往往被书院聘请作为院长。在北宋的书院中，山长是最主要的教学者，同时兼顾最高管理者，其他教学管理辅助人员的设置很少。书院的山长与书院的声望和发展关系极大，故选聘山长十分重要（刘河燕，2021）。

上述四大特点使中国古代书院极大地促进了学术研究及师生关系的发展。然而随着近代中国遭受帝国主义侵略，内忧外患、局势动荡、教育自信坍塌，大量的国外思想与模式传入中国。为了"教育救国"，中国大学盲目地、频繁地转换模仿对象，在短短几十年的时间里，中国大学在学校制度、课程设置、教学方法等方面依次形成了以日本、德国、美国为参照的教育体系。为此后愈演愈烈的实用主义、功利主义、工具主义的登场打开了大门，而中国古代书院的人文精神和批判精神则被无情地抛弃。功利主义的氛围更使大学组织的文化个性逐渐消散，以至于流于一片灰色的平庸之中（阎光才，2003；吴国盛，2021）。在移植国外高等教育制度建设中国近代大学中，模仿主义贯穿始终，始终没有建立起具有自己文化的高等教育体系，缺少自己的个性与精神。在政府主导之下建立起来的中国近代大学所培养的是能够救中国于水火之中的实用性人才和维护封建统治的官吏，服从是他们的首要特质。作为工具的中国近代大学，其批判的精神在政府面前消失得无影无踪（胡瑰，2008；高军、眭国荣，2019）。

尽管书院在中国消失了近一个世纪，但书院的灵魂和文化精神被保留和关注，在20世纪30年代和80年代，国内先后两次掀起了传承书院文化精神的浪潮，旨在建设形成现代书院制。从已有文献来看，现代书院制主要分为融西方住宿学院制与中国传统书院文化特色于一体的书院制、着眼于通识教育的一年制住宿模式、着眼于第二课堂的四年制住宿书院制模式和着眼于拔尖人才培养的书院制四种模式，将"以生为本"作为基本理念，强调学生的全面发展。随着对本科生教育以及大学生综合素质提升的日益重视，许多高校都尝试进行书院制改革探索，且各有继承、各有创新、各有特色。

2.1.2 西方书院制研究

西方书院制主要指的是"住宿学院制"，最先兴起于剑桥、牛津等英国名校，后来被美国的哈佛、耶鲁大学效仿并逐渐推广至全世界。西方的住宿学院制和中国古代的书院制度一样，其产生发展和变迁历史悠久，研究成果也非常丰富。比如，从历史研究的角度，有研究对牛津大学以及剑桥大学住宿学院制的发展历程及创建背景进行了详细历史分析；有学者对美国高校成立住宿学院的历史、原因及与英国的差异等展开了深入分析，并对该种住宿学院制度的办学理念进行了详细讨论（Robert，2000）；有学者完整记录总结和分析了哈佛大学在1636—1936年住宿学院的建设及发展历程。

学术界也有不少有关西方书院制教育功能和教育属性的研究成果。比如，早期研究学者就认为，哈佛大学住宿学院的最主要功能在于发挥其社会交互作用，通过在住宿学院内营造良好的学术氛围和生活氛围，来完成培养社会化高素质公民的目标。后来的学者坚持并发展了这一观点，认为在住宿学院内，不同年级、不同专业的学生彼此之间应该进行密切的联系和学术交流，这样有利于学生之间的思维碰撞，所得到的收获往往多于师生之间的交流，这种朋辈之间的相互碰撞有利于学生的健康成长，住宿学院应该为每一位住宿学生提供更多的机会和帮助，让学生从中得到成长。也有一些研究分析了住宿学院和普通学生宿舍之间的差异化，认为相比于普通学生宿舍，住宿学院制有利于学生的身心健康和个性发展，并且能加强学生的社会交流能力。

中国还有一类研究，专门开展中国古代书院制度与西方书院制的比较分析。比如，有学者梳理了中国古代的书院制度从五代北宋时期到清代的发展历史，以及西方的住宿学院制从剑桥历史上的第一个住宿学院——剑桥大学圣彼得学院，到之后形成完整体系的历史（杨国欣，2022）。有学者梳理了中国古代书院和西方住宿学院的发展历程，认为书院制度并非中国古代所独有，其在西方一些著名高校中仍有所保留并有效运行（武闯，2019）。有学者以香港中文大学书院制为例，论述了书院制度的历史变革与特点，分析了其与西方书院制度的异同，以及对中国古代书院精神的继承与发展（杨元建，2021）。

2.1.3　中国现代高校书院制研究

相比于西方，中国现代高校书院制起步较晚，在清末期书院制消亡之后，近一个世纪之后，中国现代书院制才逐步兴起，到2005年，中国部分高校开启了建立现代高校书院制的改革尝试。截至目前，学界对现代高校书院制的概念、内涵等尚未形成相对统一的定义。有学者认为，现代高校书院制本质上是一种学生社区管理体制。它的主要任务是辅导学生思想政治教育以及指导学生个性发展，学生是其管理的主体和服务对象（王玉明，2020）。有的学者从复旦大学书院建设案例来讨论，认为书院不仅要履行管理职能，还要履行办学职能，书院制改革本质上是一种人才培养模式的改革探索，是基于通识教育的学生社区管理模式（陈晓斌、龚诗昆，2019）。有的学者认为书院制是一种以完全学分制为基础、以促进学生发展为目标的新型学生管理模式（许晓平、张泽一，2017）。有的学者从书院制的形成状态出发，认为书院制是一种教育理念区别于传统教育的新型学生教育模式，它不仅借鉴了国外住宿制学院制度，还继承了中国古代书院"师生共建、学生互助"的传统，书院制致力于对学生实施通识教育，并承担学生思想品德、行为养成教育（郭俊，2013）。有的学者从书院制育人制度的目标出发，认为书院制是集通识教育和专才教育为一体并致力于达到均衡教育目标的一种学生管理制度。还有的学者从书院制育人制度的内容出发，认为书院制本质上是一种学生社区生活管理模式，它的空间和平台以学生宿舍为管理中心，生活社区主要集中在学生公寓，旨在对学生实施通识教育并承担学生的思想品德与行为养成等方面的教育任务（李敏，2014；秦奎伟、张宏亮，2021；莫梓雯，2021）。

不同于古代书院制与西方书院制，中国现代高校书院制至少具有以下特征：

一是导师的多元化。在现代大学书院中，导师是其中的核心和灵魂，发挥了极为重要的作用，导师不仅要辅导学生的个人发展规划，开展讨论式学习，还要培养学生的兴趣，带动学生心灵的健康成长。因此，导师是书院教育理念的先行者和实现者（肖永明、潘彬，2017；施常州，2019）。以西安交通大学的彭康书院为例，其导师主要分为学业导师和常任导师，教授和副教授担任学业导师，辅导员等学生工作人员担任常任导师，进而实现了教育管理齐抓，资源整合共享，构建了完善的导师队伍体系（郭俊，2013；王琦、叶明等，2019）。相比之下，H大学书院制的导师队伍体系则大相径庭，其主要分为学术导师、学育导师、通识导师、校外导师和朋辈导师等，旨在充分集合校内力量和校外力量，参与教育工作，鼓励优质师资力量担任"三全育人"导师，促进全员、全过程、全方位育人。各类导师相互配合，交叉合作，形成合力，引领学生思想潮流，提升学生能力，指导学生学术发展，推动人才培养工作"育才"和"育人"兼顾。

二是学生交流的交叉融合化。在书院制中，不同年级不同专业的学生可以处于同一种生活空间下，他们彼此之间可以相互交流讨论，形成交叉型思维，有助于打破思维常规，培养创新能力。而不同学生群体具有差异性，有助于学生的多样化发展，增强学生的适应能力。同时，学生通过接触不同学科和专业、不同的思维方式，不仅可以丰富知识储备，还可以培养一定的学科交叉能力，从而为原始创造力奠定基础。

三是宿舍社区化。在书院制中，宿舍不仅仅是休息场所，更是学生之间进行学术交流和密切联系的场所。培养学生行为和营造良好文化氛围是书院社区的重要职能，即书院社区要成为生活空间、文化空间和教育空间的集合体。以H大学为例，通过建设功能性书院社区，设立具备办公、师生导学、学业指导、读书沙龙、社区活动、创意研讨、小型报告、心理辅导、体育运动等功能的物理空间，为学生交流、学业指导和素质拓展提供场域支撑，将师生导学与社区建设、学生教育管理与教学工作紧密结合，强化社区育人实效，形成"一书院一社区"的布局。同时将社团按照性质特点分类引入书院社区，为书院社区增添活力，构建"社团进社区，社区带社团"的学生社团成长格局。社区学生自管委员会专设劳动委员，强化社区自我劳动、自我管理、自我服务。

四是组织机构系统化。学校管理模式相比传统模式有改变，各级管理人员分工明确，各司其职，有条不紊，团结一致，例如教师负责学生的知识教育方面，专职心理委员会负责学生的日常心理问题，宿舍管理人员负责学生的日常生活问题等。以西安交通大学为例，设置了专职管理队伍，其中，教授级别的导师负责学生的学业指导，辅导员负责学生的日常生活及心理辅导，后勤人员负责学生的内务工作（安翔、韩睿等，2021）。

《现代汉语词典》中，"育"的本义是生养、养育，而后延伸为教育、培养的意思；我们根据"育"的本义得出"育"不是单一方面的教育，而是要做到德、智、体、美等全方面的教育，使接受教育的人实现全面发展。另外，"育"不是一味地死板教育，而是应该建立在完善的理论基础上，并且有明确的目的和发展规划，我们把这种教育模式称为育人模式（曾艳，2014；李星，2022）。教育思想、培养目标、教学内容和课程体系、教学方法和手段、教学资源的配置和整合等五个方面构成了育人模式的主体。若想构建完善的教育体系，五个方面必须统筹兼顾、缺一不可，在此基础上，我们才能提出一个完善、可靠的教育发展策略。自2005年以来，随着中国现代高校书院制的试点逐步推开，学界有关现代高校书院制的研究也逐步增多。

本研究运用可视化CiteSpace文献分析软件，对中国书院制问题进行了文献计量分析，结果如图2.1所示。

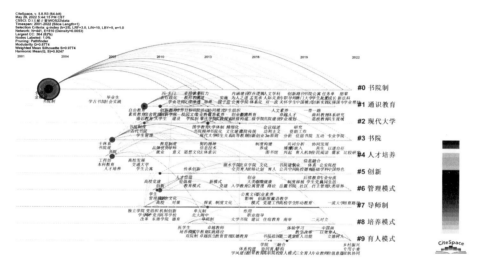

图2.1 以书院制为主题的CiteSpace时间线图谱

（1）由图2.2可以看出，书院制研究早期较少，自2007年之后逐渐增加，2009—2019年迅速增加，这与这一阶段中国高校陆续开展书院制改革试点工作有关。到2020年这一趋势出现部分下降，可能与书院制改革逐步进入平稳期以及新冠肺炎疫情暴发有直接关系。

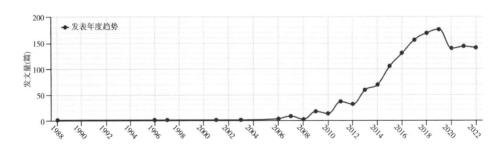

图2.2 中国学界书院制研究学术发表年度趋势

（2）由图2.3可以看出，中国学界有关书院制研究与"通识教育""人才培养""现代大学""管理模式""学生管理""协同育人"等关键词密切相连，在内容层面则进一步与"学分制""双院制""师生关系""三全育人""住宿学院""导师制""素质教育"等关键词有关。书院制关键词聚类图谱如图2.4所示。

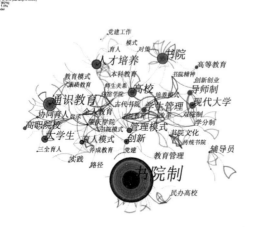

图2.3 以书院制为主题的关键词共现

第 2 章 文献综述与理论基础

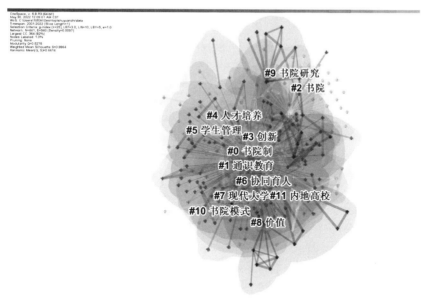

图 2.4 书院制关键词聚类图谱

（3）从书院制研究的历史演进（见图 2.5）来看。早期研究"人才培养""通识教育""导师制""全人教育"等方面，"育人模式"是书院制最新的研究方向。2019 年之后书院制研究开始较多出现"育人模式"的相关文献。这显示出书院制研究已经从较为宏观的理论阐述，进入基于实践的育人模式凝练。本研究有关书院制育人模式对人才培养成效评价的研究也可以归入"育人模式"总体研究范畴。

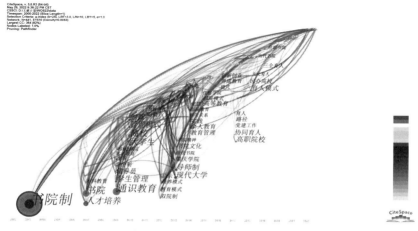

图 2.5 书院制的历史演进图谱：2003—2022 年

023

（4）书院制总体研究成果仍不多，尚未形成较为集中的研究作者群体，研究者之间合作关系总体较弱，显示出这一领域研究仍未进入成熟期，如图2.6所示。

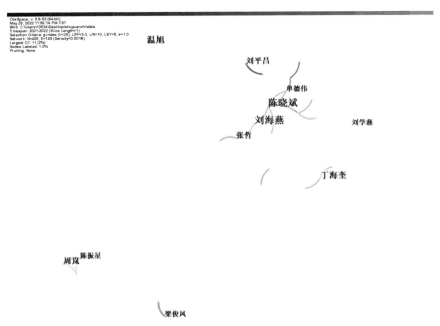

图2.6 书院制主题下作者合作关系建构

从文献研究的内容来看，已有研究主要围绕四个方面展开。

一是现代高校书院制的作用和意义研究。应莹（2019）认为人才培养是高等教育发展的核心理念之一，书院制教育管理是高校人才培养模式改革的一项创新性举措。书院制管理对人才培养的意义在于发挥了我国优秀传统文化的教育功能，使当前高校明确了立德树人的根本任务并且促进人才培养质量提升；通过通识课程、导师制、学生社区文化、海外交流访学等加强学生文化养成和综合素质提升；抛弃传统的学生教育重"管"轻"育"模式，以学生为中心，为高校改革人才培养模式提供了借鉴途径。魏淑芬（2007）指出书院制学生管理模式强调对学生思想道德素质的教育，教会学生做人以及生存的道理，引导学生树立正确的世界观、人生观和价值观，鼓励学生以不同的思维来思考，了解并接纳其他学科的不同观点，拓宽眼界，了解世界。

二是国内现代高校书院制的案例研究。《高校书院发展报告》是宫辉和苏玉波（2017）编写的一份对国内高校书院制的总结性报告，全书以西安交通大学书院制发展历程为切入点，介绍了全国37所高校，114所书院的基本情况、建设理念以及发展历程，并且重点分析了书院模式的特点与特色，简要阐明了书院理念与发展方向以及书院学院的协作关系，论述了高校书院的发展趋势，旨在为今后书院的发展理论研究和实践研究提供可靠的基础依据，为关心书院发展的教育工作者和研究者提供参考资料。刘军伟（2011）借用案例分析的方法，总结了以组织建设、文化建设、书院生活为主要内容的汕头大学书院制改革，并且指出了该校书院制改革的缺陷，点明该校书院在加强前期规划、开设专业课程、开展特色活动、加强导师作用等方面还有待完善。吴薇和杨艳红（2016）以探讨华东师范大学的书院制与师范生养成教育的关系为基础，详细介绍了书院制立体化导师制度的推行、书院生活社区建设以及学业指导等特点，得出了书院制与师范生养成教育相符的结论。俞元真（2016）以浙江绍兴文理学院为例，采用文献研究法、比较分析方法、问卷调查法、实地考察法、多学科交叉综合研究等方法，分析了书院校区、制度的建设境况及缺陷，总结出绍兴文理学院书院建设应全面完善的途径及渠道。曹洁（2014）以西安交通大学的八所书院为对象，比较了各书院的培养目标、学生分配、组织结构、通识教育课程以及校园文化活动等方面，分析了为什么要实施书院制学生管理模式，总结了书院制学生管理模式存在的主要问题并尝试提出优化策略。曹红旗（2009）以香港中文大学为例，介绍了其书院制的基本情况及建设理念，其书院制前身为英国牛津、剑桥的寄宿制，不仅提供专业课程辅导，而且辅以活动规划设计，有助于学生极大地拓展自身潜力。香港中文大学建立了新亚、崇基、联合、逸夫、晨兴、善衡、敬文、伍宜孙、和声等书院。各组织各有专责，学术事务由学院掌管，而学生事务主要由书院负责。书院提供的通识教育以及开展的文体活动可以使学生能力得到综合提升，从而得到更好的发展。

三是国内外书院制的比较研究。黄大川（2012）通过分析牛津大学、剑桥大学、复旦大学、西安交大、汕头大学、苏州大学以及香港中文大学的书院制度实施过程，对比分析了国内外书院制的特点。黄牡丹（2013）对比了我国高校书院制及国外高校住宿学院制的差异和相似之处，分别从建立的历史背景、建设理论、特征目标、发展历程和所属人员的构成与职能等五个方面重点比较，得出了国外的住宿学院拥有更加完善的配套制度且重视学生的个性化培养的结论。沈栩（2011）主要从运行基础和外部关系的角度出发，比较了我国高校书院制与美国高校住宿学院制的管理模式。刘虹（2015）从专业化发展的角度出发，认为美国高校学生事务管理人员在此方面较强，同时较好地融合了住宿学院与学术性系科。为了分析我国高校书院制与美国高校住宿制的差异，进一步比较了耶鲁大学和复旦大学，我国与国外住宿制在宿舍硬件设施、实行导师制度、多元融合的学生群体等方面是相同的，但从住宿学院和专业院系的关系来说，耶鲁大学矩阵式的组织结构具有明显的优势，这点是值得我们借鉴和学习的。尹何明（2014）将我国高校书院制管理模式与国外高校住宿学院制管理模式进行了分析与比较，针对我国高校书院制管理模式的不足，提出了改进策略。

四是国内现代高校书院制的问题与对策研究。面对书院制存在的问题，学者们提出进一步探索和解决的方法。沈曦（2014）通过分析书院制的特点，认为书院制存在很多缺陷，例如，宿舍氛围不睦、学习环境不恰、生活设施形同虚设，书院制需在接纳学生意见、柔性化管理和完善书院管理模式等方面做出改进。黄大川（2012）提出要做到珍惜传统，注重书院特色；以生为本，尊重学生个性；统筹协调，平衡书院和学院的发展。应莹（2019）提到进行书院制人才培养改革的主要措施有完善书院制管理运行机制，双管齐下推进通识教育与专业教育建设，加大宣传和投资力度。俞元真（2016）分析了绍兴文理学院书院的建设情况及缺陷，强调书院建设应追求全人教育的理念且选择合理的管理模式；落实保障，减少行政化，提升书院自治权；理顺书院与专业学院、行政部门的关系，建立信息共享机制；坚持学生自治与教师指导相结合，合理设置书院管理机构，不断完善书院机制建设；与学分制相结合，建立书院通识课程体系；与职称评审相结合，落实书院导师制，强化书院师生参与度；合理布局硬件环境，丰富书院文化活动；发挥隐性教育力量，优化书院生活氛围。甘阳，孙向晨（2017）分析了国内书院制发展十年历程中暴露出的一致性问题：书院仅定位为通识教育、综合素质教育的试点工程；各个大学以及书院的特色各异、共性不多；建设书院的共识尚未达成，仍在探索阶段，没有形成改革潮流；需要大量的资源投入，但是成效显现较慢，难以直观评估。同时也提出了建议：丰富书院建设的内涵；加强书院之间的合作以及导师队伍的跨校、跨国合作；推进师生互动和学生交流。

通过分析现代大学书院制的相关文献，我们可以看出，国外专家对住宿书院的研究远早于我国，且成果颇丰。虽然现代中国高校的新型书院建设已逐渐兴起，但是国内对书院制的研究远落后于西方，研究深度不够。

从研究方法上来看，文献研究法、比较分析方法、问卷调查法、多学科交叉综合研究等是现有书院制研究的主要方法，而实地考察法、实验法等在书院制研究中运用较少，且研究深度不足。总而言之，当前书院制研究大多在总结前人的成果，而理论性的论证不足。

从研究内容上看，对历史及现状的研究成为主要的研究内容，而全世界书院的发展进程、运行状况及存在缺陷又是其中的热点问题，通过描述性的分析论证高校书院模式实施存在必然性。从国内外典型书院的案例分析来看，各研究主要集中在"具体目标""如何开展"以及"成效如何"等方面，这些研究大多数缺乏令人信服的数据与资料，即研究成果主要依靠主观意念来判定。总之，书院制研究需要进一步深化。

总体而言，我国对书院制的研究存在研究方向单一、研究深度不足等问题，我们只专注于对前人成果的分析总结，而缺少创新型的理论和研究成果，例如对书院制实施中存在缺陷的成因及解决路径、书院制的育人效果等方面都没有进行系统研究。若想改善以上缺陷，我国书院制需完善研究方法，使方法具备多样性，且要集中于理论概念的基础性研究，争取创新式突破。

2.2 大学生发展评价理论研究综述

学术界有关人的发展评价理论研究有很多，这些理论从不同的视角展开分析，为开展书院制人才培养评价研究提供重要的理论参照。为此，本研究尝试尽可能全面梳理已有的各类研究理论成果，为本研究理论选择和理论创新提供基础。

2.2.1 政治经济学视角

在马克思主义理论中，关于人的全面发展是一个重点内容。这一理论认为"人的全面发展"实质上是"人的本质力量的展示"和"人的本质力量的发展"。人的发展表现为原始性，是一种片面、畸形、不自由、不充分的发展，马克思认为人的发展应转型为一种全面、和谐、自由、充分的发展。

在马克思主义中，"人的全面发展"是一条亘古不变的真理，是马克思主义赖以发展的基础，促进人的全面发展也是我国制定各类教育制度的基本原理。人的全面发展即人要实现各个方面的共同发展。首先，人要实现智力、体力的发展，而后逐步延伸到爱好、交际、才干等各方面的发展。

一些研究认为，马克思"人的全面发展"理论至少包括人的五个方面的发展（李刚，2019）。一是人的劳动活动的全面发展。马克思认为，在一切生产活动中，人都是当仁不让的主力，人可以通过劳动活动为社会创造价值，同时人的各项能力也得到了提升，有利于人的全面发展。物质生产是人类生存的必备条件，而劳动能力又是物质生产的前提，所以人的劳动活动的发展非常重要。二是人的能力的全面发展。在马克思看来，人不仅要发展，而且要全面发展，单方面的发展必然会造成某方面能力的欠缺。人的发展应以智力发展和体力发展为基础，同时兼顾素质、知识、交际各方面能力的发展，人创造出来的价值相当于人各方面能力的总和（马克思、恩格斯，1972）。三是人的素质的全面发展。马克思认为，人的素质是人的能力的基础，人的能力是人的素质的表现。素质中的"质"是与"量"相对应的，也就是人的素质强调的是质量、品质，而不是数量。四是人的个性的全面发展。马克思强调，人生来具备一定的天性，但个性往往是在后天的影响下形成的，在人的全面发展中，个性的全面发展也是十分重要的。五是人的社会关系的全面发展。马克思认为，人的实质属性就是社会性，因此社会关系的发展程度是衡量人的发展状况的尺度。人的社会关系的全面发展就是指个人真正摆脱了以往旧式分工、民族、地域等的限制，形成了不同层次、不同领域的全方位的社会联系。人们的经济关系、政治关系、思想文化关系等全面生成与发展，人的社会关系获得开放、丰富、深度的发展，人们能够真正克服因种种不合理社会关系的束缚而对人自身发展带来的限制，由此人的发展进入了更广更深的自由空间（李刚，2019）。

马克思"人的全面发展"理论对高校人才培养评价问题具有宏观解释力。该理论强调了人发展的全面性及多样性，在人的发展中，知识教育是必备的，但同时素质、交际能力也是至关重要的，国家必须要实现全面教育，才能推动整个社会的发展。我国遵循马克思主义的基本教育理论，并根据其制定了适合中国国情的教育制度，如学前教育、初等教育、高等教育、继续教育等，这些都是马克思主义关于人的全面发展学说在社会主义条件下的具体运用。素质教育是马克思"人的全面发展"理论中极为重要的一项，素质教育强调尊重学生个性，培养健全人格，促进个体综合素质的全面发展和提高（韩玉玲，2010；谢明琨，2021），是马克思"人的全面发展"理论在全新的社会发展情况下的新的践行，对推动我国教育事业的发展有极大帮助。

马克思主义理论在中国化的过程中，其"人的全面发展"理论也被中国全面吸收。党的十六大到十九大均以马克思主义"人的全面发展"为指导理论，将中国科学技术与生产发展的状况和我国社会主义现代化建设的目标相结合，提出在我国建立一个人人学习、终身学习的社会氛围，最终促进人的全面发展，这是中国共产党开创的伟大体系。历史上首次提出以人为本，将人的发展与社会发展结合，社会的发展最终是促进人的全面发展，人的彻底解放（顾明远，2008；魏波、邴薪颖，2021）。

在十九大报告中，习近平总书记表明在现阶段要"不断促进人的全面发展""更好推动人的全面发展"，进一步阐明了人的全面发展应以人民为中心，且人的全面发展与社会的全面进步应该协调统一，形成了新时代具有中国特色社会主义的"人的全面发展"的思想理念（杨敏，2018）。

马克思本人及后续经过中国化发展形成的"人的全面发展"理论，较适用于宏观上开展现代高校书院制本科生人才培养评价研究。尤其是进入新时代，经济、科技的高速发展带动了社会的全面进步，全世界的经济、文化等事业的发展已经紧密地联系成一个整体，这对高等学校新时代人才培养提出全面发展的要求。人的全面发展与社会发展是同步协调的。当代社会分工对人的全面发展是不利的，会造成人的片面发展，但当代社会经济发展又要求劳动者的全面发展，并为之创造了条件。

2.2.2　心理学视角

相比于上述政治经济学的宏观视角，心理学有关大学生发展系列理论大多围绕微观展开。这些心理学理论分支较多，从不同的理论侧面展开了对人的教育和发展问题的分析和论述，本研究对其中较为核心的四个心理学理论展开综述。

一是埃里克森的心理社会发展阶段理论。埃里克森心理社会发展阶段理论涉及了人的终身发展问题。他将人的心理社会发展分为八个阶段，即四个童年阶段、一个青春期阶段和三个成年阶段。这八个阶段相互联系，每一个阶段都有自己对应的目标和任务，并且每个阶段都会在继承前一阶段发展的基础上继续发展进而形成人的终身发展（牛海群、郭本禹，2021）。按照社会发展阶段理论，人的心理社会发展历经的八个成长阶段，每个阶段都有对应的发展方向和任务，所有阶段的核心任务都得到解决时，就会获得较为完整的发展同一性。倘若某一个阶段的任务解决出现欠缺，就会表现出个人同一性残缺、不连贯的状态，处理的成功与失败即为两个极点。其中，青少年处于叛逆时期，在这个时期，由于青少年所担任的角色众多，我们又称这个阶段为"同一性—角色混乱"的人格发展阶段，"构建稳定的同一性"是处于这个阶段的青少年面临的主要发展任务。埃里克森强调，人在青少年时期应该经历一个重新认识的过程，面临职业生涯发展规划的大事，如职业选择、角色转换、价值观的选择等。按照这一理论，现代高校书院制改革，对大学生的思维、情商、举止、能力等的变化模式，都能从该理论中得到一定的解释。

二是齐克林的大学生自我同一性发展理论。在美国大学生发展理论中，齐克林的大学生自我同一性发展理论是其中的核心和基石（Choi Y H，2021）。这一理论主要由三方面的内容构成：第一，助力学生个体拥有坚定的自我意识和内在的把握感与归宿感，这是大学教育自始至终的目的。第二，能力培养、情绪调节、从独当一面到荣辱与共、人际关系的协调、自我同一性的确立、培养目的感和品行塑造等多个方面促进了大学生的发展。它们以"自我同一性的确立"为核心，具有相互依存、共同提高的关系。第三，院校的规模及设施情况、师生间的互动、教学方式方法等是影响大学生发展的关键因素。在美国高等教育的历史中，齐克林理论发挥了极大的教育促进作用，对整个学术界有不可磨灭的贡献，也为中国高等教育的改革方向及发展模式提供了参考价值（李健，2021）。为了更深入地了解大学生的心理发展历程，齐克林作了广泛的调查和详细的研究，继承前人的研究思路，通过对参与"学生发展项目"的13个学院中18～24岁的大学生进行了长达四年（1965—1969年）的跟踪研究，总结出大学生心理发展历程中的七个"发展向量"，迄今为止，这是对大学生心理发展历程最深刻的一个总结（胡佳佳，2016）。齐克林的大学生自我同一性发展理论，最核心之处在于齐克林构建并修订了七个方面的学生发展指标（向量）。①发展能力：主要是发展学生的智力能力、身体运动能力以及社会交际能力。②管理情绪：主要是控制学生对攻击和性这两方面的情感。③自治：使学生独立于父母和同辈。④确立同一性：以合适的性别身份、角色行为塑造个人外貌，发现并确立自我。⑤人际关系自如：学生对他人的容忍力提高，与人建立亲密关系，在信任、独立与个性的基础上发展关系。⑥目标辨析：学生对生活中目标的感知，以及对职业、副业和生活方式的计划及其先决性判断能力的提高。⑦塑造品格：学生确立内在一致、有效指导行为的一系列个人信仰，以及社会责任感和个人责任感（张文强、高恩明，2021）。在齐克林的思想中，大学生发展必须兼顾"七个向量"，这是学生个性化发展的不二法门，好似行进过程中大家虽然走的路线不一样，但终究都会汇集到一条主干道上。当前，大学生"七个向量"的发展逐步从线性态转变为非线性态。"向量"一词具有多重含义，其本义除了有"方向性""重要性""力量和优点"等意义外，还有"螺旋式上升"的意义。正如齐克林所说，学生每方面的发展都有它的方向及其重要性，这些方向更多地是以曲线而非线性的方式呈现出来的。不过，不同的学生在这些向量上会表现出不同的发展程度。学生不但会在同一发展阶段面临多个发展问题，而且会在不同发展阶段遇到同一发展问题的阻挠。齐克林对大学生发展"七个向量"的综合性归纳如表2.1所示。

表2.1 齐克林对大学生发展"七个向量"的综合性归纳

发展的向量	低级阶段	高级阶段
发展能力	·能力发展水平低 ·对自己的能力缺乏自信	·能力发展水平高 ·对自己的能力有很强的自信心
管理情绪	·对扰乱性情绪的控制力不强（如恐惧、焦虑、压抑、罪恶感、愤怒等） ·对情感的意识和觉知能力弱 ·不能将情感整合到行动当中	·能够灵活控制和合理表达情绪 ·不断增强对情绪的抑制和接受能力 ·有能力将情感与负责任的行动相结合
自治	·情感依赖性 ·自我导向或问题解决能力较差；缺乏改变的自由或信心 ·独立	·不需要持续的鼓励 ·具有独立性（内在定位、坚持性、灵活性） ·认同和接受相依共存的重要性
人际关系自如	·不能认识和容忍差异 ·无法建立健康、持久的亲密人际关系	·包容和欣赏差异 ·能够建立和维护亲密人际关系

续表

发展的向量	低级阶段	高级阶段
确立同一性	·不满意自己的身体和外貌 ·不满意自己的性别和性取向 ·不清楚自身身份的社会文化根源 ·不清楚"我是谁"和自身角色及生活方式定位 ·不了解他人对自己的评价 ·对自我不满意 ·不稳定、碎片化的人格	·满意自己的身体和外貌 ·满意自己的性别和性取向 ·理解自己的社会、文化根源 ·清晰认识自身角色、生活方式 ·能从自己重视的人的反应中认识自我 ·自我接纳和自尊 ·人格稳定和完整
目标辨析	·职业目标不清晰 ·个人兴趣狭隘而零散 ·缺乏有意义的人际承诺	·职业目标清晰 ·个人兴趣可持续、有益而专注 ·有强烈的人际和家庭责任感
塑造品格	·二元对立的思维方式和僵化的教条 ·不清晰或未经检验的个人价值观和信念 ·利己主义 ·观念和行动不一致	·有符合人性的价值观念 ·有清晰肯定的个人理念，但也尊重他人的信念 ·有社会责任感 ·言行一致和真实可信

三是人本主义理论。人本主义理论最早由美国心理学家A. H. 马斯洛创立，经过后人的不断发展，现今已衍变成全美最负盛名的学术流派之一。人本主义理论将人类生存的基本需要进行了归纳及总结，并将其与动物的本能加以区别，指出人应分层次发展来满足人的需要。C. R. 罗杰斯作为另一位关于人本主义理论的学术代表，经过对无数人心理状态及心理起伏的摸索，提出了"自我理论"，若患者想要治愈心理疾病，需采用"中心疗法"。人类有一种天生的"自我实现"的动机，即一个人发展、扩充和成熟的趋力，它是一个人最大限度地实现自身各种潜能的趋向。人本主义教育思想与其他教育思想有很大的不同，除了都有集中的知识教育外，人本主义特别侧重对学生兴趣的培养以及提高学生素质，通过了解学生的内心想法，为学生制定出不同方向的发展路径，最大限度地开发学生的潜能，培养学生的情商、意志以及创造能力（王雪雪，2021）。人本主义教育理论是由人本主义的教育理念、师生关系思想、学习理论和教学评价模式四个部分组成的一个相对完整的系统（施晓慧，2021）。人本主义教育理论奉行"自我约束"的理念，

认为教育要有一个长远的发展理念，应该专注于人性、素质、情商的培养，不能仅仅专注于短期内学术能力的提升，而这种长远的发展应该依靠自我约束，而不是靠他人监督。人本主义教育理论认为教师不仅仅要教授学生知识，更重要的是给学生提供一种先进的发展思想和创造环境，在与学生相处的过程中，教师与学生亦师亦友，激发学生的创新意识和学习能力，从而使学生得到更好的发展。人本主义教育理论要求学生要有目的性学习，学生要明白学习什么内容且最后为了获得什么，学生学习要有强烈的主观意识，即自发学习，而不是被动学习，学习知识不能死板教条，而是要灵活运用，以使学生当今学习的所有知识都能有助于未来的发展。人本主义教学评价模式的最大特点在于以学生为中心，即教育的评价在于学生对自己的评价，不提倡学生间的比较，而是在于学生能否对现在的自我感到满足，在与自己的比较中，发现自己的缺陷，并完善自我。随着时代的快速发展，在传统教育模式的不断发展和改革过程中，学生的心理健康受到了关注。人本主义学习理论在心理学发展中逐渐成为最主要的研究方向之一，人本主义学习理论以人的整体性研究为基础，重视学习过程中学习者潜能的发挥以及人的主观能动性，教育技术为学生的自我完善提供了充分的条件。

四是多元智能理论。1983年，美国教育学家和心理学家霍华德·加德纳在《智力的结构》一书中总结提出了多元智能理论（Theory of multiple intelligences，简称MI理论）。加德纳指出，传统智力测试的得分只体现为数学、逻辑和语文能力的综合得分，深层反映的是知觉、记忆和推理能力，这些项目之间既无必然联系，又不能覆盖一般智力的全部范畴。加德纳在《智力的结构》中指出，每个人类个体应至少包含七个相对独立的智力，分别是：①语言的智力（Linguistic intelligence），即语言运用能力；②逻辑数理的智力（Logical—mathematical—intelligence），即思维运用能力；③空间的智力（Spatial intelligence），即能准确识别和表达出物体形状、色彩和空间位置等的能力；④音乐的智力（Musical intelligence），即感受、辨别、记忆、表达音乐的能力；⑤身体运动的智力（Bodily—kinetic intelligence），即肢体表达和动手的能力；⑥人际交往的智力（Interpersonal intelligence），即与他人友好交流合作的能力；⑦自我反省的智力（Self-questioning intelligence），即适应生活和调节心理健康的能力。后来，加德纳（1983）又将之改为言语智力、数理逻辑智力、空间智力、音乐智力、自省智力、人际智力、身体动觉智力、自然智力等八类智力，并提出"智力选择依据系统"概念，强调智力里面的分类是可以随着研究的进一步深入增加或删改的。加德纳还指出，不同的人这八种类型智力的表现程度和呈现形式也是各不相同的。多元智能理论非常适合于考察高校书院制人才培养成效问题，因为本研究对加德纳如何进行各类能力的测验也进行了文献研究。加德纳认为，类似于智力测试这种传统标准化测验只能代表学生某段时间在某个测验上的表现，不能完整评估学生的多元智力，要想完整、精确地评估学生的智力可以用两种方法：一种是依据"智力公平"（Intelligence-fair）原则，用其特有的"语言"和符号来呈现出智力测试，因为身体运动智力的"语言"或符号系统就是身体动作本身。另一种是通过直接评量的方式长期观察学生在测验评估期间参与的活动和学习的表现，然后计算活动与成绩不同的权重比例，最终评估出学生的多元智力。随着多元智力理论的不断发展与持续革新，越来越多的研究者主张真实评估（Authentic assessment）和表现评估（Performance assessment）。真实评估侧重反应表现的情境脉络，即学生需要在特定实际生活中完成或展示特定的行为；表现评估侧重在所测项目上的反应，即学生必须完成或展示测验中的相同行为。因此，应该将评估和教学联系起来，把评估作为教学的一部分，在教学的实际情境中完成评估，二者相互促进，共同发展。如此，一方面能让教师合理安排教学计划，另一方面可协调学生全面发展。其中，档案评估（Portfolios assessment）是指学生在进行探索、认知的过程中，对他们的智力和活动做出的记录。这个档案中的资料既可以真实地记录任何事物，又可以保存学生自我反省的过程，以及来自教师与同学的评价等。因此，档案评估以一种具体而真实的方式记录着学生的成长轨迹，学生还可以对资料进行修改、美化，既真正将评估统筹进学习历程，又增加了学生的参与感。

本研究在第五、六章将使用到H大学的本科生学习大数据，其本质正是多元智能理论测量中的"档案评估"方法，旨在通过对书院制本科生全过程人才培养档案数据的提取和分析，形成大学生全面发展状况的评估结果。

多元智能理论自提出以来，就引起了心理学界和教育界的广泛关注。经过理论上的逐步完善，多元智能理论后来成为研究智力或智能问题的一种重要学说，而且通过在学校实践中的不断应用，多元智力理论已成为许多西方国家自20世纪60年代以来教育教学改革的重要指导思想。

多元智力理论有八个方面的依据，正是基于这八个方面的依据，加德纳形成了一个智力选择系统——确定某一种能力是否可以成为多元智力框架中的一种相对独立的"智力选择依据系统"。对大脑损伤病人的研究表明，大脑皮层中有与多种不同智力相对应的专门的生理区域来负责不同的智力。如果大脑皮层的某一特定区域受到伤害，某种特定的智力就会消失，但这种特定能力的消失对其他的各种智力没有影响。从对特殊儿童的研究来看，"在心智不健全而有专长的情况下，我们所见到的则是在其他领域中能力平庸或严重落后的背景下，某一特殊能力的超常现象。这些人的存在使我们得以观察到相对孤立甚至是特别孤立情况下的人类智能"。世界上存在着一定数量的"白痴奇才"，他们在某一方面有突出的表现，但在其他很多方面则完全低能或无能。通过对智力领域和符号系统关系的研究，加德纳认为，智力并不是抽象之物，而是一个靠符号系统支持和反映出来的实在之物，多元智力中的每一种智力都是通过一种或几种特定符号系统的支持反映出来的；对某种能力迁移性的研究表明，通过一种特殊的方法对儿童的言语—语言智力进行训练，会使儿童的言语—语言智力得到明显的提高，但是，这种言语—语言智力的提高对儿童的身体—动觉智力的提高却没有什么帮助；对某种能力独特发展历程的研究表明，多元智力中每一种智力都有自己独立的发生、发展历程，发生的年龄是不一样的，发展的"平原时期"和"高峰时期"也不同；对多种智力学说的研究表明，智力不是一种能力，而是多元能力；对不同智力领域需要不同神经机制或操作系统的研究，可以把人类智力定义为一种神经机制或操作系统，这种机制或系统由遗传所确定，而由某种内在或外在的信息激发或引发出来；对环境和教育影响的研究，就智力的发展程度而言，无论是哪种智力，其最大限度的发展都有赖于环境和教育的影响（霍力岩，2000）。

2.2.3 教育学视角

20世纪70年代，美国提出了学生发展理论。目前，普遍被大众所接受的四种学生发展理论类型为社会心理学理论、认知结构互动理论、类型学理论、个体与环境理论。这些理论从不同的研究角度，用不同的研究方法对高校学生在校期间的教育经历和发展历程作了分析及总结。人的社会行为是社会心理学理论强调的一个研究方向，研究人际关系、社会交往以及人际交往关系下（个人、集体或组织）被影响的行为等又是社会心理学重点关注的问题。学生道德发展与思维模式改变之间存在紧密联系，这一观点在认知结构互动理论中被阐述，告诫我们要重视学生道德的培养。在类型学理论中，人与人之间的差异被视为某种固定的特征，有利于管理人员对学生的认知方式、学习风格、个性特征等做出针对性的部署，进而设计各种校园项目。另外，学校管理人员应不断完善高校制度与环境，促进学生全身心地投入学习活动中，这是个体与环境理论所极力提倡的。

学生发展在学生发展理论中被界定为全方位成长理念，有利于受教育者迎接并克服发展模式中的各种挑战，进而实现自我独立并提升人生价值。此概念不仅统一了"在校学习""个性化成长"及"学生成长"等发展内容，更赋予了学生发展新的内涵，切实提升学生服务价值意义（吴康宁，2021）。

我们从不同的角度来分析学生发展理论，可分为四个方面：第一，从大学生认知的角度看，大学生不能以个体为单位，必须融入校园共同发展，因此大学生应当做到德、智、体、美、劳全面发展，通过不断学习使自己在才智、身体、情商、心理及职业意识等方面得到全面发展。第二，从大学生发展规律的角度看，每个人生来就具有不同的天性，而后天环境的不同更决定了大多数人的个性，因此，个人的发展应该有不同的发展方向，学校应该为每一位学生制定合适的发展策略。第三，从大学生发展环境的角度看，"橘生淮南则为橘，生于淮北则为枳"，环境对塑造一个人起了决定性作用，学校应为大学生的发展提供一个和谐的发展环境，进而让每个大学生实现高质量的发展。第四，从高校工作合作关系的角度看，高校并不能只专注学术工作，学生的日常生活、心理状态都是高校应该重点考虑的问题，因此，高校各部门应进行统一分工，各担其责，提升管理效率，推动学生的全面发展。

2.3 基于I-E-O理论构建的分析框架

上述政治经济学、心理学、教育学等视角的众多大学生发展评价研究理论，为本研究提供了重要参考。综合进行理论比选后，本研究最终选取I-E-O理论作为研究的主要理论。一方面，I-E-O理论包含输入、环境、输出三方面内容，涉及现代高校书院制人才培养成效评价的最主要方面，I-E-O理论总体上非常成熟，是人才培养成效评价领域的最经典理论之一，对本研究具有适切性。另一方面，传统I-E-O理论过于宏观，不同学者对于输入、环境、输出变量的设置也大相径庭，且理论往往只具有宏观上的解释力，对具体的输入、环境、输出内部过程和作用机理则解释不足，因此，本研究尝试在I-E-O理论基础上，引入新人力资本理论中有关大学生发展"能力"评价的主要思想，配合I-E-O理论，构建形成中微观的分析框架，以此科学展开数据采集和分析研究工作。

2.3.1 阿斯汀的I-E-O理论概述

阿斯汀的I-E-O理论（Input-environment-output）是人体与环境互动理论中的代表性理论。"输入—环境—输出"三要素基本分析模型，简称"I-E-O"模型，是由美国加州大学洛杉矶分校"高等教育与组织变革"研究团队的阿斯汀教授（Alexander Astin）提出的，该理论与"学生投入理论"（Student involvement）、"挑战与支持理论"（Challenge and support）、"人类发展生态学模型"（Ecology model of human development）等都是重视研究大学环境对大学生发展影响的重要理论。I-E-O模型于20世纪70年代提出，既是被最先提出，也是影响力最持久的院校影响因素理论模型，是许多研究中关于大学教育效果研究的基础和出发点。

I-E-O模型包含三要素：第一，输入（Input）——学生的人口统计学特征、家庭背景以及学生带到高校的学术和社会经历；第二，环境（Environment）——涵盖了学生在大学期间，教育者为促进学生发展所采取的措施，如学校的类型、文化氛围、教育教学计划、课程设置等；第三，输出（Output）——学生离开高校时所形成的特点、知识、技能、态度、价值观、信仰以及行为方式。三要素分别对应着院校教育的"入口""过程"和"结果"，高等教育的输出是输入和大学环境相互作用的结果（Astin，1985）。该模型贡献之一是把学生投入作为学生产出的重要影响因素，但也存在一定局限性：首先，模型结构过于简单，缺乏对大学生发展过程的细化；其次，模型只给出三角因果模型，没有给出较为具体的可操作性定义。

美国院校影响研究发展早，研究成果丰富。20世纪20年代至60年代，全美共有1 500余项有关院校影响学生发展的实证研究。研究内容包括学生留存率、学生学习产出等诸多问题。研究者从院校类型、学生个人信息、学生文化、专业、师生互动、住宿等方面对学生在学校的学习与生活经历进行调查和分析，积累了丰富的研究结论（Feldman，1994）。这个时期，心理学与社会学等社会科学也蓬勃发展，大量美国学者开始进行大学生发展的相关研究。在此时期，学生发展理论大致分为两类：一是基于心理学发展的学生发展理论，这类理论以学生个体为研究单位，强调学生自我发展属性，基于个体的某一项能力发展进行阐述，并借此对个体发展的阶段进行划分；二是以社会学为视角并基于调查数据形成分析模型，建立于大学生就读经历调查发展起来的院校影响因素理论。该理论模型对美国本科教育政策的制定发挥着举足轻重的作用。

院校影响因素理论模型产生于20世纪70年代，是美国大学生发展理论重要的组成部分。院校影响因素理论模型阐述了学生成果产出的影响因素与过程。其中最有代表性的有：阿斯汀的I-E-O模型、帕斯卡雷拉的学生发展综合因果模型和丁托的学生离校模型。这三种模型基于社会学视角对学生产出进行因果分析，具备重视研究动态过程、重视环境与学生互动、突出院校影响等鲜明的特点，均对后续模型的建立以及院校研究分析产生深远影响。20世纪70年代以来，社会资本（Social capital）理论对社会科学研究产生重大影响。该阶段的国外研究者建立了以社会学为视角的院校影响理论模型，对不同背景学生的就读经历进行分析，为制定保障弱势群体教育机会均等政策提供支持。与此同时，计算机技术的发展也极大地推动了社会和行为科学的经验研究。计算机性能提升和软件发展使大样本数据的处理分析成为可能。SPSS与SAS等社会科学统计分析软件技术也有了较大进步，社会科学研究者开始越来越多地采用多元回归等多变量统计方法分析数据。

阿斯汀把20世纪70年代之前的关于院校影响对大学生发展的实证研究进行归类分析，并根据之前的研究分析框架以及充分考虑数据采集的局限，制定提出"输入—环境—输出"模型，以期望该模型可以适用于更多类型以及不同目的的研究。在该模型中，学生发展有三方面的因素，即输入、环境和输出。输入可归为三个方面：首先是学生的个体背景，如性别、种族等；其次是学生的家庭背景，如父母职业、父母文化程度、家庭收入等；最后是学生进入大学之前的学习和社会经历。大学环境即为高等院校对学生产生影响的各个方面。广义来说，大学环境包括学校的类型、硬件设施、学校政策、校园文化、教学活动、社会实践、朋辈学习，以及学生就读期间在学校内外的学习与生活经历。输出则是指学生在学校期间获得的知识、技能，取得的成就以及价值观、态度、愿望等方面的转变。阿斯汀的贡献之一即是运用三角模型，更加直观地把输入、环境和输出之间的关系表达出来。他研究发现，学者们有关院校影响学生发展的研究，绝大部分集中在分析大学环境对学生输出的影响，即图2.7中的B影响路径。然而实际中，阿斯汀还发现学生投入即学生的个体背景、家庭背景以及入学前经历都会对学生本人在大学期间的输出造成影响，即图2.7中的C影响路径。不同类型的学生进入大学也会对大学环境产生直接影响，即图2.7中的A影响路径。阿斯汀认为，大学生发展是学生自身与大学环境的互动过程。因此学生输出是学生输入和大学环境共同作用的结果。总结该理论模型的特点有以下几方面。

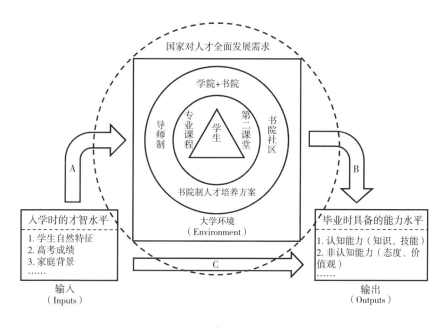

图2.7　书院制人才培养I-E-O理论分析框架

第一，基于社会学视角构建模型。I-E-O理论模型以社会学为学科视角，模型中研究分析学生的人口统计学资料，包括学生的性别、种族、民族、社会经济地位、家庭背景、父母职业等信息。模型把学生性别、种族以及社会经济地位等个人背景信息作为其大学输出的重要影响因素。研究者们可以依据模型查看不同民族、种族，不同专业，不同家庭背景等学生群体与院校环境的互动情况以及学生输出情况，并依据研究结果为政策制定提供参考建议。

第二，关注学生发展在学校期间的全动态过程。I-E-O理论模型关注本科生与大学环境之间的互动，旨在研究大学生发展的动态过程。以心理学为基础的学生发展理论把学生个体作为研究单位，研究学生在不同阶段的某种能力发展的内容和特点，存在片段性、局部性等特点，而I-E-O理论则阐述学生发展的整个过程是如何进行的，包括学生在大学期间发展的整个过程，旨在把学生发展看成一个动态过程进行研究。该理论为后续的院校影响因素理论模型提供了积极参考，是一种对学生发展动态过程进行研究分析的有效工具，尤其适合对追踪调查数据进行分析。

第三，将大学环境作为核心的影响模块。大学环境模块是I-E-O理论模型的核心。该模块是学生输入对学生输出产生影响的核心与桥梁，同时也对学生输出产生直接影响。阿斯汀在模型中提出大学环境的概念，在研究中，可把大学类型、学校政策、课程设置、师生互动、生生互动、校园文化、宿舍环境、设备资源运用等软硬件设施都作为大学环境模块的内容。这些细化的内容不仅适合进行学校内的影响因素研究，还可作为学生发展研究的分析框架。

第四，关注环境与学生个体间的互动影响。在I-E-O理论中，大学环境和学生个体都是对学生输出的影响因素。大学环境的影响因素包括院校类型、学校政策、课程设置、学业与非学业资源等；学生个体方面的影响因素则指学生的个体特征以及态度、价值观和行为等，两方面影响因素相互影响。I-E-O理论作为极具代表性的院校影响因素理论模型，不仅把学生本身作为其成长的参与者，更强调学生与环境的相互作用。作为大学，不仅提供了学生发展的资源和平台，决策者更希望获得学生的反馈，以此形成互动，以获得互相影响与促进的发展。大学环境可以影响学生的发展，而在另外一个层面，在校学生的个人品质特征、学习科研经历也潜移默化地对学校环境产生影响，这就包括对学校的改革建议、教师的教学方法、宿舍的合理设置、文化的传承迭代等。

美国院校影响因素理论模型对我国高等教育研究的启示体现在研究方向和分析框架两方面。20世纪80年代以后，国际高等教育质量评估从注重院校的资源和声誉转向关注大学生的学习经历与学业成就。从单纯的个体心理学研究到关注动态的、全过程的、重视大学环境对学生发展的影响。虽然学界对学业成就的内涵以及如何测量并没有达成共识，但研究者一致认为理解大学生学业成就最有效的方法就是分析学生在校期间是如何安排他们的时间以及在学习上所花的精力，也就是研究学生的学习投入度。

1999年以来，随着我国高等教育扩招政策实施，我国本科生教育规模迅速增长。本科生教育质量保障、高等教育机会均等与学生的全面发展等同样是我国高等教育所面临的问题。在已有的文献中显示，我国部分高校开展了以学生就读经验为内容的学情数据调查，这些调查大多以国外问卷为蓝本而进行。在后续研究中，部分学者把研究重心放到院校环境与学生互动影响以及弱势群体的教育机会均等上来。国内学者谷贤林（2015）认为在阿斯汀模型中，输入端即是指学生在高考后进入大学前的才智水平。此刻包含的变量有：①学生的自然特征，如年龄、性别、民族等；②家庭背景，如父母职业、家庭年收入等；③入学前的学习与社会经历，如高中学校、选择大学和专业的理由、高考成绩、高考省排名位次等。环境端是指本科生在大学学习生活期间，能够对学生产生影响的校内政策、环境以及校外因素。影响因素既可以是人，也可以是政策、文化、项目、资源等。变量集中在如下领域：①教育环境，如院校特征、学校氛围、师资力量、师生交互、学生群体特征等；②教育活动，如课程、专业、教育项目、教学干预、课外活动等；③教育资源，如奖学金资助、贫困资助、住宿制、导师制、学校硬件设施、附属机构组织、后勤等。输出端则是指本科生在大学环境影响下，毕业时所具备的知识水平、能力特征、价值观、信仰等行为。变量包括平均绩点成绩、考试成绩、课程满意度、教师满意度等。

国内学者基于美国院校影响理论的研究，可以分为以下几类：一是针对教学效果的跟踪评价研究。如基于I-E-O模型构建护理床旁教学效果评价框架，对相关变量及变量的测量进行探讨，为护理教育工作者提供教学效果项目评价的框架。二是针对分类学生群体教育效果的跟踪评价。如基于I-E-O模型的高校资助育人创新工作研究。跟踪研究高校家庭经济困难学生的德育工作，针对高校在贫困生帮扶实施过程中存在的不足之处，结合目前高校资助育人现状，笔者结合I-E-O模型，提出了创新高校资助育人工作思路。三是关注学生投入度层面的研究。如基于I-E-O模型的五年制高职学生学习投入度提升策略研究，在I-E-O理论视角下对高校理工科大学生的学习收获影响机理研究。其中，学者汪雅霜（2018）基于I-E-O模型的大学生学习投入度研究，使用"国家大学生学习情况调查"平台，对我国48所本科院校共计59 032名本科生的学习投入度进行了调查，对大学生学习投入度总体特征、差异以及大学生学习投入度与学习收获之间的关系进行了探讨，并提出了相关建议。

本研究基于I-E-O理论模型考察书院制改革人才培养成效，核心是开展有关大学生发展基于能力的系统评价研究。在本研究中，输入端是大学生入学时的才智水平。此部分的变量包含学生的自然特征、家庭背景以及高考录取成绩、省排名。环境端是指在书院制人才培养模式改革背景下的大学环境。影响因素有：书院制人才培养改革方案、书院制社区建设、导师制、书院—学院协同管理模式、大类课程设置、第二课堂实践内容以及学生个体的自我状态。输出端是基于能力的大学生发展评价，分别从认知能力与非认知能力展开评测。

2.3.2 基于能力的新人力资本理论概述

人力资本是衡量人口规模、结构和质量的指标，对一个国家和地区经济发展速度和质量有重大影响，甚至起决定性作用。人力资本理论（Human capital theory）是经济学领域的重要思想之一。早在春秋时期，著名思想家管仲已经认识到教育投资的高收益水平，并提出"一年之计，莫如树谷；十年之计，莫如树木；终身之计，莫如树人。一树一获者，谷也；一树十获者，木也；一树百获者，人也"的人力资本理论萌芽思想。在人力资本理论发展的雏形阶段，著名经济学家阿尔弗雷德·马歇尔（Alfred Marshall）曾将人力资本评价为"所有资本中最有价值的资本"。但包括马歇尔、亚当·斯密（Adam Smith）和米尔顿·弗里德曼（Milton Friedman）在内的经济学家均没有将教育投资融合进生产力的分析中（王蓉，2020）。直到20世纪60年代，人力资本理论的概念最早由西奥多·W.舒尔茨（Theodore W.Schultz）等经济学家正式提出，认为教育通过增加个人生产力，并因此增加其收入，以此建立起教育成本和收入增加的关系。在此基础上，学者们计算出内部收益率的理论分析，并且辅以实证研究成果以作支持。至此，人力资本逐渐发展为经济学的分析工具和理论框架，教育和培训也在经济研究中受到比较多的关注。到了20世纪70年代，劳动经济学家雅各布（Jacob Mincer）则具体提出利用个人收入、受教育年限及工作年限的分类，通过统计学回归分析来建立收益函数，以此计算出对不同受教育年限的平均教育收益率及不同教育程度（或阶段）的边际教育收益率。后续的研究进一步说明，此函数也称为增益，是包含个人的多种背景资料如性别和社会经济地位等内容，允许对教育报酬率做出更仔细、更多面的分析研究工具和度量方法。20世纪80年代，我国教育经济学研究出现，虽与西方国家相比起步较晚，但后发有力，在40余年的发展进程中彰显关键的实践价值。

自20世纪60年代人力资本理论正式提出以来至今，各国各地学者对教育、人力资本和经济增长的实证研究成果颇丰。国内外学者多使用"内部收益率"和"明瑟收益率"两种方法开展教育收益率实证研究。

纵观西方经济学的发展范式，新古典主义经济学的核心为最大限度保障个人自由。而人力资本理论遵循了新古典经济学对人类行为的基本假设，即个人均寻求自身利益的最大化。因此，人力资本理论在教育经济学领域的基本假定为：个人进行教育投资，均期望自己未来能获取更高的收入。人力资本理论自诞生后便在短期内得到迅速发展，与此同时，学术界对该理论的批评和质疑也从未中断。这些批判主要包括：

一是个人主义方法论（Methodological individualism）的弊端。方法论是西方经济学研究领域的重要分支，其指证经济学研究的内在逻辑和原则标准。新古典经济学中一个重要思维，是方法论的个人主义，基于两个假设：首先是个人有其偏爱喜好的排序及其选择，以作为科学探究；其次是社会成果是个人因理性寻求自身利益最大化而选择的副产品。个人主义方法论强调以个人为重心，将其凌驾于社会之上，其解释方式是将一个大的实体化约为许许多多的小实体。因此，基于此种思维方式，个人是了解社会整体现象的最基本单位。但个人主义方法论思维却因忽略社会整体现象的大背景而受到部分学者的批评。同时，持批评观点的学者也认为，方法论的个人主义没有重视个人行为受制于社会价值观这一客观事实。

二是理性选择理论（Rational choice theory）的弊端。新古典经济学另一重要思维，是理性选择理论，即个人做出最优决定以寻求自身利益最大化。早期理性选择理论以经济学效用主义为基础，也就是认为人类是追求效用最大化的，并假设效用是可以量度的及可在人际间做出比较的。基于此，个人的每一种行为都会产生效用或非效用，把有关行为的效用（正数）及非效用（负数）加起来，以寻求效用最大化的行为选择即为理性选择。

近代以来，美国经济学家加里·贝克尔关于人力资本理论的研究最为典范，贝克尔使用经济学方法来研究个人在婚姻、生育、教育和其他社会、法律及政治问题上所做出的理性选择。理性选择理论中有三项原理：可传递性（Transitivity）、不变性（Invariance）、连续性（Continuity）。这三项原理被学术界广泛接受，并且随时间变迁而稳定发展。米尔顿·弗里德曼认为个人不一定能具体掌握或计算选择过程中涉及的考虑因素。不过，理性选择理论被批判为把人性及个人行为科学化或数学化，并以此作为真理。作为对新古典经济学的修正，此理论有三大限制：有限理性（Bounded rationality）、有限意志力（Bounded willpower）、有限自利（Bounded self-interest）。有限理性意指个人具有理性能力和决定能力，但会受个人接收信息的数量和表达方式、个人运算信息的能力、个人的观感错觉等的限制。有限意志力意指个人的行为有可能会与其长期利益不一致，虽然个人已清楚察觉这样做会给自己带来不利影响。有限自利意指个人有时可能会关心他人，甚或付诸行动，而非单求自身利益。当理性选择理论应用在教育经济学领域，引述实证研究指出个人选择就读某一教育课程受一组独特因素和动机影响，包括朋辈压力、家长期望、离家意愿、家庭社会阶层（Bowles，Gintis，2001）、身份地位象征等。因此，就读某一教育课程与否的决定并非单由理性选择理论所解释。

三是信号效应（Signaling effect）的弊端。人力资本理论认为，教育可提升个人素质，因而提高其生产力，进而带来更高的工资收入。因此，教育是人力资本的关键性投资。这一主张受到斯宾塞及其他信号效应理论学者提出的另一解释的质疑。信号效应理论认为，个人教育程度显示其本人一些内在特质，如对学习的喜好和投入、时间管理技巧、遵从指示的能力等。据此理论，学校的功能是根据入学申请者的智力水平和学习投入来把他们的学业表现分类，作为显示他们将来工作时生产力价值信息的信号，以便于未来雇主在劳动力市场不完全信息（Imperfect information）情况下完成对刚毕业找工作的申请人的生产力的估算。不过，上述的信号效应会因不同国家的制度因素、劳动力市场的完全竞争情况、对工人质与量的要求而有所差异。

文献综述显示，虽然基于新古典主义经济学的人力资本理论在60余年的发展历程中因个人主义方法论受到研究者的质疑，同时又受到理性选择理论和信号效应等竞争理论的批判，但学者研究发现，与理论不符的实证研究占极少数，人力资本理论在今天依旧是教育经济学研究的核心观点。面对传统人力资本理论的发展困境，以及学术界后来对人力资本理论的进一步认识和发展，"新人力资本理论"得以提出。标志性实践是在2010年美国经济学年会上，E. A. Hanushek（2011）认为，要深入了解个体的经济社会表现，应该重新形成一个基于能力的新人力资本理论。

新人力资本理论受到心理学等其他学科的深入影响，认为传统人力资本理论无法真正洞悉人的各类资本（能力），也无法解释人力资本形成的过程"黑箱"。因此，应将人力资本涉及的能力要素进一步分解，并考察人力资本形成过程，以此打开上述过程"黑箱"，并为包括高等教育环节在内的人才成长过程提供直接参考和依据。

新人力资本理论目前还处于发展阶段。在目前阶段基本上认为新人力资本包括能力（认知和非认知能力）、技能（教育或在职培训）以及健康（身体健康和心理健康）等要素（李晓曼、曾湘泉，2012）。和传统人力资本理论不同，新人力资本理论明确提出了能力这一要素。本研究分析书院制改革人才培养成效评价，其实质就是考察书院制改革对大学生各类能力的影响。

一般认为，人力资本理论的发展经历了新古典政治经济学萌芽、现代人力资本理论、当代人力资本理论和新人力资本理论四个阶段（Song W., 2021；Belmar C. L., 2022）。新人力资本理论与前三个阶段的人力资本理论的根本不同就在于，其对于人力资本的解释已经超出了传统以教育为核心的认知能力的理解。一方面在一些传统研究中已经发现个体认知能力并不能完全解释个体收入的全部变异。另一方面，近年来一些研究已经显示出非认知能力具有独立于认知能力的重要作用。

本研究之所以在以上文献综述中大量介绍心理学有关理论和研究成果，是因为本研究引入的认知和非认知等概念很多来自心理学。一项对新人力资本理论的文献综述显示，"在近年来关于新人力资本理论及相关的研究成果中，非认知能力视角逐渐受到越来越多的关注。通过梳理文献发现，非认知能力的研究多集中于其对个体学业表现、未来收入等方面的影响"。新人力资本理论被迅速引入中国，并在神经科学、心理学、管理学和经济学等学科中得到广泛应用。北京大学王蓉教授2009年发表了《国家与公共教育：新人力资本理论的分析框架》一文，率先将新人力资本理论引入中国。她认为人力资本分为生产性人力资本和非生产性人力资本，前者对应的是传统的人力资本概念，主要指的是"个人所获得的主要由于其潜在的可增加经济性的生产能力的价值而被重视的知识、态度和技能"，后者主要构成要素则是分配性人力资本，指的是"维持或改变需要的特定的人力资本"（王蓉，2009）。王蓉教授在2020年再次发表《人力资本理论的批判与突破——"新人力资本理论"十年之后再反思》一文，对新人力资本理论十余年的发展历程进行了梳理，尤其是对经济学立场的新人力资本理论进行了反思。

当前新人力资本理论仍然处于发展过程之中，既显示出对人类教育活动新的理论解释方向和解释能力的巨大潜力，也仍然面临一些有关能力本身是否可测量、如何测量等的争议（Teixeira，2018；Weller，2019；Prakhov，2019）。虽然如此，但运用新人力资本理论分析书院制改革仍具有积极意义。一方面，新人力资本理论高度强调"能力"概念，并将能力外延由认知能力转变为认知和非认知能力，非常贴近于本研究有关书院制人才培养成效评价议题的研究。相比于现代人力资本理论所强调的"教育即能力"的天然立场，新人力资本理论将"能力"这个模糊概念进行了细分，尤其是突出了非认知能力的存在和重要性，虽然不一定可以完全解释教育活动过程和能力增值"黑箱"，但对理解大学生能力养成过程仍然具有积极意义，新人力资本理论深化了人力资本理论对能力本身的观察深度。另一方面，将心理学等研究成果引入教育学领域，分析自尊心、努力程度等非认知能力对于个体发展的影响（刘冠军、尹振宁，2020），与书院制改革目标高度契合。书院制改革根本上是要打破传统院校和专业模块造成的能力切割问题，旨在通过物理空间和管理过程的融合培养更为全面发展的人。这既有利于为国育才，也有利于学生后续的教育获得和就业收入提升（孙冉、杜屏等，2022），是分析书院制人才培养成效的较好理论。

本研究中的认知能力和非认知能力是指基于能力的新人力资本理论中阐释的两类能力。能力的形成是一个动态、综合的过程，受到环境、基因禀赋和教育政策等因素的共同影响。能力的自我生产特性表明其具有自我增强和不同能力之间互相促进的特征，即一个阶段形成的能力可以增加下个阶段掌握新能力的潜力。而动态补充的特性则意味着个体在某个时期内提升的能力会有助于提高以后投资的生产效率。认知能力和非认知能力原本属于心理学范畴，后被用于人力资本理论研究。新人力资本理论将能力作为人力资本的核心要素，包括认知能力和非认知能力，并且重点关注非认知能力对个体社会行为和经济效益带来的影响。在新人力资本学派构建的广义人力资本理论框架中，能力不再单一地指向认知能力，而是被区分为认知能力和非认知能力。

认知能力是指人脑加工、储存和提取信息的能力，即人们对事物的构成、性能、与他物的关系、发展动力、发展方向以及基本规律的把握能力。它是人们成功完成活动最重要的心理条件。知觉、记忆、注意、思维和想象力都被认为是认知能力。认知能力是一种基于神经系统的脑力活动，它需要个体大量的记忆和思考、解构和重组，通常基本的认知能力，如阅读、识字、计算能力是从早期正规教育获得的。美国心理协会对认知能力作了以下定义：能够理解并适应复杂的环境，对外部接收的信息进行存储和加工，善于汲取经验、解决问题，以及所体现出的在知觉、概念、判断、记忆、推理等方面的能力。其度量方式相对简单，通常可以通过阅读、科学和数据能力等方面的测试获得。

非认知能力（Non-cognitive skills）与认知能力相对，是指在社会中所需的，比如兴趣、情感、性格、意志等因素的总和。非认知能力的形成更多是从干中学（Learning-by-doing）、从工作经验中积累的，而且个人会因为所从事工作的不同，各种能力的积累速度也有所不同。国外文献中对"非认知能力"的概念界定是相对于认知能力而言的，是指那些与计算、阅读或背诵等认知能力不同的，却可以用个性特质进行衡量的能力。它是个体内心的心理活动和表现于外部的行为的能力综合。比如社会情绪、人际关系、自尊自信、成就动机、组织认知等。非认知能力是与认知能力相关但又不同的个体特质，其既具有独立于认知能力的经济价值，又与认知能力互补，共同对劳动者工作表现和工资收入发挥重要的预测作用。新人力资本理论认为，非认知能力与认知能力在学生学习过程中是相互作用、交叉发展的，非认知能力对学习的作用是间接的，其主要功能之一是帮助学生提高学习效率和效果，认知能力在学习中则起着直接作用。创立IQ测试方法的Alfred Binet（1916）曾经在其论著中这样指出，学校教育的成功不仅需要学生智力方面的投入，更依赖于智力之外的投入，包括专注、意愿等良好品质，这直接反映出非认知能力的重要性。非认知能力也称人格特质，通常指个体想法、感觉和行为的持久性模式，即在特定的环境和情况下，个体总会出现的固定倾向和趋势的响应方式。非认知能力主要通过两种机制影响劳动者的工资收入。直接机制体现为非认知能力的经济价值，即非认知能力可视为个体禀赋的一部分，直接与劳动生产率相关。间接机制则在于非认知能力能通过影响学业成就（Heckman，2006）、职位晋升（Edin，2017）和就业渠道（Hilger，2018）等间接影响劳动者的工资收入。研究发现，非认知能力才是提升劳动者个体收入的关键因素。在学校教育培养的能力中，真正对劳动者市场表现起关键作用的能力是非认知能力，而不是一直被默认的认知能力（Bowles等，2001）。

在国内相关研究中，将非认知能力界定为"非智力因素"，是指个人的意志力、道德修养、克服困难的勇气和能力以及自信、自立、自强的良好心理素质等。研究普遍将非认知能力的界定与智力因素相对，认为非认知能力是与认知没有直接关系的情感、意志、兴趣、性格等（闵文斌、茹彤、史耀疆，2019）。有学者认为，非认知能力是人才的核心胜任力（乔治·库、金红昊，2019），主要应该侧重能力，包括对环境的适应力、对情感的调节力、对意志的控制力、对情绪的管理力和对社会的行动力等（乐君杰、胡博文，2017）。也有学者认为非认知能力应该具有更广的概念，包括社会交往技能、特定人格和个体特征等，而且也包括"情商""软实力"等技能特征（许多多，2017）。综上所述，学者总结出非认知能力的广义与狭义概念，广义的非认知能力包括个体心理因素、环境因素、生理因素以及道德品质等，狭义的非认知能力则指动机、兴趣、情感、意志、品质、性格等心理因素。学术界对非认知能力的定义存在为服务某一方面的侧重定义，非认知能力的概念发展仍处于内涵明确、外延不明确的阶段，存在深入探讨与研究的空间。

目前学界关于非认知能力的测度指标没有统一的划分，学者们视不同的研究目的对其进行不同的分类。具有代表性的划分方法有四类：一是基于人格心理学中的人格特质分类，将非认知能力分为"大五人格"，即思维开通性、尽责性、外倾性以及神经质等几个方面（乐君杰、胡博文，2017）。

二是基于认知能力相对应的个体特质，将非认知能力分为自尊和控制点（Drago，2008），前者是个体的一种主观评价，后者是个体特有的生存态度。三是认为非认知能力是除学术性技能之外的其他综合能力，包括人际关系能力、自我规制能力和神经认知能力等（乔治·库、金红昊，2019）。四是综合以上的理论分类优势，结合心理学、教育学、经济学等的观点，认为非认知能力是本科生学习生涯中非常重要的个人能力发展评价指标。

2.3.3　大学生认知能力与非认知能力指标要素

本研究引入基于能力的新人力资本理论，考察书院制改革人才培养成效，核心是开展有关大学生认知与非认知能力的系统评价研究。为此，本研究尝试对国内外大学生评价方法和指标体系的研究进行综述。

1. 国外大学生能力评价指标体系研究

国外在19世纪左右就开始尝试针对在校大学生开展教育能力评价。发展到21世纪，国外已经产生了以泰勒的行为目标模式、斯塔弗尔比姆的决策导向和改良导向评价（CIPP）模式、布卢姆的认知领域教育目标分类法、斯克里文的目的游离评价理论以及斯塔克的应答式评价模型为代表的经典教育评价理论以及评价模式，这些传统理论模式对许多国家的学生评价工作产生了深远影响。但随着科技和经济的飞速发展，一些传统的理论模式已不再满足时代需要，因此一些研究学者开始改革原有的传统理论模式，并在此基础上革新创新，研究形成符合时代发展的新型评价方法和基础理论，其中，最为突出的是Mohl G.（1996）提出的学生素质的创新评估理念和方法，他不仅指出了传统理论模式评价学生素质的短板，还提出通过创新评估代替传统理论的方法，重点强调学生的内在素养和提高素质能力的评价工作，从评价结果论述了创新评估的卓越性。

从文献综述来看，由于各个国家制度等各方面的差异，目前并没有统一的标准用来衡量大学生的综合素质。但一些代表性研究结果仍然具有参照意义。在指标体系的构建方面具有代表性的研究是Russell F. Waugh学术团队的研究成果，把个人档案、学生天赋、老师、学生社交关系、科学、艺术、职业、写作等方面作为学生综合素质的内容，此外还把"理想情况下我认为应该怎么样"以及在"本学期学习过程中我收获的经验"两方面试题纳入评测。D. B. Denison和J. G. Donald（2001）团队让大学生从25个指标中选出影响其综合素质的选项，结果表明高校大学生更多考虑的是反映就业情况的指标而不是入学时的指标，学生更喜欢对智力和创新方面开展评估。Waugh（2001）研究团队通过随机抽样，评估了澳大利亚部分高校大学生的素质，发现澳大利亚大学生的代表素质主要是努力和丰富的学习经验。Koljatic，Kuh（2001）开展了一项历时14年、涵盖70 000余名全美著名高校在读学生的研究，旨在为美国政府机构和工业部门设计制定提高学生综合素养的相关政策提供理论依据与实践数据，结果表明学生的综合素质以主动交流与学习、与同伴合作、学生与老师之间的互动三个良好的教育行为来衡量，而且这些行为对评测学生素质非常稳定，14年来只发生了很小幅度的变化。Robert A. Ellis（2006）的研究则发现，学生关于技术经验方面的论文写作能力（以数据库、处理器等为代表）与他们平时的学习质量之间成正比例关系。A. M. Daleney（2001）团队选取部分本科毕业生开展研究，设计了细化量化的评价评估表，发现学生在就业情况和商业课程等方面的表现对大学生素质评价非常重要。Russell F. Waugh（2001）选取了影响学生综合素质的八个方面，细化形成100项指标，并运用项目反应理论的Rasch模型对3 051名澳大利亚在校大学生进行了综合素养评价，评价结果显示，100项指标中有62个指标对在校大学生的综合素质有非常明显的影响，而剩余的38个指标对在校大学生的综合素养无较大影响，在此基础之上，研究团队根据研究结果提供了提升高校大学生综合素养的对策意见。David Mayer-Foulkes（2002）通过建立动态学生综合素质模型的方法，提出学术机构选择优秀学生的标准应该是最大限度地寻找学生的优点。Mary Annvan，Eps Marie Cooke，Debra K. Creedy（2006）从前人研究成果的基础出发，运用定性与定量相结合的分析方法，发现了导师的积极指导对医学大学生综合素养的提高具有积极作用。

上述国际上有关大学生综合素质（素养）评价的研究模型，对本研究具有重要的参考借鉴意义，尤其是其中部分学者设计的能力指标体系和相关指标，将会部分融入本研究的分析框架中。随着我国高等教育普及程度的提高，大学生的综合素质评价问题受到了越来越多的研究关注，取得了一定有益的成果。在这些研究文献中，国内和国外学者对大学生综合素质评价内容和指标存在很大的差异性，国外研究者较少关注学生德育状况，而国内在其评价指标体系方面也比较匮乏，这样使部分研究内容的参考价值不足。

2. 国内大学生能力评价指标体系研究

国内目前只有少数学者针对本科生的能力提升评估开展相应研究，多是围绕评价方法和评价内容展开文献综述，主要对现有本科生的综合素质、素养展开评估研究，从评价对象来看，主要集中在四个方面，即针对单个大学生个体、以班级为集体的大学生、以学院或学科专业为集体的大学生、学校全体学生。

（1）评价指标体系。

从评价指标体系构建的角度来看，目前学界已形成较为多样的评价指标体系。比如，王文章（2021）等学者运用模糊综合评价的方法，并参考高校学生的德、智、体等成绩，对大学生的综合素质进行评价评估。毛军权等学者（2002）建立了高校学生素养评价的量化评估模型，并详细介绍了模型的设计方法与实践操作流程。其模型采用层次分析法和模糊综合评价法，以思想道德、专业能力、基本素养、身心健康等方面为指标评估在校大学生的素质能力。周人民（2003）团队选取包括文化基础在内的七项评价指标对大学生的综合素质进行了评定。综上可以看出，各学者、专家对大学生综合素质的评价主要是为了论证评估指标体系在综合素质评价中的实际操作情况。刘军红、刘恩霄（2007），汪庆华等学者（2021）构建了一套囊括学生智力水平、体育能力以及思想道德素质评价指标体系，整个指标体系包含四个一级指标和17个二级指标，并结合模糊综合评价法得出了四个班级一百多名学生的综合素质分数，最后根据分数对学生进行了等级和排名的划分。刘坚、邱保健（2005）等学者采用包含因子分析在内的多元统计分析方法衡量出样本群体中四十余名学生的综合素质得分，并根据综合素养成绩的高低对样本班级的学生进行了排名。张毅（2006）等学者也通过因子分析法得到特定班级三十余名大学生的综合素质整体分数，并依据整体分数进行排名。郑永文、武瑞、张有利团队（2008）在灰色分析理论的基础之上，分析了黑龙江八一农垦大学动物科技学院所设立的四个专业学生素质的七个指标，研究结果表明，动物科技学院学生在思想道德和科学艺术方面表现为D（较差），而在身心健康、组织管理能力、创新能力以及专业能力等方面表现为A（优秀），综合各项指标的评估结果，最后得出四个专业学生的素质评定结果为A（优秀）。彭美云、李素质等（2004）采用主成分分析等统计方法对来自中国科学技术大学、武汉大学等高校学生的综合素质进行了问卷调查研究，并根据搜集的数据进行了进一步的研究。丁庆彬（2007）等学者针对特定高校本科大学生的整体素养进行了问卷调查设计，经评估，他们认为样本大学生群体的综合素养水平为B（良好）。但他们的研究只针对样本大学生群体的综合素质进行评估，无法进一步分析评定男女学生之间以及文科与理科学生之间的综合素质水平的差异性。综上所述，该类研究结论一方面是源于一所高校或高校的几个院系又或几所高校的学生，带有较大的整体性；另一方面，数据来源于对某些指标的描述性统计分析，信息挖掘程度不高。

（2）评价主体。

评价主体是影响评价结果的决定性因素，当前我国现有研究中，主要针对学生家长、高校学生、教育主管单位、用人单位以及社会五大类。比如唐仁春、陈晓红等学者（2005），将在校大学生的综合素质评估定义为学校自我评价、政府评价和社会评价三个层面。原则上，评价主体应尽量满足多元化，但在理论研究和实际评价的过程中，当今学术圈主要侧重于将教育行政部门和学校本身作为评价主体。比如，贺云龙、陈赞（2006）等学者论述了信息不对称理论在高校大学生素质评估环节中的应用情况，以及大学生综合能力评估的六方面主体行为，他们基于研究结果提出了在学生素质评价过程中引入专家评价系统的必要性和紧迫性。他们指出，专家评价系统应由高校教师、相关教育管理机构和政府管理机构以及用人单位三方面共同设计构建。此外，他们还提出，应选定大学生个体作为综合素质评价的最佳交易主体，高校教师以及相关管理机构作为最佳评价主体。刘彩霞、蒲青（2005）主张将教育有关部门、教育对象和教育消费者纳入学生综合能力评估，他们认为在校大学生的综合能力评价，应是教育部门、教育对象（学生）和教育消费者对高等教育培育学生的过程和结果所感知的优良程度，总之，学生综合素质的评价和检验任务主要还是要由学校和教师组织完成；学生综合素质的监督和反馈任务应该由家长、社会、用人单位等多方面合作完成。通过学生家长以及学生在学校表现状态的反馈与调查，通过学生在社会上或在用人单位适应程度的反映，一方面能够使学校及时了解学生的不足，合理地完善教学目标、改进教学模式；另一方面又能促进学生培养自身的自信心，使学生的综合能力得到多方位提升。

（3）评价方法。

从评价方法的角度看，目前已有研究成果主要集中在使用层次分析法、灰色关联度分析法、主成分分析法、模糊综合评价法等方面，其中层次分析法是最为常用的评价方法。万远英、尹德志（2003）等学者的研究团队选取西南财经大学经济学以及建筑环境与设备工程学专业的学生为研究对象，运用层次分析法构建了包含学生身体素质、心理素质、思想道德品质、人文素养、业务能力等一列指标的评价体系，并对研究对象进行了系统性的评估与对比。张富程、谢爽、吴应刚（2007）建立"两个准则层"的指标形式对两组学生的综合素质进行实例研究。其中身心健康、学习能力、思想道德品质、创新实践素质构成了第一准则层，第二准则层是13个政治思想指标，并将评价指标按照重要性程度依次排序。评估成绩显示，重要性程度按照思想道德品质、创新实践素质、身心健康和学习能力的次序呈现出逐级递减的趋势。最后，还比较研究了两组学生的综合素质评价结果。虽然还有其他大量文献使用层次分析法评价大学生的综合素质，但除了在构建指标体系上有所区别以外，别的方面都大同小异，故不在本研究中继续论述。

在大学生综合素质评价中，模糊综合评价法是除了层次分析法外第二个被广泛使用的评估方法。如卢铁光、王立、汪志君等（2002），周人民（2003）等学者带领的学术团队将模糊综合评价法视为对高校学生综合能力进行考核评估的常用有效方法之一。蒋娜、赵甫（2008）认为在使用模糊综合评价法评估学生个体的综合素质时，应围绕个体学习能力、身体素质和心理素质、道德思想水平以及实践创新能力等角度设计评价指标体系。但他们对模糊综合评价法的研究只停留在理论分析层面，没有具体到实际操作应用层面。张建军（2008）的研究团队选定了道德水平、智力水平、文化水平三个方面以及相应的11个细化的二级指标，构建了多目标多级模糊综合评价的量化模型，并针对青岛理工大学机械学院某班级的35名学生进行了实证研究，以验证模型的合理性和可操作性。乌力更（2002）等学者则选取身体健康、文化素养、创新能力、专业能力、道德水平五个层面以及细化的23个指标对特定大学生样本开展模糊综合评价的实践应用研究。张英、冯艳芳（2007）等学者针对在校大学生设计了综合能力评估指标体系，他们将模糊综合评价法和模糊层次分析法结合，构建了混合层次分析型结构模型，对在校大学生进行囊括多指标的定量评价研究。

除层次分析法和模糊综合评价法之外，主成分分析法也逐渐被诸多学者应用于综合评价指标的构建中。如张翎（2001）、李可嘉（2013）等学者应用主成分分析法，结合样本群体各方面的实际情况，计算综合评价指标，对样本学生进行能力素养评估。谢昌浩（2004）的学术团队采用主成分分析法，将选定的大学生身体素质、人文素养、专业能力和思想道德水平四个方面的八个指标概括为五个主成分，构建在校大学生综合素质评估指标体系，最后通过主成分计算对选定样本大学生进行综合素质评价。

梁文慧、毕守东、戴照力（2006）的研究团队使用灰色关联度分析法，对抽取的65名高校大学生进行了诚信品质的评价，他们首先将衡量样本群体综合能力素养重要指标之一的诚信品质分为四个信誉水平，然后通过灰色关联度分析法得到了对应样本学生的关联度,最后根据关联度将样本学生纳入不同的信誉等级中,进行诚信素质评价。此外,还有一些研究学者也将多种评估理论与分析方法相结合,然后应用于大学生综合素质评价中。俞守华、董绍娴、区晶莹、黄联武(2008)等学者就在研究过程中混合使用了多种评估方法。首先他们在设计评价指标体系时,就选定了影响大学生综合素质的包括专业能力、身体健康情况、发展可塑性、思想道德水平四个方面的29个指标,其次通过层次分析法计算相应指标权重,然后运用模糊综合评价法和主成分分析法进行实际评估,最后将评估结果与实际情况进行对比分析。

这种评价方法虽然得到的评估结果符合实际,较为理想,然而流程过于复杂,不利于实际操作,同时在评价过程中还容易丢失数据信息。王殿海、杜丽华(1996)结合了蜘网图评价法、系统聚类分析法和平均成绩排序法等多种评估方法,对吉林工业大学交通学院交通运输管理专业毕业学生进行了综合性评价与系统性分析。张宝歌(2005)在研究过程中构建了基于质量跟踪评价法、综合会考评价法、质量增值评价法、工作准备评价法、自我陈述评价法等多种评价方法的定性定量相结合的综合评价方法。刘坚、苏军(2004)等学者在研究过程中应用因子分析法,将选定的11个评价指标归纳为五个评估因子,然后进行了评估分析与结果预测。刘冬元、唐志刚等(2004)则综合运用加权平均排序法、系统聚类分析法和回归分析法等多种评估方法,结合选定的数十种不同课程的平时成绩和期末成绩,对随机抽取的样本学生进行统计分析,随后将统计结构归类为优秀、良好、较差三个评价等级。任泰明(2005)在研究过程中也综合应用了数种评价计算方法来衡量量化样本群体的综合能力。首先通过层次分析法获取学生素质的相应指标权重,随后使用模糊综合评价法衡量相关定性指标,最后构建基于T标准分计算的数学模型来评估样本群体的素质能力指标。张华、潘华(2003)则在他们的研究成果中,综合使用了多种评估方法,随后他们设计构建了一个可用于综合多种评估算法的基于复杂神经网络计算方式的量化评估模型,并详细介绍和论述了该模型的基本原理和实际运行操作流程。

（4）评价内容。

大学生综合素质评价到底应该评价什么？通过比较国内外文献发现，国内外在大学生综合素质的评价内容上有很大分歧。国内的评价内容主要趋向于成绩和德育两方面，目标是追求学生全面发展，而国外更侧重于实践和交流合作能力。

早期，我国教育部等相关部门对高校学生培养做出了明确的规定，即培养德、智、体、美、劳全面和谐发展的社会主义事业的建设者和接班人。所以，许多专家学者把学生个体作为研究对象，考核出学生在校期间的表现和成绩以及思想品德、智能、体力、审美情趣、劳动技能和个性品质等六项指标，通过调整不同的权重和比例作为对学生综合素质评价的判断。李晓明、周绪锦等（1991）从理论上定义了大学生综合素质评估值是指能在一定程度上反映出学生在一段时间内政治教育和业务能力素养的数据值，既可以反映出学生平时的表现，又可以反射出学生接受思想道德和文化教育后的成效。而学生综合素质评估值的计算方法是通过记载学生在德、智、体等方面的表现，经过一定时间，按照一定的量化标准对记载的信息实施可操作性的科学处理。

在评价内容上，彭晓玲、陈世民等（1996）分析参考了学生德、智、体综合考评的理论，并结合中央1987年18号文件提出的高校学生"四应当"的培养目标和中国普通高校德育大纲（试行），1989年国家教委颁发的高等学校学生行为准则十五条以及品德形成的知、情、意、行四要素后，提出了四个考核项目：第一项，以第二课堂政治理论为目的的政治理论修养考核；第二项，为树立正确的政治态度和政治信仰的政治思想修养考核；第三项，以文明礼貌、集体观念为代表的道德修养考核；第四项，包括遵纪守法、维护公共秩序在内的法纪修养考核。但在1999年党中央提出《中共中央国务院关于深化教育改革全面推进素质教育的决定》后，我国的教育制度不断改革，逐渐向培养学生全面发展的方向前进。因此，评价内容也不断在创新改变。黄殿臣（2001）认为评价内容实际上是指大学生应具备的基本素质。他还认为大学培养的人才不仅在学术、专业能力方面有较高的水平，而且应该有创新精神和实践合作能力。刘坚（2005）从思想道德素质、专业素质、文化素质、身心素质、实践能力素质五个方面构建了5个一级指标、16个二级指标的评价体系。这个指标体系还包括了学生的心理素质、创新精神、创新能力、社会工作能力，比较全面地展示了与素质教育相关的关键内容。陈赞、唐仁春、张风明（2005）重点研究了品德、能力和知识三方面指标，还考虑到政治态度、思想观念、创新能力等12个要素指标。同时，他们也分析了以师资队伍、教育资源、育人环境、教学管理、课程设置等为代表的影响学生综合素质的因素。张宏伟、于立军、杨欢（1999）认为21世纪的大学生综合素质应包括六个方面的内容，即思想道德素质、人文素质、业务素质、身心素质、科技创造能力、其他能力水平（如组织管理能力等）。张海云（2002）参考清华大学实行的新的大学生综合素质评定方法和浙江大学本专科学生综合素质测评方法，将大学生综合素质的评定分为德育、智育、体育、美育四个方面共12项指标：社会责任、集体观念、诚实守信（着重于道德修养方面）、团结协作、严谨勤奋、实践能力、创新精神、表达能力、人文修养、文明举止、身体健康、心理健康（着重于世界观、人生观和心理素质方面）。

综合以上文献，本研究认为，在大学生综合素质的评价内容上，不同专家、学者因认知、观点、目的和所处的时代、地位等不同，研究的具体内容也会有所不同。国内外学者在高校人才培养评价方法、方式上展现了一定的创新性，值得本研究学习借鉴。但与此同时，已有研究仍然存在一些不足之处。一是评价角度存在局限性。研究者在对大学生综合素质进行评价的过程中，存在一定的数据样品单一问题，而且局限于学生综合素质评价中的案例介绍以及大学生综合素质排名上，这样的评价研究结果未能反映真实素质状况。二是评价内容片面性较强。研究者普遍关注大学生的智力水平和德育状况，而对心理健康、思维创新意识和发展能力考量仍然不足。三是在评价结果运用上存在功利化现象。部分学者提出评价的结果可以给高校提供改革的建议，但对学生个体的有效性、精准性评价指导很少。评价结果的应用存在单向结果性评价，而缺乏双向反馈互动的发展性评价。此外，评价内容本身具有发展性，是随着时代的发展和社会的需要而不断调整的。本研究在对H大学书院制人才培养成效具体评价过程中，较为全面地参考借鉴了上述指标体系和研究方法。

2.3.4 本研究构建的书院制大学生能力评价指标体系

本研究对书院制改革人才培养成效评价设置，将I-E-O理论作为总体的理论基础，借鉴新人力资本理论中的能力评价要素思想，围绕认知能力与非认知能力两个方向构建两个维度的指标体系。

一是学业评价指标。通过学生学习大数据库建设和双重差分法（DID），对比书院制改革前后相关指标数据，考察书院制人才培养是否影响大学生的学业表现。学业表现既包括学生的平均分数、挂科率等指标，也包括优秀学生、学习困难学生等分类人群指标。

二是非学业评价指标。由上述文献综述可以看出，无论是马克思人的全面发展理论，还是多元智能理论等其他理论，都普遍强调在智力或智能指标外，综合考察大学生发展的多元化指标。在中国学者的文献综述中，涉及各种各样的大学生能力评价。综合这些研究成果，结合H大学书院制人才培养方案中《本科生素质拓展指导纲要（试行）》中通过课程外各项教育环节的设计和实施，提升"学生理想信念、社会责任、科学素养、人文底蕴、国际视野、自我管理、创新能力、健康生活"等核心能力素养的设定，本研究将大学生的非学业评价指标概括为16个方面，分别是①爱国情怀与国防观念；②对重大政治、社会事件的关心程度；③诚信度与社会规范意识；④利用现代信息技术获得和处理信息的能力；⑤实验操作或实践能力；⑥审美与文化修养；⑦知识面与视野；⑧自我管理与服务能力；⑨组织与领导能力；⑩人际交往能力；⑪清晰有效的口头表达能力；⑫批判性思维；⑬发现与解决问题的能力；⑭想象力与创新能力；⑮身体素质；⑯抗挫折能力与心理调节能力。本研究将通过问卷调查和双重差分法，追踪书院制大学生培养的上述非学业评价指标。

此外，本研究还专门设置了生源质量指标。生源质量指标并不在传统大学生评价研究的指标体系之中，但对书院制人才培养改革至关重要。本轮高校书院制改革，一些高校的动机固然在于提高人才培养质量，但也有一些高校的部分改革动机在于通过书院制大类培养，将优势专业与其他专业捆绑招生，从而提高本科招生生源分数和分省位次。因此，本研究在评价过程中也将生源质量加入其中。一方面，是为了回答决策者有关"书院制是否提高了生源质量"这一现实问题；另一方面，对学生生源质量变动的考察，对客观分析书院制改革前后学生发展状况也有重要作用，因为部分大学生能力水平的变化，不一定是由书院制改革带来的，也可能是由生源质量本身提高所带来的，本研究对此疑问也进行了进一步的验证。

2.4 本章小结

本章尝试系统开展现代高校书院制人才培养模式综述，通过对比分析现代高校书院制与中国古代书院制、西方书院制的异同，以及学界对现代高校书院制的前期研究成果，进一步明确研究问题，凸显研究价值，形成研究思路。目前涉及大学生人才培养评价的理论有很多，本章根据学科划分，尝试围绕政治经济学、心理学、教育学、社会学等视角展开理论梳理。这些梳理虽然无法全部囊括大学生人才培养评价涉及的各类理论基础，但可以发现，以马克思人的全面发展理论和加德纳多元智能理论等为代表的传统理论，对书院制人才培养成效评价研究具有较好的宏观解释力，但这些理论对中微观层面的高等教育书院制改革实践则解释力有限、可操作性不足。为此，本研究将书院制人才培养的I-E-O理论作为理论基础，并引入基于能力的新人力资本理论，突出高等教育人才培养活动中的能力要素提升，其将能力划分为认知能力和非认知能力，形成有效的分析框架。但这一理论仍然偏向中观层面，对于究竟如何使用这一理论科学测量书院制改革过程中的人才培养成效仍然缺乏可操作性方案，为此，本章将近年来国内外有关大学生人才培养评价指标要素进行了系统梳理，基于"能力"，设定认知能力与非认知能力两大类评价方向，构建形成了现代高校书院制改革人才培养成效评价的指标体系。

本研究较为严格地遵循了实证研究的基本路径，即理论选择、分析框架搭建、数据采集和分析讨论。其中，理论选择历经多次对比，除文中涉及的诸多理论外，还包括院校影响理论、社会化理论等，以及CIPP评价理论、变化评定模型等中微观分析框架，最后认为I-E-O理论对本研究具有较好的解释力，既具有衍生形成理论分析框架的可行性，又具有进一步根据理论指导匹配形成评价指标体系的天然优势。在形成评价指标体系的过程中，I-E-O理论是"正统"的本科生人才发展评价的理论之一，但偏向宏观和中观，为此本研究进一步借鉴了新人力资本理论的"能力"思想，作为I-E-O理论的下位分析框架，并通过大量综述最终在分析框架中补充形成了细化的指标体系。

目前，国内学界引入和使用新人力资本理论的还不多，王蓉教授等代表性人物也客观指出了这一理论的适用范围和理论局限，国际上对新人力资本理论还存在一定的争议。即使如此，这一理论将人力资本这一重要概念进行下位概念延伸，进一步突出理论的可操作性，试图揭开传统人力资本形成的"过程黑箱"。上述框架虽然可能面临一些挑战，但总体上对分析书院制人才培养成效是可靠和有效的。

本研究对新人力资本理论的使用，也并未完全基于该理论涉及的能力（认知和非认知能力）、技能（教育或在职培训）以及健康（身体健康和心理健康）等要素全面展开，以防止研究过泛、深入度不够，而仅聚焦于"能力"这一指标展开研究设计。同时，本研究指标体系设计过程中充分考虑了本土教育话语体系和研究场域。在书院制人才培养评价涉及的非认知要素指标确定过程中，充分汲取了已有文献成果，结合H大学书院制改革目标，形成了16项可操作的非认知要素指标体系，具有一定的合理性。

第 3 章

CHAPTER 3

研究设计

本研究第二章通过大量的文献研究和理论梳理，最终选取了I-E-O理论作为研究的理论基础，为了聚焦书院制改革中有关人才培养"能力"的变化，进一步借鉴新人力资本理论的有关思想，构建形成包含输入、环境、输出三个环节，认知能力与非认知能力两个方面以及16项测量内容的指标体系。本章则将按照上述思路，进一步细化研究设计，形成具有可操作性的研究方案。

3.1 研究问题及核心概念

本研究聚焦现代高校书院制人才培养过程中人才培养成效评价议题，主要研究三方面问题。

一是现代高校书院制改革的人才培养成效问题。是否促进了学生的全面发展？在认知与非认知两个方面，现代高校书院制人才培养的具体成效如何？书院制改革前后，人才培养的成效是否出现了显著差异？

二是现代高校书院制人才培养过程与作用机理问题。书院制人才培养成效提升遇到了哪些现实阻力？这些问题的类型、成因是什么？

三是以研究为依托，对案例高校书院制改革现状展开全面"诊断"，寻求未来改革策略的出路。

3.1.1 现代高校书院制

本研究中的"现代高校书院制"指的是中国内地近年来出现的，旨在打破传统学科专业壁垒、以通识教育为基础、促进本科生社群化教育服务管理的人才培养新模式。目前国内外实施书院制的高校较多，但不同国家、不同社会环境、不同发展阶段、不同特色背景的高校，其书院制特点不尽相同。为此，结合上述定义及研究对象H大学的特点，将本研究的"现代高校书院制"的内涵与外延概括为五个方面。

第一，现代高校书院制以改革学生教育管理模式为重点，立足于专业大类，书院、学院协同工作，本科四年设立一贯制培养目标。本研究案例H大学，与国内其他高校采取一年制、两年制或四年制不同，H大学结合多校区办学实际，坚持"属地管理"原则。书院、学院协同，即学院负责四年期间的教学资源供给、书院负责四年期间的素质拓展资源供给，将专业教育与素质培养全过程、全方位覆盖本科生群体的四年学习与生活。书院、学院协同设立一贯的培养目标、培养大纲、评价体系、督导机制。

第二，现代高校书院制的目标是将人才培养内容融思想政治教育、专业教育、通识教育、素质拓展为一体，培养途径融课堂教学、文化活动、社区教育、导师导学为一体，为本科生科学打造全面能力提升培养方案。

第三，现代高校书院制为学生配备多元导师队伍，分别从名家、师长、干部、学长等群体中选取，被聘为学术导师、学育导师、德育导师、专业导师、朋辈导师、通识导师、校外导师等。导师通过思想引领、人文关怀、学业指导、学术引导等导学活动使学生在校园生活、学术发展、人生规划、创新创业、健康生活等方面得到宽角度、多层面、高质量的教育引导，拓展学生能力素养提升路径，以期望促进学生实现德、智、体、美、劳全面发展。

第四，现代高校书院制强调建设住宿书院社区、营造社区文化，为每个书院提供空间资源建设书院社区，社区为书院活动开展和文化建设提供载体；各书院不断加强社区环境建设，充分发挥社区环境育人功能，与学生共同打造"家文化"，形成环境与文化育人场域。

第五，现代高校书院制强调将思想政治教育与书院制育人相融合，以内涵培养为目标，建立政治教育、素质培养、气质塑造、品格完善的思想政治教育新体系。

3.1.2　本科生全面发展

本研究中的"本科生全面发展",指的是现代高校书院制改革过程中,本科生通过书院制教育,积累形成的各类稳定的能力特征。"全面发展"一词在本研究中有两方面含义。一方面,从高等教育体系来说,全面发展通常与综合素质相联系,被认为是大学生日常实践活动所需的基本能力,具体表现在思想政治素质、专业能力素质和身心健康素质等领域。另一方面,本科生的全面发展是指在各种素质相互作用、相互促进下,形成统一、稳定的内在品德的能力(舒文琼、陈士燕等,2019)。

本科生全面发展核心涉及综合素质的全面提升。2006年,教育部对全国初高中学校实行招生制度改革,正式提出"综合素质评价",其目的是展示素质教育的内涵与本质。教育部要求全国各地所有的初高中学校,需要在每个学期的期末对全体在校学生进行综合素质以及综合能力的评估评价。各地区、各学校虽然存在地域性和结构性差异,但是综合素质评价内容与内涵精神大体相似,综合素质评价一般从"道德品质""学生素养""交流合作与实践创新能力""运动与健康能力""审美能力""表现能力"等方面进行评估,然后每一个方面下又包含诸多子项目,评价结果一般以A(优秀)、B(良好)、C(一般)或者D(较差)呈现。综合素质评价最早面向中小学生人群,但随着我国经济体系与制度的不断完善,高等教育体制改革也随之不断发展。如今,综合素质评价已不仅仅应用于中小学生,越来越多的高校开始重视综合素质评价。"核心素养"和"综合素质"尽管都是指在顺应时代发展的潮流中,学校摒弃应试教育的新要求,学生追求全面发展的新诉求,但作为两个先后出现的独立概念,二者在内容上有着一定差异。北京师范大学林崇德教授在教育部的支持下,带领中国核心素养课题组,开展了为期三年的关于核心素养的学术研究。经教育部基础教育课程教材专家工作委员会审议后,他们最终形成研究成果,确立了六大学生核心素养,他们的研究将核心素养分为"文化底蕴""科学精神""学会学习""健康生活""责任担当"以及"实践创新"等六个方面。核心素养与综合素质评价概念有相同之处也有不同之处。二者的差异体现在"综合素质评价"重点在于促进学生德智体美劳全面发展,反映的是对学校教育的内容要求,回答的是"学校应该教授什么类型的课"的问题;而"核心素养"强调的是学生个人未来发展和适应社会的基本能力和品德,反映的是对学校教育的功能要求,回答的是"教育应该培养什么样的人"的问题。针对本科阶段学生的综合素质评价,首先通过采集学生代表性信息,如学业信息、品德信息、身心健康信息等数据,然后依据采集的信息数据,运用科学的计算方法,制定符合学生个性的教育理念和教育目标的评价过程。综合素质评价虽然实施复杂,但是特征明显,主要有以下三个特征:一是外显性和内隐性。根据《教育部关于积极推进中小学评价与考试制度改革的通知》可知,综合素质被分为思想道德、公民素养、学习能力、交流合作、身心健康和审美表现六个方面。其中,外显性表现为可根据一定标准或成绩进行评定的学习能力、身心健康两个方面;而其他四个方面则需要通过言行举止等主观因素评价,具有较强的内隐性。二是整体性。人的综合素质是由不同功能、不同方面、不同层次的各种要素组成的有机统一的整体,各个要素之间既相互独立,又具有联系;既相互制约,又共同发展,进而发挥出整体的效果。三是可塑性。因为综合素质会随着人的成长而变化,所以先天因素和后天培养共同决定着人的综合素质。综合素质的可塑性肯定了教育和后天培养在人的成长过程中起到的关键性作用。

本研究认为,大学生全面发展的本质是综合素质的全面提升,但由于综合素质涉及的内容过于宽泛,指标要素过多,部分指标要素可评价性不足。因此本研究更多使用大学生全面发展这一概念而非综合素质全面提升这一概念。大学生全面发展的测量也存在全面性和科学性的困难,因此本研究按照新人力资本理论中的能力框架,将大学生全面发展概念在外延环节设定为认知能力和非认知能力两大类指标体系。以此为基础构建大学生全面发展评价的指标体系。

本研究所指的本科生是以大学本科四年为培养周期，结合研究对象H大学的特点，本科生的全面发展是由不同层次、不同功能的各种要素组成的整体，各个要素之间既相互独立，又相互联系；既相互制约，又相互协同，从而发挥整体效应。大学生全面发展是由一个人的先天因素和后天环境共同作用的结果，会伴随人的成长过程而变化。全面发展的结果体现出教育在其中的作用，后天环境和教育是个人全面发展的关键性因素。

本研究对本科生综合素质的评价还涉及一个关键概念，即"非课程教育实践"。本研究所指的非课程教育实践与传统意义上的第二课堂有相似之处，共性是在本科教育阶段，大学生除课堂教学以外的教育实践活动，第二课堂是相对课堂教学而言的。如果说依据教材及教学大纲，在规定的教学时间里进行的课堂教学活动称之为第一课堂，那么第二课堂就是指在第一课堂外的时间进行的与第一课堂相关的教学活动。从教学内容上看，它源于教材又不限于教材，它无须考试，但又是素质教育不可缺少的部分。从形式上看，它生动活泼、丰富多彩。它的学习空间范围非常广泛，可以在教室，也可以在操场开展；可以在学校，也可以在社会、家庭开展。而本研究"非课程教育实践"是指在书院制育人模式下由书院执行设计的教育实践活动，包含第二课堂的特性，但更加规范、精准，在教育活动实践上有明确的导向性，有执行方案，是与学院进行的课堂教学活动相辅相成协作进行，具备可规划、可执行和可评价的特性。

3.1.3 本科生发展评价

本研究"本科生发展评价"指的是以I-E-O理论为基础，系统开展大学生在大学本科四年学习期间各类认知和非认知能力的评估分析。在教育领域中，评价一般指教育者采用各种各样的手段和工具去评价、衡量和记录学生的学术意愿、学习进度、技能学习和教育需求等。评价一词起源于拉丁语"assidere"，即英语"assessment"的词源，本义是"和某人坐在一起"（Satterly，1989）。新西兰林肯大学的西蒙·斯沃菲尔德教授认为

(Swaffield，2011)，评价不只是教育者坐在学生旁边，而是去关心学生学到什么，教学方式的有效性，指导学生下一阶段的学习内容，同时把握学生的作品及其质量。教育者主动去搜集评价证据和对证据进行有效反馈，学会以多鼓励、少批评的方式来引导学生，为学生提供清晰、具体的学习建议。马仕表示评价就是教师收集学生知识、技能和学习态度的活动（Marsh，1997)，无论这些评价数据来自正式的目标性考试和家庭作业等，还是非正式的学习观察表现或问卷调查，评价的主导权主要在教师手里。德拉蒙德倾向于评价是为学生服务（Drummond，2003)，教师对学生学习行为的考察和考核，认真推断后做出明智的评估，促进学生的学习过程。阿什认为评价能促进教师对学生信息的充分了解和有效控制教学进度安排（Airasian，2008)，在多样化收集、处理和分析评价信息中，能促进教师对有效课堂的情景创设。例如，评价不仅包含教育者在教育学生过程中的管理策略，而且要统计学生纸笔考试分数和定级，还有就是学生的课堂表现方面。著名的美国教育家布卢姆总结了几点教育含义。首先，评价是收集、分析和解释信息的活动，用来判断教学有效性和学生学习情况。其次，评价的含义远远超过期末考试成绩，包含了学生在学习过程中的很多表现，甚至日常非学习活动。再次，评价既是一种辅助手段，也是一种过程，是辅助教育者设计、制定和完成教育目标和教学任务的重要依据，对学生按理想方式发展的进度进行确定；评价可以看成一种"反馈—矫正"系统，用来判断和保障教育工作各个环节的有效性，以预防无效的工作安排，及时反馈。最后，无论是教育者还是被教育者，都需要指标来判断教育对其的有效性，评价是反映结果的最好工具。

　　本科生发展评价是高等教育理论研究中的一个重要课题，对实现高等教育的育人目标、提高与改进教育教学方法、保障与促进高校办学水平的提高有着重要的作用。进入中国特色社会主义新时代，本科生发展评价的研究需要日益突出。从我国的历史溯源来看，中国书院模式在宋朝时期正式成为教育制度，在清朝时期发展到极致，无论是公学还是私塾，到民国时期的小学、中学、大学，再到教育机构，均有事实上的学生发展评价。纵观教育评价理论与实践的历史发展，一般认为大致经历了古代的传统考试、近现代的科学测试和当代的科学评价三个不同时期。因此，教育评价来源于古代学校对学生的学力检验，但是，教育评价系统理论和方法的形成则直接来源于20世纪初兴起的一种以追求考查教育效果的客观性为目的的教育测验运动。"分数是学生的命根"道破了一直以来"唯分数"论的学生评价体系（吴云安、王锡刚，2008）。高考作为大学的选拔评价机制更在一定程度上展现了分数对人才评价的重要性。虽然我们的人才培养目标要求是德、智、体、美、劳全面发展，但在实际中，各高校因缺乏科学系统的评价体系和评价方法，目前的各类考评，从学校到社会对学生的发展评价基本上仍以分数为主要测量工具。20世纪90年代以来，我国在高等教育中广泛推广素质教育，希望各高校能从全面素质提升的角度去综合评价学生素质的提升（张兴国、文雪，1999；周远清，2000）。但由于长期以来"唯分数论"的惯性作用、评价者的惯性思维、评价理论研究的不足等因素，在我国高校中尚不具备一套科学适用的评价指标体系可供操作。本研究基于I-E-O理论的研究路径，考察评价现代高校书院制育人模式改革对人才培养成效的影响。

3.2 研究方法

针对传统大学生发展评价研究缺陷，本研究尝试通过三方面努力，提高研究的科学性水平，尽可能客观评价书院制改革过程中人才培养成效状况。一是运用个体与环境互动理论中的经典理论模型I-E-O理论，将环境模块进行分层梳理，并将能力要素详细区分为认知能力和非认知能力，弥补I-E-O理论的不足，破解人才培养过程"黑箱"。本研究分析书院制改革对人才培养成效的影响，其实质就是对大学生各类能力的影响，借鉴参考新人力资本理论，既突出利用了传统理论框架路径清晰的优势，又克服了过程中影响因素分析不足带来的研究弊端。二是引入双重差分法。本研究首次尝试在书院制人才培养成效研究领域引入双重差分法，通过对比书院制改革前后大学生认知与非认知能力要素的变化，客观地考察书院制对人才培养的现实效果。三是引入本科生学习大数据库资源。传统大学生发展评价研究大多基于学生自填问卷的方式展开，本研究在保留这一方法的基础上，进一步引入了本科生学习大数据分析方法。首次尝试构建形成了样本高校本科生人才培养大数据库，以此对比分析书院制改革前后H大学本科生大数据表现变化。这相比于问卷调查，可以更为客观科学地呈现研究结论，进一步提高研究的科学性水平。与此同时，还在问卷调查、本科生学习大数据分析基础上，进一步开展了较大范围的访谈调查研究，涉及书院制本科生、任课教师、行政管理人员等多类人群。本研究尽最大可能通过上述复合式研究方法确保研究结论科学可靠。

为深入人才培养过程内部，本研究采集了"书院制改革前""书院制改革后"两大类数据源，并开展了书院制改革人才培养成效两轮次问卷追踪调查（间隔3年），使用制度分析、大面积访谈研究等方法，尝试部分解释现代高校书院制人才培养的过程机理。

3.2.1　个案研究法

个案研究法，又称"案例分析法""个案分析法"，最初是由哈佛大学在1880年开发完成的，意指对某一个体或群体组织，在较长时间内（几个月、几年乃至更长时间），连续进行调查和了解，收集较为全面的资料，从而研究个案对象的心理、行为发展变化的全过程的方法。对学生学习过程的个案研究，是将对个别学生的日常观察、谈话和行为指导综合起来，研究个别学生学习过程发展的方法。本研究中采用的个案研究法，主要应用于对H大学整体样本的分析。H大学是以理工为主的"双一流"建设高校，其书院制人才培养改革模式与国内其他"双一流"高校既有相同之处也有相异之处。以H大学为研究案例，有助于更为客观地剖析"双一流"大学书院制人才培养模式的人才培养成效。

3.2.2 文献研究法

本研究在文献综述、理论综述等撰写过程中大量使用了文献研究法，较为全面地收集了国内外书院制研究文献、学生发展评价研究文献等。除此之外，本研究还大量使用了研究对象H大学的校内各类文献资料，主要包括H大学学校层面书院制改革文件、通知、领导讲话文献资料、学工教务部等部门的相关政策文件资料，以及各书院制定的育人方案资料、"三全导师"聘任与考核规则资料、综合测评方法、第二课堂成绩单、专业大类确认方案、学生社区管理办法、学生自治委员会管理办法等校内文献资料。

3.2.3 深度访谈法

本研究主要采用访谈法来完成对学生学习过程及其评价指标体系的设置，以及教师、学生、家长对评价对象在问题信息方面的收集，调研问卷、量表的结构要素等的设计。访谈法分为结构性访谈和非结构性访谈、个人访谈和团体访谈、直接访谈和间接访谈、正式访谈和非正式访谈等类别。访谈法的实施过程包括访谈设计、访谈人员的选择和培训、访谈实施和记录整理。本研究访谈分为三大类，一是个别访谈，即对书院制下各书院学生随机选取，展开一对一访谈。二是群组访谈，即通过座谈会方式开展了15次群体性访谈，共完成10次学生群组访谈，5次教师和行政人员群组访谈。三是焦点访谈。选择徐特立书院，对其112名学生展开大范围访谈，以此考察书院内部的人才培养全貌。

3.2.4 定量分析方法

本研究主要使用封闭式问卷调研本科生在书院制改革措施下的成长表现以及存在问题。在本研究中，基于学生自评方式的书院制本科生发展调查问卷将围绕学生能力的提升进行全面的调研，将学生作为评价改革效果的主体，强调对学生活动全面、多方位的分析。问卷设计中的自变量是书院制育人改革的具体举措，分为思想政治教育、爱国主义教育、责任担当教育、人文素养教育、科学素养教育、社会实践教育、创新创业教育、身体素质拓展教育、心理健康教育等教育模块，这些模块对应问卷中的书院活动等；因变量是学生的非学业表现，以八项核心素养能力（理想信念、社会责任、科学素养、人文底蕴、国际视野、自我管理、创新能力、健康生活）为衡量指标，研究这两个变量之间的关系。控制变量为学生性别、年龄、生源地（基础教育水平）、政治面貌、专业背景、父母职业、书院属性等。

本研究使用双重差分法（Differences-in-differences，DID）进行了信息数据分析。双重差分法是通过观察治疗数据的差异效应来模仿观察性研究数据，并模拟实验研究设计，常用于政策评估效应研究，比如某些政策改革的有效性评估。本研究将书院制人才培养模式改革视为自然实验，系统采集了H大学各类本科生大数据信息，通过双重差分法系统考察书院制改革前后学生发展的各类表现差异。研究采集了2015—2020年H大学本科生大数据信息，实现了校内学生大数据部门间贯通，形成了以学生"学号"为串并编码的本科生大数据库，并将学生分为"书院制改革前"和"书院制改革后"两大类群体，通过"双重差分法+大数据法"，细致考察书院制改革前后，本科生发展的各类情况。

3.3 研究思路和论文结构

研究思路及论文结构框架如图3.1所示。

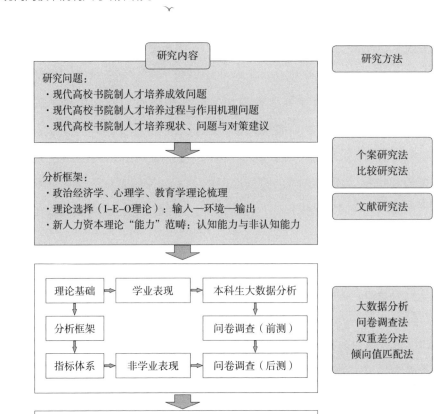

图3.1 研究思路及论文结构框架

本研究的基本思路是：构建形成现代高校书院制人才培养评价基本理论框架，并在文献梳理的基础上，形成具体评价指标体系。其次运用复合式方法，按照上述指标体系全面采集大数据指标，尤其是引入双重差分法，系统采集书院制改革前（2015—2017年）、书院制改革后（2018—2020年）共6年长线样本数据，尝试基于对比方法和纵向方法考察书院制人才培养成效。在此过程中，本研究也并未舍弃传统的问卷调查和访谈调查法，旨在通过复合方法的引入，数据彼此印证，形成更为科学的研究结论。最后，结合全文研究，对当前现代高校书院制改革过程中人才培养成效状况展开综合评价，对研究发现的各类问题和成因展开分析,结合I-E-O理论的相关思想,形成研究结论和对策建议。

3.4 研究章节

本研究首先介绍研究的背景、意义与可能的创新点。其次尝试系统开展现代高校书院制人才培养模式综述,通过对比分析现代高校书院制与中国古代书院制、西方书院制等的异同,以及分析现代高校书院制的前期研究成果,进一步明确研究问题,凸显研究价值,形成研究思路。然后搭建研究的总体框架和指标体系,采集完成了各类研究所需的证据材料。最后以此为框架,运用各类证据材料展开详细论述。各章安排如下:

第一章:导论。阐述选题背景与意义。通过研究旨在进一步构建符合新时期人才需求的高等教育人才培养模式。通过系统研究,考察书院制人才培养成效现状,分析书院制人才培养过程机理,研判书院制人才培养趋势、问题,形成书院制改革的政策建议。本章还描述了本研究的理论意义与实践意义。

第二章:文献综述与理论基础。系统展开现代高校书院制人才培养模式综述,对书院制的文献作了系统全面的综述分析,并对国内外学者对人才培养评价方法与方式作了分析与总结。围绕政治经济学、心理学、教育学等视角展开理论梳理,在此基础上基于I-E-O理论模型、齐克林大学生发展七向量与"基于能力的新人力资本理论",细化形成现代高校书院制改革人才培养成效评价指标体系,并据此构建全文分析框架。

第三章:研究设计。本章聚焦现代高校书院制人才培养过程中大学生人才培养成效评价的三方面问题,明确了研究中的核心概念,对书院制人才培养成效评价问题作了较清晰的分析与厘定,介绍了本研究将用到的研究方法,并对方法的优缺点进行了分析。提出并构建了研究路线图,介绍了本研究的证据收集方法与过程。

第四章：案例高校书院制人才培养制度设计。对案例高校历次人才培养改革进行详解剖析与解读。从20世纪70年代末80年代初至今，中国大学发展过程中的育人模式经历了以下几个阶段：专才教育、通才教育、专业教育、通识教育等，形成了不同时期特殊的人才培养模式。H大学作为以理工为主的"双一流"建设高校、"985"建设高校、"211"建设高校，其人才培养模式改革历程与上述中国高等教育发展历史规律总体上较为一致。在H大学80余年的办学历程中，人才培养活动分别经历了通才教育改革、专业教育改革、通识教育改革、素质教育改革，直至开启书院制育人模式改革。本章详细介绍了H大学书院制的总体制度设计与人才培养总体方案，以及学生教育管理模式、书院学院协同机制、导师制实施等，并对案例高校与国内其他高校书院制改革进行了对比分析。

第五章：书院制改革本科生学业表现成效评测。本章为本研究的实证部分，主要介绍书院制改革过程中本科生学业表现成效评测的基本状况。基于研究框架，本章从两个方面开展书院制人才培养成效评价。本章集中对学生进行认知能力的考察，主要以大学生在学校期间的学业表现为主要考察内容。遵循双重差分法的基本思想，全面考察书院制改革前后，大学生学业表现的发展变化。本章还通过进一步的相关分析、回归分析和PSM分析，深入考察书院制改革对本科生学业表现成效的影响，同时进行了书院制大学生学业表现影响因素分析。

第六章：书院制改革本科生非学业表现成效评测。本章集中对学生进行非认知能力的考察，主要以大学生在学校期间的非学业表现为主要考察内容。本研究基于前期文献综述，共提取出16个考察非认知能力的指标体系。在上一章的基础上，聚焦书院制与大学生非学业表现相关性分析，通过构建书院制大学生非学业表现影响因素模型，深入分析得出书院制改革对大学生非学业表现产生的影响。

第七章：书院制人才培养成效的影响因素及机制分析。对H大学的现代高校书院制改革存在的现实问题进行剖析。分析问题的核心表现、产生原因、如何改进等。综合运用访谈素材，对研究课题进行再次验证。本章从访谈素材中，提取出与研究主题有关的观点，并进行加工处理，分类呈现，勾画书院制人才培养成效作用机理图。

第八章：研究结论与展望。本章基于全文研究形成研究结论，并围绕研究结论提出政策建议和研究展望。在此过程中，也围绕研究理论、研究方法、研究结果等展开进一步讨论。

3.5　本章小结

作者长期参与H大学的书院制改革制度设计与实践运行，包括书院制"雏形"的大类招生和素质教育改革等。作者早期在遴选研究方法的过程中也曾考虑过质性方法的使用，基于长期以来的观察、记录等形成的研究方案和研究证据，经过反复思考后认为，书院制人才培养成效评价如果只经过少数案例的观察或访谈，仍然较难有代表性，研究效度容易被质疑，也无法进一步指导高校书院制人才培养改革。因此本研究确定了以实证研究为主、以访谈等质性调查研究为辅的基本思路。

本研究在确定理论框架之后，根据研究目标和指标体系尽可能地进行了研究方法的匹配。其中，本科生学习大数据库被用于分析书院制大学生发展的认知能力提升问题，通过双重差分法，系统比较书院制改革前、改革后各三年间学生的认知能力发展变化情况。问卷调查被用于分析书院制大学生非认知能力的提升问题，通过间隔三年的两次问卷调查，继续使用双重差分法，可以分析学生在四年制培养周期内非认知能力改变的状况。两种研究方法的使用，最大限度地尝试科学化计量书院制改革过程中H大学本科生发展过程的能力变化，但这些研究方法也存在一些不足。在本科生学习大数据分析过程中发现，H大学近年来生源质量不断提升，各省招生录取排名不断提前，容易形成"学生能力提升是因为后来者基础能力较高"的归因。为此，本项目也将生源质量作为一个重要的观察指标，并在后续分析中尽可能剔除生源质量对模型的影响。虽然如此，按照双重差分法，仍然很难严格控制包括生源质量等在内的其他要素对大学生发展评价结果的影响。本研究的问卷调查法则沿用了学术界有关本科生发展评价的"分析框架—指标体系—数据采集"的基本流程，在执行过程中也仍然是以学生自评为主要方法，存在一定的局限性，而且虽然在书院制改革三年周期内进行了两次问卷调查，面向同一批学生群体投放，但由于研究较为困难，受调查学生前后两次重合率为91%，因此也存在一定的研究误差。即便如此，这两种方法的引入在一定意义上仍客观呈现出H大学书院制改革过程中人才培养的基本情况，通过模型修正等技术处理也将最大程度克服研究"噪声"带来的各类影响。

第 4 章

CHAPTER 4

案例高校书院制人才培养制度设计

改革开放以来，H大学经历了从传统人才培养模式到通识教育、素质教育一直到书院制教育的改革发展之路。本研究选取H大学为研究对象高校，一方面是因为该校书院制改革已经形成完整的人才培养周期（四年），便于开展人才培养成效评价。另一方面是因为H大学改革力度更大更为彻底，H大学是目前国内少有的全员书院制改革院校，全部本科生纳入书院制培养，改革力度、涉及本科生规模居全国前列，对H大学开展研究具有一定的典型意义。此外，本研究作者全过程参与H大学书院制（及前期大类培养制度）改革，积累了H大学全方位书院制改革历史文献资料和各类数据资源，便于开展本项研究活动。本章以I-E-O理论为基础，对H大学历次人才培养模式改革历程进行梳理，对H大学书院制改革内容展开详细分析，并进一步对H大学书院制改革过程中影响人才培养改革的制度举措展开讨论。

4.1 案例高校历次人才培养模式改革

从20世纪70年代末80年代初至今，中国大学发展过程中的人才培养改革经历了以下几个阶段：专才教育、通才教育、专业教育、通识教育等，形成了不同时期特殊的人才培养模式。H大学作为以理工为主的"双一流"建设高校、"985"建设高校、"211"建设高校，其人才培养改革历程与上述中国高等教育发展历史规律总体上较为一致。H大学在八十多年的办学历程中，紧跟国家需求，人才培养活动大致可以概括为三个阶段。

4.1.1 通才教育改革

在1939年年初抗日战争时期，为了响应党中央毛泽东主席提出的"发展生产，自力更生"号召，解决陕甘宁边区军民生活中遇到的实际困难，H大学前身h学院成立。1940年5月，h学院在招生启事中显示，其宗旨是"以培养抗战建国的技术干部和专门人才为目的"。在1940年9月的开学典礼上,首任院长代表党中央作报告,指出h学院的任务是"培养既通晓革命理论,又懂得自然科学的专门人才,理论与实践相统一"。h学院的人才培养目标是:"以培养抗战建国的技术干部和专门技术人才为目的,培养既通晓革命理论又懂得自然科学的专业人员。"自然科学院起初设化学工程科、土木工程科、农业科、林木科,大学学制最初是两年。1941年大学学制改为三年,教材选用当时国内著名大学使用的中、英文版教材和参考书。当时的自然科学院从学制到教材,均按照正规大学设置。但从1940年建校到1942年"整风"期间,在"要不要办校"和"课程安排、教育方法"等问题上始终存在着争论。1941年1月,徐特立就任自然科学院院长。面对各种不同的意见,第二任院长先后在《解放日报》上发表了一系列文章,系统地阐述了中国共产党办延安自然科学院的必要性、指导思想及教育方针。1942年3—10月,学校开展"整风运动"并围绕教育方针问题进行了大讨论。学校的"整风运动"是由中央宣传部领导的,中央宣传部指派专人到学校担任联络员。学校的"整风运动"和大讨论对社会开放,有关办学指导思想的报告、文件、计划、动态、有代表性的发言,均由当时的党报《解放日报》刊载。1942年10月,第二任院长就这场讨论作了总结,制订了兼顾现实、谋划将来,既抓中心、又顾全教学方针的改革计划。H大学前身h学院课程设置如图4.1所示。

通过一系列改革,h学院形成了边区强有力的科学队伍。与此同时,针对清末时期专才教育的知识面狭隘和人格教育欠缺的弊端,通才教育理念出现。在抗战特殊时期,国家急需高科技人才,政府提出了"战时须作平时看"的教育方针,正式提出了通才教育。在此阶段的高等学校核心任务是培养抗战科技人才,在大学部设化学工程科、机械工程科、土木工程科、农业科、林牧科等,集中力量培养相关科技人才,解决边区经济建设和生产生活中遇到的技术难题,同时研发生产军工产品。延安自然科学院在艰苦的抗战条件下形成了民主、科学的良好氛围,成为边区培养科技人才的重要力量,在抗战中共培养了近500名科技人才。自然科学院在1940—1945年的办学过程

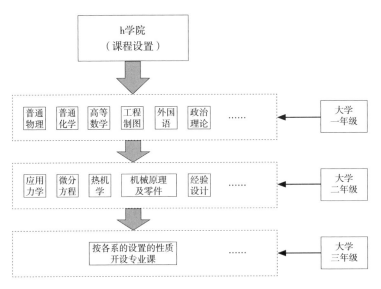

图4.1　H大学前身h学院课程设置

中，始终坚持"三位一体"的办学思想，强调政治与业务相结合，通过中央领导、前线将领为学生讲形势政策报告、院领导讲授政治理论课，很大程度上提高了学生的政治素养。同时科学院通过组织各类劳动和生产生活实践，将科学知识运用到生产生活中，帮助学生将政治与业务紧密联系，实现人才培养"又红又专"，形成了抗战时期特殊的通才培养模式。

4.1.2　专业教育改革

中华人民共和国成立后，国内高校学习苏联办学经验，在计划经济体制下开展专业教育。

1948年8月，学校更名为h1学院，直属新成立的重工业部领导，学校开始进入创办新型工业大学的时期。这一时期，学校的人才培养目标是："以理论联系实际的精神，培养具有高度理论水平，掌握现代科学技术成就，全心全意为人民服务，从事新民主主义重工业建设的高级工程干部。"1950年6月，新中国第一次高等教育会议在北京召开，会议讨论了改造高等教育的方针和新中国高等教育建设方向，提出"总结老解放区教育经验，适合实际地调整教学内容和方法，办成正规高等学校。"1950年7月，政务院提出《教育部关于实施高等学校课程改革的决定》，表明开始进行教育改革，实行专业教育。1950年10月，学校召开了专题会议，讨论学校的专业方向、设置、规模等问题。学校首先进行了课程改革，对科系进行重新划分并按各系修订了教学计划。更为重要的是，通过这次讨论，以老解放区教育经验为基础，学校形成了自己独特的、系统的教学方针，即"根据培养高级工程干部的原则，即根据培养具有高度文化和理论水平、掌握现代科学和技术成就、全心全意为人民服务的工程人才的原则，采取理论与实际一致，政治与技术结合、通才与专才结合的方针"。这次以创办新型工业大学为中心内容的办学指导思想讨论，其影响不仅在当时的课程改革，而且对以后办学也有深远意义。通过这次讨论总结了老解放区的教育经验，在新的历史条件下加以提高，形成了h1学院独特的、系统的教学方针、原则及学风。这次学习讨论的直接影响是为学习苏联经验、进行教学改革奠定了思想基础。

1952年中央军委BG委员会下发了《关于BG问题的决定》。同年3月，根据中央的部署，中央人民政府重工业部下发的《关于北京××学院今后发展的方向及目前的方针任务》中指出："北京××学院（学校再次更名），使之成为我国国防工业建设中新的高级技术骨干之主要来源。"从此，学校进入了全面建设BG专业的时期。在"一五计划"期间，学院的专业也基本上按苏联高等教育模式建设。这一时期，按照中央BG委员会的决定，学校申请聘请苏联专家，以便借鉴苏联的经验来建设我国的国防工业专业。从1953年12月至1957年9月，先后共有23位苏联专家到校指导工作。根据工业重点工程建设需求，建设14个基本配套的专业。这14个专业反映了当时的现代化水平。这批专业成为新中国第一批高等BG技术专业，奠定了专业设置的基本结构。到1956年，北京××学院开始输送出第一批五年制专业工程技术人才，他们中的许多人后来成为我国国防高等教育、新建与扩建大型企业和科研院所的高级专家和骨干力量。这些专业都是以产品设置的，专业面较窄，但是在当时的历史条件下，对特殊专业建设和培养国家自己的特殊专业建设人才还是起到了重大作用。

学校在这个时期系统地学习苏联的教育经验,从教育思想、教育方针、教学内容、教学制度以及教学方法方面进行了全面的改革:一是有计划地培养适合国家建设需要、具有马列主义世界观、忠实于祖国人民事业、体格健全、掌握现代科学技术和知识的各类专门人才。二是参考苏联经验,改变了学校原有的系科设置,重新设置专业。但随着社会生产力的不断发展和新的科学技术的应用,专业范围过窄、分工过细,也造成了学生知识面窄、适应性差的问题。三是参考苏联教育经验,完成了五年制兵工专业的教学计划。这次修订的教学计划保持了原苏联教学计划中强化实践教学环节,严格工程基本训练的内容。四是大面积采用全苏联教材。到1957年,学校的基础课、技术基础课几乎全面采用了苏联教材译本或根据苏联教材编写的讲义。当时采用苏联教材既解决了部分课程教材的有无问题,也有利于教材的系统化和规范化。五是参考苏联教育经验,将一门课程或性质相近的两三门课程的讲课教师和助教组成了教学研究组。这种方式一方面克服了过去大学按课程分工进行教学,教师间彼此缺乏联系和切磋的问题,另一方面充分发挥了教学组织的集体作用。

上述学习苏联经验进行教学改革,在当时的历史条件下,为把学校迅速发展为一所国防工业大学,为国防工业培养和输送急需的大批高级工程技术人才是必要的、有益的。但随着科技的进步以及社会对复杂人才的需要,这种人才培养模式的弊端也逐渐暴露出来。

自1958年起,国外敌对势力开始派出侦察机频繁进入我国领空。1958年,中共中央正式决定组建DK、DD部队。在这种背景下,学校受命与兄弟军工院校共同设置DD新技术专业,为国家研制该项目培养专门人才。1960年,苏联撤走全部在华工作的专家,学校只能靠自己的力量建设新的DD专业。1960年年底,学校初步建设了飞行力学、HJ弹体结构设计以及制造工艺、HJ发动机设计以及制造工艺、控制系统与稳定系统、陀螺仪表与惯性导航等13个有关HJ、DD类的专业。1961年5月,聂荣臻元帅就国防工业高校工作问题向军委的报告中指出:"北京××学院以DD为主,同时设置与尖端密切联系的常规专业。"1961年9月,学校根据聂荣臻元帅和科委的指示,请相关专家对学校DD类的发展方向进行了座谈,随即开始了对专业的调整。调整后的专业为24个,基本上体现了党中央的指示精神。1960年学校开始有大批HJ、DD专业学生毕业,奔赴新技术研制的第一线工作。这批毕业生为我国"两弹一星"事业的发展做出了重要的贡献。1961年9月,中共中央正式下发《教育部直属高等学校暂行工作条例(草案)》。北京××学院党委于1961—1963年多轮次组织教育教学、人才改革讨论。1963年2月,学校以贯彻执行高校六十条和国防科委关于"进一步提高教学质量"的指示召开全校教学工作会议。确定在"少而精"的原则下,修订教学计划、教学大纲,提出改进数学、物理和外语的教学方案,解决各系及基础部对基础课教学和一、二年级学生学习的管理问题。

在中华人民共和国成立后至改革开放期间,H大学着重培养具有理论联系实际、掌握现代科学技术成就、全心全意为人民服务的高级工程人才。截至1951年年底,学院建立航空工程、机器制造、汽车工程、电机工程、冶金工程、化学工程、采矿工程等七个系,一个研究所,设立了25个专业教研组和专修组,包括九个基础和公共教研课程。在该教育时期,H大学为国家培养了大量实用型人才,但专业教育弱化了高等教育"专业教育要建立在基础教育之上"的基本规律。

4.1.3 通识教育、素质教育改革

通识教育和素质教育改革是H大学书院制改革的"前奏"。受苏联模式的影响,多年来中国高等学校一直按照专业来培养人才。改革开放以后,我国开始逐渐引进国外先进的高等教育理念,促进我国高校育人理念的进一步改革。

改革开放初期,学校要求各系依据《北京××学院关于制订教学计划的具体规定》修订各专业的教学计划。1980年1月,全国召开了教育工作会

议，其核心问题是如何按照教育规律办好教育。根据教育工作会议精神，学校开始制定十年发展规划，改变以前按产品设置专业的模式，本着"加强基础，扩大专业面，增强适应性"的要求开始修订专业目录和教学计划。这次专业调整是在原有为国防服务的前提下，加强了基础教学，突出了学科概念。调整后各专业既面向国防，保持原有特色，又增强了基础理论教学，使学生掌握了最基本的工程技术工作能力。这样学校培养的人才既能从事军工产品生产和研制，又能进行民用产品的开发和研究。与此同时，学校提出了"教育、科研两个中心"军民融合新体制的发展策略。学校首先在下发的《1982—1983学年工作计划要点》中明确了学校的根本任务是"培养适应社会主义四个现代化建设需要的人才"。在《北京××学院1984—1988年度事业发展规划》文件中提出的总任务是："动员全院师生员工，全面贯彻党的教育方针，脚踏实地，艰苦奋斗，到本世纪末，把我院办成适应国民经济发展和兵器工业发展需要的，以工为主，理、工、管相结合的、高水平的全国重点大学，向国家输送高质量德智体全面发展的人才，提供高水平的科研成果。"

1985年5月，中共中央出台了《中共中央关于教育体制改革的决定》（以下简称《决定》）。《决定》与《中共中央关于经济体制改革的决定》《中共中央关于科学技术改革的决定》一起形成当时社会改革与发展的整体框架。十一届三中全会以来，邓小平同志指出："要抓一批重点大学。重点大学既是办教育的中心，又是办科研的中心。"1983年国庆节，邓小平同志为北京景山学校题词，"教育要面向现代化，面向世界，面向未来"，为中国教育的改革与发展指明了新的方向。1985年年初，学校被列为国家首批14所"七五"重点建设高校之一。为把学校办成名副其实的高水平的全国重点大学，学校形成了办学指导思想，即"一个目标"（培养高质量专门人才，尤其是高层次人才）、"两个中心"（既是教育中心，又是科研中心）、"两个结合"（军民结合，理工结合）、"三个面向"（面向现代化，面向世界，面向未来）。到1986年年底，学校按照这一思想基本完成专业调整，开始试行"学年学分制"的教学管理制度改革。1986年在学校编制的《本科教育概览》中,对学校培养目标和基本规格的表述是:"我院本科培养德智体诸方面全面发展、思路开阔、基础扎实、适应性强、勇于创新的高级工程技术人才,学生毕业后主要去工业生产第一线从事设计、制造、运行、研究和管理等工作。"与此同时,学校提出了新的军民融合体制。这种军民融合新体制将国防需求反映在以国防产品的研制技术为对象或背景来深化和综合运用基本知识和基本技能的教学体制上,使学校人才培养由一般工程技术人员向多层次开发型人才发展,符合当时国防工业和科学技术发展需要,也符合当时国家"四化"建设和发展国民经济的需要。

20世纪80年代初期,中国许多高校结合本校实际,借鉴美国的通识教育进行改革,把人才培养模式由传统的知识教育模式、知识能力教育模式转变为包括素质、知识、能力在内的全面发展的素质教育模式。1995年7月,国家教委发出《关于开展大学生文化素质教育试点工作的通知》,并确定了北京大学、清华大学、华中理工大学等52所高校为加强大学生文化素质教育试点院校。通识教育主张通过学习统整的知识培养健全的人格,培养全面发展的人,强调培养具有广阔的知识面和综合素质能力的社会应用型、复合型人才。H大学也在通识教育的道路上进行了长时间的探索与实践。

20世纪90年代,H大学的人才培养模式呈现多样化。①制式辅修模式。在理科专业实行理工结合、以理为主、以工为辅、主辅修制式化的人才培养模式。②实验班模式。教改实验班由选拔的优秀新生组成,实行"中期调整"制度,创造较好的学习条件,培养德智体美全面发展、基础宽厚、有较强创造能力、有进一步发展潜力的研究发展型优秀人才。③军工专业"4+1"模式。从1995年开始,两个军工专业试行宽口径、军民通用的四年本科教育,第五年再有计划地进行一年集中的军工专业技术教育的培养模式。④信息工程专业培养模式。将电子工程系原五个专业按本科引导性专业目录中的信息工程专业组织教学,突出特点是以大专业构建课程体系,以课群重组教学内容,打破传统的三段式教学方式,自然科学教育、技术科学教育和实践教育、人文社会科学教育有机结合，平行推进，贯穿教学全过程，形成框架式的教学新模式。

21世纪初，H大学明确要培养德智体美等全面发展、素质全面、适应性强、有创新能力的高级科学技术专门人才。其内容主要包括德育、智育、体育、美育四大部分，重点培养适应社会主义现代化建设需要，基础扎实、理工结合、工程实践能力和创造能力强的研究发展型人才。2000年浙江大学组建竺可桢学院、2001年北京大学启动元培计划、2003年哈工大组建基础学部、2005年复旦大学成立复旦学院、2006年南京大学命名匡亚明学院。此种背景下，2007年H大学组建基础教育学院，H大学至此走向了通识教育之路。2009年，H大学实行分析学生成长需求，实施分类的多样化人才培养模式。即根据经济社会发展对人才需求的多样化，分析学生成长需求的多样化，以"贯通培养、加强基础、突出创新、强化德育"为指导思想，打破单一的人才培养模式，实施分类培养，制定"订单式"培养方案，形成了"学习文化、参与科研、锻炼品行"为一体的人才培养新机制。2012年11月，H大学召开学校人才培养工作会，并于11月发布了《关于印发GDC书记和HHY校长在人才培养工作会上讲话的通知》，文件中提到，确立人才培养规格为：拔尖创新型人才、高水平高素质专门人才、复合型人才。当时这三类人才培养均面临若干问题，需要进一步加大改革的力度和步伐。2013年3月发布《关于进一步加强拔尖创新人才培养的若干意见》（校发〔2013〕16号），针对创新拔尖人才培养工作中存在的问题，提出了建立现代教育理念下拔尖创新人才培养体系的若干意见，包括设立拔尖创新人才培养模式、设立拔尖创新人才培养体系建设专项、加强导师队伍建设、提高国际交流等。2013年5月发布《H大学关于进一步提高本科人才培养质量的若干意见》（校发〔2013〕22号），2013年8月发布《中共H大学委员会关于加强和改进人才培养工作的若干意见》（党发〔2013〕19号）。2013年间学校集中发布多项文件强调学校人才培养，其中多次提到学生的科学创新精神与人文素养的培养工作。

2015年，H大学围绕素质教育这一主题，构建"立体型、联动化、交互式"的大学素质教育体系,全面实施思想道德素质、文化素质、专业素质和身心素质教育。学校以"重核心、强制度、全融合"三个层次的大学生文化素质教育体系为思路,强调人文精神和科学精神并重,突出人文教育与科学教育相融合。围绕人才培养核心命题和立德树人根本任务,设计构建了体制架构和运行制度,旨在提高学生的文化素质、提高教师的文化素养、提高学校的文化品位,实现"三提高"。2016年6月发布《关于印发〈H大学人才培养大讨论实施方案〉的通知》(H大学办发〔2016〕55号),要求统一思想、提高认识,牢固树立人才培养的中心地位,要提升人才培养水平的责任和意识。2016年12月H大学发布《中共H大学委员会关于印发〈H大学关于全面提高人才培养质量的若干意见〉的通知》(H大学党委发〔2016〕45号),强调坚持育人为本,个性化成才。2017年7月,H大学发布《H大学学校办公室关于转发教务处〈H大学"双一流"本科人才培养课程建设管理办法〉的通知》(H大学办发〔2017〕62号),为启动世界一流大学课程对标建设计划制定办法。

H大学党委领导指出,"高质量提供人才支撑是一项系统工程,教育机构要主导,用人单位也要主动置身其中,而不是被动接收人才。同时,全社会要努力营造氛围,强化实体经济发展理念,引导优秀人才投身于实体经济发展之中。"要改革培养模式,实施产教融合的人才培养专项计划,设立人才培养专项计划,不改变培养学科、专业,但由高校和企业联合制定培养方案,单列培养标准,改革评价体系,与大学人才培养主导体系相互兼容,同时坚持特色培养,注重能力适应;强化分类培养,注重人才体系构建、适应产业发展需求;专项增加专业硕士、工程博士名额,加大双导师培养力度;凡面向国家战略的人才培养,专项业绩在学科专业评估中予以认可、激励。

但是在通识教育中,高校公选课主要在人文、社会、自然三大模块及衍生模块基础上开课,学生从上百门课程中任意选修,凑齐若干门即可获得相应模块学分,这样的方式在学生那里形成支离破碎、不成系统的拼砌,无法形成模块下的核心文化素养。这是因为我国素质教育知识模仿西方通识教育的外在形式，缺少对学生整体性、通融性、博雅性的指导性规划。

4.2 案例高校书院制育人模式改革

为了进一步实现全面发展的人才培养目标，加大改革力度，H大学围绕立德树人根本任务，构建创新人才培养"新生态"，重点推进大类招生、大类培养和大类管理改革工作。2018年8月，H大学书院制人才培养模式改革正式启动，开启全面书院制育人道路。H大学发布《H大学关于成立书院的通知》（H大学发〔2018〕40号），宣布成立精工书院、睿信书院、求是书院、明德书院、经管书院、知艺书院、特立书院、北京书院、令闻书院等九个书院，为本科生大类培养、大类管理的校设工作组织。文件中明确了书院职能与书院岗位。H大学全面推行书院制育人模式，为培养德智体美劳全面发展的社会主义建设者和接班人搭建成长平台。书院制育人过程中，注重推动素质教育与专业教育相结合，以"导学互动""朋辈活动""通识教育""社区建设"为驱动，打造导师导学、朋辈助学、环境促学、活动践学育人平台，为深化本科教育改革提供平台和保障。学校推进"三全导师"制度，在校内及校外选聘优秀人才作为学术导师、学育导师、朋辈导师、德育导师、专业导师、通识导师、校外导师等，将优秀教师资源有效转换成优质教育力量，构建书院制育人模式的主体教育队伍，以期通过多角度、多层面的教育引导，以及高质量、高频次的导学活动，实现对学生的实时深度教育引导。与此同时，进一步凝炼提出学生核心素养，精心设计能力提升方案，把思想政治教育全面融入教育实践环节，通过涵盖第二课堂在内的非课程教育实践活动设计、综合素质测评等全面影响书院学生能力素养，逐步吸引更多新生并凝聚工作模式，贯通人才培养路径，以实现"宽口径、厚基础、强能力、高素质"的素质培养目标，作用于学生德智体美劳全面发展。

H大学，主要改革原因至少包括四个方面。一是H大学强调学校工作向育人全面回归。H大学认为，高等教育从精英化到大众化再到普及化的过程中，

"五唯"等问题逐步显现，以学生为中心的理念未得到有效落实，应以书院制改革为契机，推动学校工作向人才培养这一基本属性全面回归。二是H大学的育人目标发生重大变化。H大学育人目标从改革开放时期单一的培养红色国防工程师向如今培养"六大家"转变，"六大家"即科学家、教育家、政治家、军事家、企业家、金融家，育人方向有了极大拓宽，这就需要通过进一步改革，帮助学生汲取多方面的知识，使其具备较强的综合素质与能力。三是继续弥补人文精神缺失。H大学此前通过通识教育、素质教育改革，大大提高了以理工为主本科生的人文精神，但仍存在不足。本次书院制改革，则通过继续促进人文精神养成，改变学校传统人才培养"重理轻文"的现象。四是弥补学生批判精神的不足。H大学在前期人才培养过程中发现，本校毕业生具备较高水平的科学、技术等素养，但学生总体批判性思维、批判精神与能力不足，抑制了人才发展，因此期望通过书院制改革，培养更多具有批判性精神的创新创业、领军领导人才。

4.2.1 总体制度设计

H大学结合新时代人才培养要求，创新实施"价值塑造、知识养成、实践能力"三位一体的人才培养模式，大力推进书院制人才培养方案的制定实施，细化德智体美劳在大学教育阶段的具体目标与举措。坚持目标导向与问题导向相统一，坚持稳中求进总基调，强化以学生为中心的理念，以书院、学院为基本组织单位实施本科阶段"四年一贯"协同育人，将价值引导贯穿知识能力培育全过程，实现专业教育和素质教育有效结合，实现"育才"向"育人"的提升，致力于培养德智体美劳全面发展的社会主义建设者和接班人。

2019年4月，H大学发布《H大学关于印发〈"书院制"育人工作实施方案〉的通知》（H大学发〔2019〕17号），文件中明确了"三全育人"格局凸显、文化育人氛围浓厚、学生素质全面提升的工作目标，阐述工作方案与工作保障。工作方案中涉及五个方面、12项举措：第一方面，明晰学生管理模式，强化书院、学院分工协同。举措一是按照属地管理原则、采取分步实施方式明晰学生教育管理主责方。学生在校期间由书院、学院协同实施"四年一贯"的书院制教育管理。学生入校后，根据其录取时相关大类专业进入相应书院。举措二是坚持将书院、学院联席会议制度作为促进书院、学院相互配合的长效机制。各书院将书院、学院联席会议作为书院最高决策机制，建立书院院务会议，将其作为日常运行指挥机构。书院、学院联席会议成员包括书院院长、书院副院长、书院责任教授、书院学生代表以及各相关学院负责人。各书院要进一步完善"三全导师"、学育导师组、朋辈引领、师生开放交流、社区教育等重点工作制度建设，推动具体工作开展。第二方面，加强教育资源统筹，深化教育供给侧结构性改革。举措三是各专业学院负责学生本科阶段的专业教育资源供给。教务部牵头，各专业学院负责，做好基于大类培养的各专业培养方案的设计、实施与质量评估，为学生成长成才提供优质专业教育资源。同时，各专业学院充分发挥教学科研优势和特色，组织开展基于学科背景的学生创新创业教育和实践活动，为学生各类创新实践能力培养提供强有力的支撑。举措四是各书院负责学生本科阶段的素质教育体系设计和质量评估。学生工作部、教务部、团委牵头，各书院负责，做好涵盖思想政治教育、心理健康教育、组织领导能力培养、社会实践能力培养、文体活动能力拓展等在内的本科生素质教育大纲设计，并做好质量评估；在素质教育大纲实施过程中，各书院、各学院根据学生管理归属权限分别组织实施。举措五是教务部牵头，人文素质教研部负责，组织实施人文素质类课堂教学计划与资源供给。第三方面，贯彻"三全育人"理念，发挥"三全导师"作用。举措六是发挥"三全导师"育人实效，推进全员、全过程、全方位育人。各书院牵头，各专业学院配合，为学生配备学术导师、学育导师、专业导师、德育导师、朋辈导师、通识导师、校外导师等各类导师，使学生在思想成长、人生规划、学业发展、学术培养、创新创业、视野拓展、校园生活等多层面多角度获得有效的教育引导。学生工作部负责，进一步完善"三全导师"有关管理规定，明晰导师岗位职责、配备方式、考核方式、工作保障、实施主体等事宜，明晰包括学院在内的各教学科研单位在导师队伍建设中的职责。各教学科研单位负责，进一步加强对在本单位担任各类导师的人员的考核。第四方面，深入推进文化育人，实现线上线下深度融合。举措七是加强空间资源供给，建设书院实体社区。科学规划具备书院办公、师生导学、学业指导、读书沙龙、社团活动、创意研讨、小型报告、心理辅导等功能的书院社区空间，为学生教育、学业指导和素质拓展提供空间支撑，增强学生获得感、幸福感、安全感。资产与实验室管理处牵头，良乡校区管理处、学生事务中心配合，结合良乡校区学生公寓现阶段情况以及中长期规划，调配丹枫园、静园、疏桐园、博雅园等学生公寓周边的物理空间用于各书院社区建设。各书院负责，在所辖社区打造"家文化"线下领地。举措八是逐步创建网络平台，打造线上书院社区。各书院都要建立线上书院社区，要将其作为各类导师特别是朋辈导师开展导学活动的重要阵地，促进高低年级交流和书院文化传承。学生学习生活区域由良乡校区转移至中关村校区同时其教育管理权限发生转移后，各书院将继续依托线上书院社区，持续实践"家文化"理念在学生教育管理工作中的育人实效。第五方面，加强工作保障，各单位广泛参与。举措九是各单位要提高认识，将书院制育人工作纳入年度工作内容，明确工作目标，助力"三全育人"工作格局形成，保证书院制育人工作扎实有效开展。党政办公室牵头，进一步修订年度考核方案，将各单位落实书院制有关工作情况纳入KPI年度考核。举措十是加强队伍，落实岗位和编制。根据书院发展，科学测算并动态调整各书院干部岗位和人员编制。教务部牵头，人力资源部配合，设立书院责任教授专项岗位津贴，实现责任教授岗位职责权利相统一。学生工作部牵头，人力资源部配合，在学校编制总数不变的前提下，根据各书院、各学院学生数目变化动态调整学生思想政治工作人员编制，做好有关人员的校内调动工作。组织部牵头，做好轮值人员的选任与考核；书院轮值人员轮值期间不承担原单位工作，原单位要及时调整分工、做好人员安排。举措十一是创新机制，提升导师制实效。各教学科研单位要认真组织本单位教职工加入"三全导师"队伍，要将教职工担任导师发挥作用情况与任期考核、岗位津贴直接挂钩，并作为职称晋升的"门槛值"必备条件,确保"三全导师"在学生成长成才中起到有效的教育引领和师德师风育人作用。举措十二是打通数据,推进信息化建设。学生工作部牵头,各相关部门、各书院、各学院共同参与,建设学生综合数据系统;厘清学生相关各类数据产生和管理职责,重构相关业务流程,推动学生教育管理信息化建设。H大学书院制管理体制如图4.2所示。

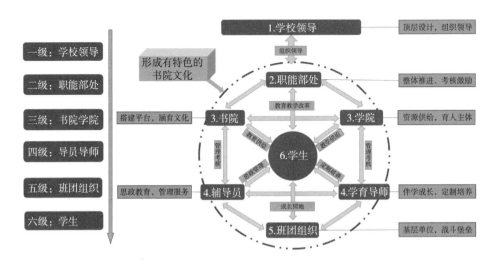

图4.2　H大学书院制管理体制

H大学的九个书院除去由留学生组成的令闻书院,分为四类:第一类是独立书院,以精工书院、睿信书院、求是书院和明德书院为代表,此类书院以专业大类为背景而成立,每个书院对应多个学院;第二类是由之前的学院演变而来,实行书院制自管,以经管书院、知艺书院为代表;第三类是荣誉学院转变而来,以培养拔尖创新人才为目标,学生涵盖全校所有专业,以特立书院为代表。第四类是代培养书院,是接收北京市生源的双培生书院,为北京市非"985"院校培养学生,以北京书院为代表。H大学书院图谱如图4.3所示。

图4.3 H大学书院图谱

4.2.2 人才培养总体方案

H大学人才培养方案的总体思路是：以书院为载体，承载专业大类，学校依据大类专业招生培养管理，在书院制理念下加强学生通识教育，围绕学生核心能力提升，全面推进各种书院社区及文化建设。H大学书院制育人模式将人才培养内容融思想政治教育、专业教育、通识教育、素质拓展为一体，培养途径融课堂教学、文化活动、社区教育、导师导学为一体，为本科生科学分类制定能力提升培养方案。聚焦H大学"双一流"建设目标，构建培育"胸怀壮志、明德精工、创新包容、时代担当"时代新人的新格局，构建以学生为中心的人才培养新体系，完善激发"教与学"活力的书院制人才培养新机制，构建弘扬红色基因的学生思想政治工作新体系。具体目标一：布局"三全育人"格局。书院、学院共同搭建育人平台，融合广大师生、校友、社会力量参与育人工作，广泛开展导师导学、朋辈教育引导，全员、全过程、全方位育人，更好满足人才培养需要。目标二：浓厚文化育人氛围。各书院逐渐形成以育人理念为核心的书院文化，书院文化与学院文化互补衔接，稳步推进书院社区规划建设，以有效提升学生自我教育、自我管理、自我服务和自主发展能力。目标三：全面提升学生素质。人才培养内容融专业教育、素质教育为一体，培养途径融课堂教学、文化活动、社区教育、导师导学为一体，第一、二、三课堂体系逐步构建，推进宽口径、厚基础、强能力的大类培养工作，促进学生综合素质提升。

H大学于2019年8月制定了《H大学本科生素质拓展指导纲要（试行）》，设置了思想政治教育、爱国主义教育、责任担当教育、人文素养教育、科学素养教育、社会实践和劳动实践教育、创新创业教育、身心素质拓展教育非课程教育实践模块，凝炼"理想信念、社会责任、科学素养、人文底蕴、国际视野、自我管理、创新能力、健康生活"八项核心能力素养，并指导各书院根据本书院学生特点和培养规律，制定相适应的综合素质拓展方案。教务部、人文素质教研部探索通识素质教育资源供给，同时利用数据系统，保障第二课堂通识素质教育的实施及实时监测分析，以不断优化完善通识素质教育的实施路径。H大学书院制育人模式展示如图4.4所示。

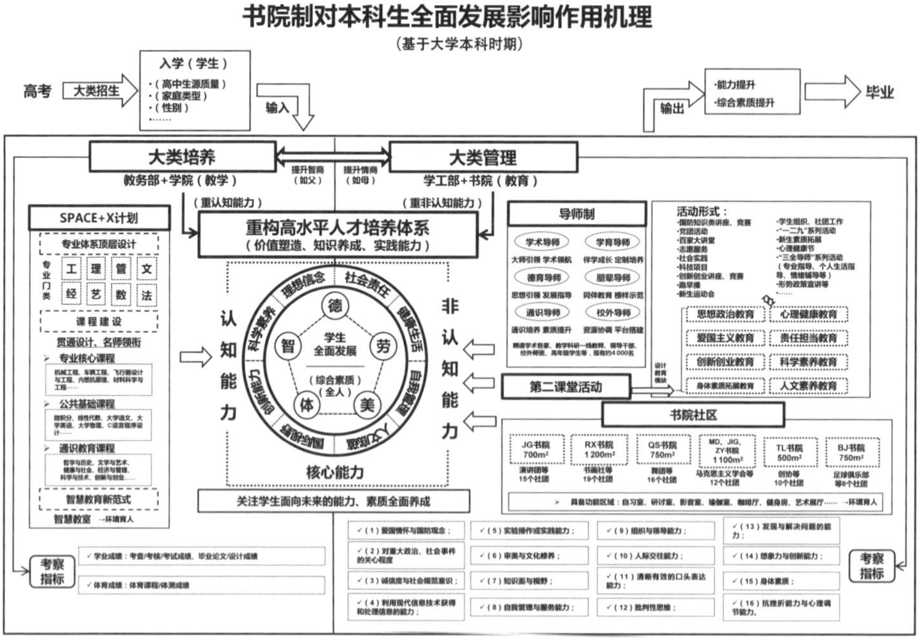

图4.4 H大学书院制育人模式展示

九个书院对标人才培养目标，按照本书院的人才培养理念，推出了"精工训练营""6+育人模式""Files ABC计划""六艺五学堂"等非课程教育实践能力提升实施方案，开展丰富新颖的素质教育活动，丰富第二课堂内容与载体，助力提升学生综合素质。同时各书院优化制定本科生综合素质评价方案，各书院的综合测评是学生在本科期间各项奖学金、荣誉称号评比、全面发展能力观测的重要参考依据。

自2018级学生开始，学生入学依据大类专业进入九个书院学习。书院的成立背景依托专业大类是H大学书院制的特色，既不是一统到底的完全没有专业选择的新生书院，也不是大到边界不清、拖慢"精尖"专业人才培养的"泛大类"，而是依据学科同源、学生特质分化、同类共性培养的特点进行的书院与学院相互依存制约的专业大类培养。学生通过选择专业大类而选择书院，H大学的书院带有专业特质，书院制下的大类专业区别于专业学院的细分专业类别，一个书院的专业大类一般包含1~5个学院的专业内容。学生在选择前期不是信马由缰地置身于没有专业限制的通识教育海洋，而是有一定范围和板块的大类专业，存在一定的专业导向。比如求是书院，涵盖理材学部学科大类，对应物理、材料、数学、化学化工、生命五个专业学院。睿信书院则是涵盖信息学部的大信息类专业，对应信息、自动化、机电、计算机等专业学院。书院大类下的厚基础、宽口径、高素质、重通识、强专业的提升教育是H大学书院制人才培养的方式与目标。

著名的《哈佛通识教育红皮书》提到教育的目标是培养完整的人，培养"好"人、"好"公民和"有用"的人（哈佛委员会、李曼丽，2010）。H大学深化教育教学改革，依托国内外结合、多学科背景、多理念融合的师资队伍在课程体系上科学设置人文艺术通识课程、大类基础课和专业基础课程体系，开设跨学科、跨专业类、跨培养大类的融合课程和桥梁课程，支撑和完善"通识教育+大类专业教育+专业+X"的课程体系，进一步强化通识教育，弥补专业教育的不足，使通识教育和专业教育相互融合，让通识教育赋予专业教育更丰富的内涵。"通识教育不仅为学生选择专业提供了足够的根基，而且为学生充分发展其专业提供了环境"（哈佛委员会、李曼丽，2010）。

学校各部门在书院制育人过程中提供多元的教育教学资源供给，并做好设计和统筹，将专业教育与素质教育全面覆盖到本科生群体。一是优化专业教学资源供给。在一年级大类培养阶段，教务部组织，书院牵头，学院配合，做好培养方案的制定、实施和修订，重基础、强通识，并组织学生做好专业确认等工作。在专业确认后，学院负责做好后续培养方案的制定、实施和修订，须与大类专业培养方案保持纵向贯通。各学院不断加大专业宣传力度，按照培养方案持续加强课程建设，着力打造优质金课，推进课程资源供给侧改革，策划推进学生参加国际化项目，做好申报、选拔、组织实施等工作；书院配合学院做好专业宣传、课程宣传、国际化项目宣传及人员选拔工作。主责部门是教务部。二是全面强化素质教育资源供给。以学生全面发展为导向，制定完整的核心素质通识教育体系，搭建课程资源共享平台，打造精品通识课程，发挥好课堂主渠道作用。坚持德育为先，传承红色基因，以德育答辩、"担复兴大任、做时代新人"主题教育活动、社会实践等为抓手，大力弘扬社会主义核心价值观，教育引导学生爱党爱国、爱校荣校。坚持育心与育德相统一，加强心理健康教育工作，通过体育、美育、劳育等全方位润心，形成全员育心合力，推进学生心理素质提升。坚持领导干部担任班级德育导师制度，设置书院德育经费，强化学生社区建设，做好素质教育资源保障。按照新时代教育评价改革要求，构建德智体美劳全方位、"学生—学校—家庭—社会"多方联动的学生综合素质评价体系。主责部门是学生工作部、教务部、计划财务部、校团委、体育部和人文素质教研部。三是保障创新创业实践优势资源供给。学院要积极主动将科研优势转化为人才培养优势，建立向本科生开放科研平台等工作机制，组织学生开展创新创业教育与实践活动；高度重视学生创新创业指导教师队伍建设，将教师工作情况纳入岗聘考核、职称评审等环节。书院高度重视创新创业氛围营造，配合学院做好宣传动员、人员选拔等工作。主责部门是人力资源部、科学技术研究院和学生创新创业实践中心。四是注重职业生涯教育和服务资源供给。学生进入毕业年级前，书院、学院贯穿大学期间、针对不同阶段特点注重开展学生职业生涯教育，教育学生树立正确的就业观和择业观，引导学生将"小我"融入"大我"，到祖国和人民需要的地方建功立业，并建立学生职业生涯发展档案。学生进入毕业年级后，由各学院负责开展就业相关工作，书院配合学院开展相应的宣传动员、信息统计、组织管理、政审等工作。主责部门是学生就业指导中心。

4.2.3　学生教育管理模式

H大学书院制改革总体上遵循立足于书院承载下的专业大类，书院、学院协同工作，本科四年设立一贯制培养目标。与国内大多数高校建设试点书院不同，H大学在多年前进行基础教育学院新生院实践（成立于2007年）、徐特立学院（成立于2013年）书院制模式试点的基础上，已经迈向了全员实施的时期。与国内其他高校采取一年制、两年制或四年制不同，H大学结合多校区办学实际，坚持"属地管理原则+四年一贯式+书院学院协同"培养模式，确定学生教育管理主体责任，避免学院或书院跨校区管理学生带来的不便。

尽管学生教育管理主体划分略显复杂，但更加务实。除了表面的学生教育管理主体之外，H大学更加注重其背后书院、学院之间的协同管理。书院、学院均承担学生的教育管理责任，只是侧重分工存在不同。书院如"母"，采用柔性管理，负责除专业课程教学以外的学生全面发展中侧重于非认知能力提升所需求的资源供给；学院如"父"，采用刚性管理，专注于学生学业提升，侧重于认知能力提升的资源供给。"父"与"母"不割裂，而是协同管理学生的成长，如同一个家庭，宽松与严谨并存，情商与智商同育，双方的责任与义务缺一不可。书院、学院协同设立一贯的培养目标、培养大纲、评价体系、督导机制，将专业教育与素质培养全过程、全方位、全面向地融入本科生在大学四年的学习与生活中。书院提倡的"家文化"也在无形中加强了书院与学院在育人工作中的情感协同。H大学书院制学生教育管理模式与传统学生教育管理模式的对比如表4.1所示。

表4.1　H大学书院制学生教育管理模式与传统学生教育管理模式的对比

对比项	传统学生教育管理模式	H大学书院制学生教育管理模式（二元制属性）
组织构架与职能	职能部门与二级学院条块结合，以块（学院）为主；党团组织在二级学院，行使学生思想政治工作和日常管理的职能	本科生日常教育管理在书院（属地管理模式）；学生党团组织与学生组织、社团组织均划入书院；学生党建与思想教育、通识教育、学风教育、心理健康教育等由书院承担；学业辅导、职业规划、就业指导等，书院与学院协同
教育管理主体	以学院为主体，学生一般被动接受管理	学生培养实行书院、学院联动；学生事务管理在书院；强调全员育人和学生自我管理
资源分配	集中在学院	向书院集中
学生归属感	归属学院、专业、班级	双重身份，专业学习、毕业求职时使用学院和专业；平时在校期间以及毕业后归属书院；学院如"父"，书院如"母"

4.2.4　书院与学院协同

H大学实施书院、学院四年一贯协同育人，书院、学院分别负责素质教育资源供给、专业教学资源供给。在书院制实施之初，学校制定《H大学书院学院联席会议议事管理规定》，并于2019年6月发布了《中共H大学委员会办公室关于印发〈H大学书院学院联席会议管理规定（试行）〉的通知》（H大学办发〔2019〕70号），加强书院和学院的协同。主要规定内容：一是针对书院建设发展改革、专业建设、导师队伍建设、学生培养和教学管理、学生国际交流、学生创新创业就业等有关事项，在书院党委履行政治责任、做好政治把关的基础上，书院学院联席会议坚持民主集中制研究决定。进一步完善书院学院联席会议实施细则，细化议事范畴、组织形式、决策程序、决议执行等有关事项，提高议事效率和执行力。主责部门为党政办公室、学生工作部和书院党委。二是按照专业属性设置书院班级、配备班主任（学育导师组长）。学生在大类专业学习期间，按照大类专业设置班级，各班配备学育导师组，包括各相关专业的教师，选取其中一名教师担任班主任（学育导师组长），在班级一线履行学生教育管理职责。学生确认专业后，适时按专业调整班级设置，相应地，调整各班级学育导师组以及班主任（学育导师组长）安排。各书院经书院学院联席会议研究，可根据专业确认进程、校区搬迁等实际情况安排调整工作。主责部门为学生工作部。三是进一步明晰校友工作主体责任。学生毕业后，由学院承担校友工作主体责任，按要求做好信息数据库建设工作，做好联络沟通、信息维护、活动支持等相关工作。书院向学院移交有关信息资料，配合学院做好校友信息初步收集工作，通过信息化等手段持续做好书院文化在校友中的传承发展工作。主责部门为合作与发展部。四是持续强化书院管理队伍建设。进一步优化书院领导岗位设置，配齐配强书院领导班子。根据书院学生规模动态调配辅导员编制，确保折算师生比达到1∶200要求。系统梳理教学管理岗位设置，做好书院大类专业责任教授岗聘工作、书院教学干事聘任工作，建立学院教学干事进书院值班的工作机制。主责部门是党政办公室、组织部、人力资源部、学生工作部和教务部。

H大学立足社会需求，突出学生志愿，持续推进书院制模式下的大类招生、大类培养改革。针对"专业建设与学生学习体验、成长效果脱钩，缺乏学生对学科专业建设的有效反馈机制"的现象，充分尊重学生专业意愿，尽最大可能扩大学生选择权，倒逼专业建设以及各专业学院对育人工作的投入。在招生环节，推出"你的高考专业志愿你做主"的政策，只要填满专业志愿不重复且符合国家要求，做到零调剂、零退档；在培养环节，坚持宽口径、厚基础，学生进校后根据大类专业进入对应书院学习基础课和通识课，待学生进入中高年级对专业有了更为清晰深刻的认识后，采取"尊重志愿+成绩排序"方法进行专业确认，实现零调剂；转专业工作推出了"零门槛"政策，除了国家政策规定不能转出的特殊招生类型及单独代码招生专业，只要转入学院具备接收能力、课程能基本对接，不设成绩限制，都可成功实现转专业。书院制模式下的大类专业分流，倒逼各专业学院、各专业建设点实施教育教学改革，突出以人为本，突出专业质量，突出优质课程，以求吸引到优质生源。学院必须与书院加强联系，以在专业分流时获得优质的生源供给，书院必须密切配合学院，以寻求丰富的导师资源供给。书院与学院之间的相互需求加强了二者的配合与协作。

4.2.5 书院与社区互融

H大学根据新校区不同区域功能规划、书院发展规模评估、学生住宿布局,在推动书院实体化运行的同时,着手进行书院社区建设,调配5 000余平方米初步建成精工、睿信、求是、甘棠(明德、经管、知艺)以及特立、北京社区等六个功能性书院社区,具备兼有办公、师生导学、学业指导、读书沙龙、社区活动、创意研讨、小型报告、心理辅导等功能的物理空间,为学生教育、学业指导和素质拓展提供支撑,将师生导学与社区建设、学生教育管理与教学工作紧密结合,强化社区环境育人,形成"一书院一社区"的布局。目前已按期建成了六个书院社区空间并陆续投入运行。H大学书院社区一览如表4.2所示。

表4.2 H大学书院社区一览

书院	社区实用面积	学生社团进驻情况
精工书院	精工社区 700平方米	京工演讲团、独立音乐协会、军事爱好者协会、德语爱好者协会、空手道协会、柔道协会、武术协会等15个社团
睿信书院	睿信社区 1 200平方米	京工书画社、悦音原创音乐社、游戏制作社、网安俱乐部等19个社团
求是书院	求是社区 750平方米	舞团、绿萌资源与环境保护协会、乡琴协会、护航者协会等16个社团
明德书院 经管书院 知艺书院	甘棠社区 1 100平方米	马克思主义学会、摄影协会、飞娆古风社、魔方交流协会、法师联盟、梦之声、财经协会等12个社团
特立书院	特立社区 500平方米	创协、素食文化协会、粤文化交流社、乒乓球协会、模拟联合国协会、美韵英语协会、新烛读写社等10个社团
北京书院	北京社区 750平方米	绿虎足球俱乐部、网球协会、骑行协会、博冠天文社、黑白漫画社等8个社团

为充分发挥环境育人功能,同时加强对学生社团的教育引导和管理,将社团按照性质特点分类引入书院社区,为书院社区增添活力,构建"社团进社区,社区带社团"的学生社团成长格局。共计有八十余个科技实践类、学习研究类、文化艺术类、体育类、公益类社团分别进入六大社区空间。书院

学生自管委员会、学生社团联合会共同制定学生社团入驻社区的工作规则和运行流程。精工、睿信、求是、甘棠社区通过学生自管委员会制定社区运行管理方案，并在学校党委的统一领导下，校团委构建社团组织体系。社区学生自管委员会专设劳动委员，强化社区自我劳动、自我管理、自我服务。H大学为每个书院提供空间资源建设书院社区，社区为书院活动开展和文化建设提供载体；各书院不断加强社区环境建设，充分发挥社区环境育人功能，与学生共同打造"家文化"。H大学将学生社团管理与书院制育人模式下学生社区建设相结合，推动社团进社区改革，学生社团入驻书院社区，在管理监督上，有利于实现社团活动的申请审批和活动场所的网格化管理；在条件保障角度，将为学生社团活动提供充足的空间。同时，学生社团入驻将缩短书院社区软实力的建设周期，让学生的兴趣爱好在身边得到满足，为打造社区"家文化"提供有力支撑。在社区中开展多种多样的书院活动，活动设计以学生为主，尊重学生创新，让更多学生通过社团、自管委员会、学生组织等参与其中，提高学生的组织、领导、协调能力，进而影响学生综合素质的变化。

4.2.6　导师制的实施

H大学高度重视书院导师的遴选。钱穆先生在1953年撰写的《新亚学规》中提到："每一个理想的人物，其自身即代表一门完整的学问；每一门理想的学问，其内容即形成一个理想的人格。""你须通过师长来接触人类文化史上许多伟大的学业与事业。"。2019年11月，H大学制定《H大学"三全育人"导师制实施细则》，从导师类型、工作职责、选聘要求、激励考核等方面做出规定。针对"育人队伍与教学科研队伍、管理队伍、服务支撑队伍隔离，育人合力不足、效果有限"的现象，聘请学术名家、教学科研一线教师、领导干部、校外师资、高年级学生等作为"学术导师、学育导师、德育导师、专业导师、朋辈导师、通识导师、校外导师"。各类导师相互配合，交叉合作，形成合力，在学生思想引领、人文关怀、学业指导、学术引导、生活指导、人生规划等教育指导过程中发挥积极作用，推动人才培养工作"育才"和"育人"兼顾，有效提升学生能力素养，助力学生实现德智体美劳全面发展。在学术导师中，有院士级别的学术大家，引领学生学术成长；在学育导师中，有全国模范教师、国家科学技术进步奖获得者等教学科研骨干，做好日常成长指导；在德育导师中，有全体校领导和中层领导干部，做好学生政治思想引领；在朋辈导师中，有全国"双创"比赛获奖者、北京市三好学生、北京市优秀基层团干部等学生榜样，发挥好朋辈激励带动作用；在校外导师中，则有各行业领军领导人才等，帮助学生拓宽视野、锻炼能力。导师制还规定待学生确认专业后，书院可根据需要协同学院增配专业导师。同时对导师制度的实施加强激励与保障。一是完善对导师的培训和保障。对新上岗的学育导师要组织学校层面的培训，对新上岗的朋辈导师要组织书院层面的培训。加大书院"三全育人"导师经费保障，设置书院"三全育人"导师经费。二是加强对"三全育人"导师履职过程的管理。书院负责对各类导师工作情况进行考核，并将考核结果反馈给师生所在单位。组织部门将领导干部担任导师履职情况作为干部评价和任免重要参考，学院将教师工作情况纳入岗聘考核、职称评审等环节。H大学"三全育人"导师制实施构架如图4.5所示。

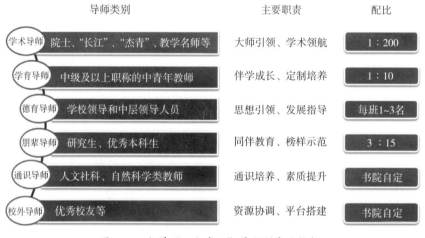

图4.5 H大学"三全育人"导师制实施构架

4.2.7 学生思想政治教育

H大学高度重视学生思想政治教育与书院育人相融合,学生队伍与导师协同工作。书院中师资力量配备最强的是学生思想政治教育队伍。H大学以内涵培养为目标,建立政治教育、素质培养、气质塑造、品格完善的思想政治教育新体系,低年级重视"灌浆期",高年级重视"灌溉期",将思想教育贯穿融入教育教学各环节,创新方式载体,培养学生成为担当民族复兴大任的时代新人,成为中国特色社会主义事业的建设者和接班人。在书院制育人模式下,导师成为学生思想教育的主体,书院社区成为学生思想教育的载体,思想教育与社区文化形成育人合力。书院制育人模式注重通识教育和基础教育,这种全面人才培养理念能更好地服务于学生思想教育,贴合新时代教育的需求,也满足新时代学生的需求。书院社区轻松自由的教育氛围,引导学生自我教育、自我管理、自我服务、自我成长、自我完善,提高双向互动教育的亲和力与有效性。

在信息化背景下,H大学持续完善学生综合数据系统建设,加强教学管理信息化建设,为教师、学生、书院、学院各方高效参与书院教育教学与思想政治教育提供保障;同时通过加强数据分析运用,提升精准思政、精细服务水平。学校要求各学院要主动对相关书院进行宣传介绍,各书院要强化新媒体平台管理,各相关单位要进一步丰富线上事务办理窗口、开发师生线上交互平台,形成线上线下有机结合的工作模式。通过协调,调动信息化办公室、宣传部、学生工作部、教务部、资产与实验室管理处、良乡校区管理处、学生事务中心以及网络信息技术中心等多个职能部门形成合力。

进一步完善实体化书院社区思政育人功能。在各学生公寓区域建好功能性社区,采用书院监管、学生运维、线上预约、全校共享的原则运行,提升社区空间使用效益。聘任学生工作干部担任社区辅导员,构建"书院—社区—楼宇—宿舍"四级联动的社区工作模式。进一步将领导力量、管理力量、思政力量、服务力量下沉至书院社区,完善管理服务体制和支撑保障机制建设，通过打造"一站式"学生社区综合管理模式，创新书院社区思政教育形式。

4.3　案例高校与国内其他高校书院制改革异同分析

目前，高校书院制改革主要是在大学水平上自上而下进行，仍在探索中。国内高校的现代书院制秉承"以生为本"的理念，一切以学生的全面发展为目标实施，过程中可以划分为四类模式：第一类，融西方住宿学院制与中国传统书院制文化特色于一体的书院制模式；第二类，着眼于通识教育的一年制住宿模式；第三类，着眼于第二课堂的四年制住宿书院制模式；第四类，着眼于拔尖人才培养的书院制模式。H大学的书院制育人模式是兼有第一类、第二类、第四类的书院制模式，在2007—2017年十年间，是应用第二类的人才培养模式，虽然当时称作"基础教育学院"，不称作"书院"，但实际上和着眼于通识教育的一年制住宿模式有很多相似之处。

本研究选择H大学为研究对象具有合理性。一方面，H大学书院制改革较为系统连贯。通过对18所高校书院运行的分析，梳理书院制改革的一些基本特征，可以发现，H大学书院制改革在覆盖面、书院学院关系、书院社区关系、书院学分制改革、书院导师配备等方面，改革较为系统彻底。与此同时，H大学全员书院制改革已经超过四年，完成了一整届本科学生的完整培养，具备开展政策效果评估的条件。部分高校书院要素统计如表4.3所示。

表4.3　部分高校书院要素统计

学校	覆盖年级	整届学生	书院学院是否合一	有无社区空间	书院有无纳入学分管理课程	有无配备导师
H大学	4	全员	部分是	√	×	√
北京大学	4	试点	√	√	√	√
清华大学	4	试点	×	√	√	√
北京师范大学	4	试点	×	×	×	—
北京航空航天大学	1	全员	×	√	√	√

续表

学校	覆盖年级	整届学生	书院学院是否合一	有无社区空间	书院有无纳入学分管理课程	有无配备导师
复旦大学	4	全员	×	√	×	√
同济大学	1	全员	×	√	√	√
华东师范大学	4	试点	×	√	—	√
山东大学	—	试点	—	—	√	—
中国海洋大学	4	试点	√	√	√	√
大连理工大学	4	试点	×	√	×	√
吉林大学	4	试点	×	√	√	√
湖南大学	4	试点	√	√	√	√
中山大学	4	试点	√	√	√	—
西安交通大学	4	全员	×	√	×	√
重庆大学	4	试点	√	√	√	—
西北农林科技大学	4	试点	×	√	×	√
兰州大学	4	试点	—	√	√	√

（注："√"表示"是"，"×"表示"否"）

4.4 本章小结

H大学的人才培养历经了多个阶段，从建校初期的革命通才教育到专才教育，每一次人才培养模式改革都是为适应国家需求而先进行制度、方案规划，再到育人实践，H大学的书院制改革得以全面开展，与前期自身的改革铺垫是分不开的。H大学的书院制育人模式是书院与学院协同育人的架构，沿袭中国古代书院的称谓就是"为学"与"做人"的任务分别由学院和书院承担。学院负责专业学习，有专业的教师团队；书院则负责学生的德育以及除课堂教学以外的非课程教育实践活动的开展，有专业专职的学生工作团队和多元导师团队。传统意义上，学院重专业轻人文，专业教师重科研轻育人。学院的辅导员团队经常被称作"消防队""杂家"，学院的很多事务都会压到他们身上，导致他们的时间和精力受到影响，专业性也很难得到有效提升。学校的改革政策，若没有一批执行者，或者执行打折扣，育人的初衷就很难达成。在H大学的育人改革路上，改革从未止步，从建院之初，到发展的各个阶段，紧密结合国家与党中央对人才的需求，不断调整教育教学计划、专业设置和人才培养方案。书院制育人模式改革是新时期H大学结合国家、社会对全面发展人才的需求，同时也在自身人才培养不足的方面进行的深度改革。书院的出现，使专业教育和素质教育都有了专业的团队。

从H大学的改革案例来看，高校书院制改革从组织架构和教育活动设计上，期望有助于大学生全面发展，进而提升人才培养成效。从大学生"能力"视角来看，书院制大学生人才培养成效评价至少包括对认知能力和非认知能力的考量。一方面，按照本研究的概念界定，评价认知能力提升主要侧重于考察大学生各类学习能力。H大学的书院制改革，将专业教育与素质培养全过程、全方位覆盖到本科生群体的四年，设计理念上瞄准学生认知能力，试图克服传统学院制人才培养模式中的各类知识能力的条块化分割、专业学科壁垒坚固、学生知识流动受阻、通识教育成效不足等现实问题。另一方面，H大学的书院制育人模式改革的目的也瞄准影响大学生非认知能力。通过本章的分析可以看出，H大学书院制育人模式基本将人才培养内容融思想政治教育、专业教育、通识教育、素质拓展等为一体，设计融课堂教学、文化活动、社区教育、导师导学为一体的目标，全面制定了人才培养方案。

此外，H大学作为中国当前为数不多的全员制书院改革模式的代表，在推行所有本科生进入书院中学习的过程中，从组织架构、资源匹配等方面尽最大努力为大学生各类能力提升创造条件。书院制育人模式为学生配备了多元导师队伍，多元导师群体的加入，构成了人选范围广、层次丰富的"三全导师"育人队伍；H大学书院制改革过程中全面改善社区硬件软件条件，尤其是加强社区育人文化，创设院徽、院训、书院标识Logo，文化育人理念，增强社区环境育人、文化育人功能。

精心设计的背后，H大学书院制改革仍然面临很大阻力。从制度架构来看，书院与学院协同管理初衷良好，但在改革初期，双院制下存在工作职责划分难、书院教育模式下思想政治教育形式和内容难以确定、定位不清晰、界限不清、支持不足等现象。再者，学生学分负担仍然较重，书院制改革打破了学科壁垒，但学生选课可能会无所适从，学生知识体系可能会支离破碎。在本研究访谈过程中，一些受访大学教授和已毕业著名校友反映，目前的人才培养知识体系过于零散，容易造成"面宽点散"等问题，并不利于大学生的全面发展。类似问题还有不少，本研究还将在第七章全面呈现H大学书院制改革的各类问题。

第 5 章
CHAPTER 5

书院制改革本科生学业表现成效评测

本章基于I-E-O理论构建的研究框架，将书院制人才培养成效评价分为两个方面（见2.3.4）。一方面是认知能力的考察，主要以大学生在学期间的学业表现为主要评测内容。另一方面是非认知能力的考察。本研究基于前期文献综述，共提取出16项考察非认知能力的指标体系。从研究方法来看，本研究遵循了双重差分法的基本思想，运用倾向值匹配法，描述性、相关性分析，回归分析等多种方法，试图考察全面书院制改革前后，大学生认知能力与非认知能力的发展变化情况。本章主要评测书院制改革前后大学生学业表现的各类变化和规律。

5.1 书院制人才培养学业表现评价

5.1.1 研究方法与数据来源

本研究尝试打破H大学部门间大学生培养"数据孤岛"，形成书院制人才培养"本科生学习大数据库"，通过多种分析方法比较大类培养前（2015—2017年）和大类培养后（2018—2020年）学生发展变化情况。2018年是H大学书院制改革政策的全面实施年，是重要的时间分割点。本研究样本跨度6年。2015—2020年，H大学招生省、市、自治区保持稳定，分别是北京、天津、河北、山西、内蒙古、辽宁、黑龙江等31个省市自治区，通过叠堆柱状图（见图5.1）可以发现，各省市自治区招生投放指标数上下波动在个位数与十位数之间，每年度招生总数在3 700人左右，年度浮动不超过50人。

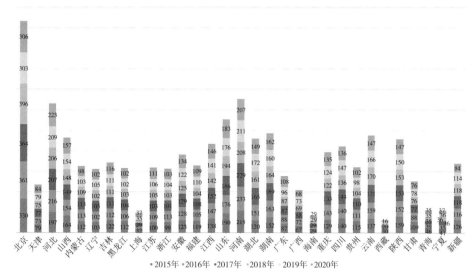

图5.1　2015—2020年H大学在31个省市招生人数叠堆柱状图

H大学的生源中，学生分省年龄指标如图5.2所示，平均年龄均在18岁左右，仅安徽省连续6年学生平均年龄均在17岁左右。说明6年间，学生年龄群体稳定。

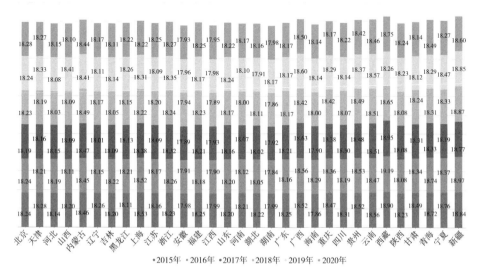

图5.2　2015—2020年H大学在31个省市生源学生年龄分布叠堆柱状图

本研究对样本的性别数据也进行了分析。6年间，以省份为单位，每个省份的男生占比均高于50%，除西藏、宁夏、新疆有小幅波动外，其他同省份6年间波动幅度较小，如图5.3所示。

单位：百分比（%）

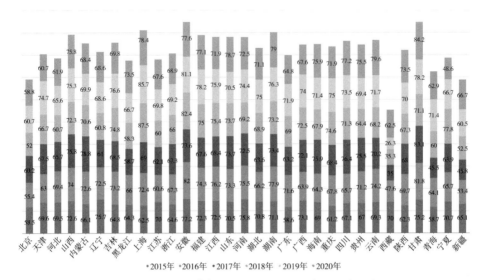

图5.3　2015—2020年H大学在31个省市招生生源中男性占比叠堆柱状图

其中，H大学书院制改革前后全体学生的课程数据也是研究分析的核心内容。其次还包含高考数据、学籍信息数据、校园一卡通数据以及毕业数据。与此同时，还首次将体育运动表现纳入研究分析中。H大学本科生学习大数据共采集以下数据信息：①学生学习数据。包含2015级到2020级共24 414名学生每门课程成绩、考试性质、学分情况、修课时间等信息共1 529 317条数据。②学生体测成绩数据。包含2015级到2020级部分本科生的身高、体重、肺活量、50米跑成绩、立定跳远等167 184条数据信息。③本科生毕业去向数据。包含H大学2015—2020年117 566条毕业生各类就业统计数据信息。④本科生高考信息数据。包含22 443条本科生高考生源地、单科成绩、招生批次等数据信息。⑤学生学籍信息数据，包含本科生的家庭情况、地址、民族、父母职业等数据信息。⑥学生校园"一卡通"刷卡记录数据。包含食堂消费、图书借阅等数据信息。本研究构建形成以学生"学号"为单位的本科生学习大数据库，共包含8 900余万条学生各类数据信息，这将成为评价书院制人才培养成效的关键信息来源。为保障数据安全和学生权益，本研究一方面与H大学签订了数据保密协议；另一方面，所有数据信息只保留学号字段，去除了学生姓名字段。

在研究过程中，本科生学习大数据库建设的相关数据信息也存在不足。由于H大学不同部门数据保留质量、数据开放程度等的差异，除本科生学业表现数据、就业表现数据等为全样本本科生数据外，体育运动成绩等其他数据存在部分缺失。虽然如此，作者在研究活动中已经尽最大努力进行了数据采集。由于H大学第一届书院制本科生在2022年6月进入毕业就业环节，且2020、2021、2022年毕业生就业受疫情影响较为严重，因此本研究并未对就业数据展开全面分析和使用，关于书院制改革对大学生就业的影响分析将在后续研究活动中开展。

根据书院制改革对本科生学业表现影响的两个关键节点结合采用倾向值匹配法（Propensity score matching，PSM）与双重差分法进行数据分析，本研究将书院制人才培养模式改革视为自然实验，系统采集了H大学各类本科生大数据信息，综合考察书院制改革前后学生各类学业表现差异程度。在研究本科生大学阶段整体学业表现时，直接采用倾向值匹配法控制学生的高考成绩以及个人特征等变量进行建模，从而比较书院制改革前后两组学生在大学阶段学业表现的差异。然而在书院制改革后，另一个重要的时间节点是在大二开始专业选择，正式进入具体的专业学习后，学生是否能保持在大一大类培养的竞争环境下的学习积极性？有部分学生因为各种情况没能进入心仪的专业，大类培养又是否会对这类学生的学业表现产生负面影响？同时，书院制改革前后生源质量的变化也有可能对模型的准确性带来干扰。这类问题不仅涉及本科生在专业分流前后的学业表现对比，同时也与学生本身特征有关，无法简单通过回归分析或PSM模型证明，因此本研究决定采用双重差分法进行控制与比较。双重差分法是一种反事实分析方法，通过观察数据的差异效应来模拟实验研究设计，从而常用于讨论政策评估效应研究，比如对某些改革政策的有效性评估。双重差分法能够在充分考虑实验组与对照组在干预之前差异大小的基础上通过差分的方法，估算出政策干预的效应。同时，双重差分法往往假定实验组与对照组有着相似的发展程度，也就是所谓的满足平行趋势假定，若不满足，实验组与对照组的干预程度的差异会受学生本身的相关因素所影响。因此，在第二部分的模型研究中，先通过将第一部分研究中PSM倾向得分匹配实验组与控制组学生，即可在对照组中选出与实验组相接近的样本，再通过双重差分法分析两类学生在大二选专业之后的学业表现差异。需要注意的是，PSM-DID仅关注匹配后的样本，故分析时会较普通双重差分法损失一定的样本信息。本研究的路径流程图如图5.4所示。

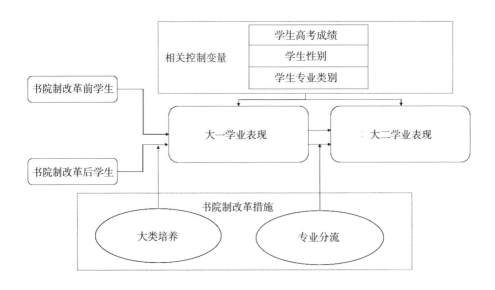

图5.4　PSM-DID分析路径流程图

本研究首先构建分组虚拟变量treat，书院制改革前入学的学生群体为对照组，赋值0，书院制改革后入学的学生群体为实验组，赋值为1。同时引入虚拟变量time，time=0表示为大学入学第一年，time=1表示此时学生处于大二的学业学习阶段。基于此，构建双重差分的模型：

$$Y_{it} = \alpha_0 + \alpha_1 \text{treat} + \alpha_2 \text{time} + \alpha_3 \text{treat} * \text{time} + \alpha_4 X_{it} + \varepsilon_{it}$$

其中，Y_{it}是结果变量，treat*time为生成的交互项，同时也是本研究中最核心的解释变量。表示书院制改革前后，学生在从大一进入大二学习阶段的学业表现的变化水平。X_{it}为控制变量；ε_{it}为随机误差项。

在本研究各个模型中因变量的选择上，学业表现的衡量主要以学生本科课程平均分为主，同时也包括学生总挂科次数、平均挂科率以及是否受到过学业警示。模型中各个自变量主要由以下构成：性别、高考分数（由于省市不同，文理科不同，统一将每个学生高考分数与当年某高校在该省市的文理科录取线之差，再取对数处理）、是否转过专业、是否为汉族、是否为普通批次、是否为单科薄弱学生（包含数学、语文、英语三科目高考分数<90分）、高中层次、文理科情况。各变量具体名称与处理方式如表5.1所示。

表5.1 各变量具体名称与处理方式

变量类型	变量名称	处理方式
因变量	本科课程均分	连续型变量，取值范围0~100
	总挂科次数	连续型变量
	平均挂科率	连续型变量，取值0~1
	是否受到过学业警示	二分类变量，0=没有受到过学业警示，1=受到过学业警示
自变量	性别	二分类变量，0=女性，1=男性
	民族	二分类变量，0=少数民族，1=汉族
	招生批次	二分类变量，0=其他批次，1=专项计划
	高考分数	连续型变量，取学生高考成绩与其省内高考文理科校线差的对数
	是否转过专业	二分类变量，0=未转过专业，1=转过专业
	高中层次	二分类变量，0=全国排名100以外高中，1=全国排名前100的高中
	文理科	二分类变量，0=文科，1=理科
	是否数学单科薄弱	二分类变量，0=高考数学单科成绩≥90，1=高考数学成绩<90
	是否语文单科薄弱	二分类变量，0=高考语文单科成绩≥90，1=高考语文成绩<90
	是否英语单科薄弱	二分类变量，0=高考英语单科成绩≥90，1=高考英语成绩<90

5.1.2 书院制改革前后大学生学业表现变化

基于本科生学习大数据,在学业表现各维度上,全面书院制改革前后学生学业表现具体分析如下。

1. 各科目总体平均分数变化

书院制改革前后,H大学本科生在校期间平均分数总体上呈缓慢上升趋势。从均分的箱线图(见图5.5)来看,书院制改革后学生均分的中位数有较明显的提升。但同时学生分数分布的标准差在增大,尤其是大一第二学期,高分学生与低分学生之间的差异更为明显。由于学生总体均分差异并不明显,挑选80分以上的相对优秀学生进行分类比较,发现:书院制改革前后学生的高分段表现有着明显差异,改革前(2015、2016、2017级学生)总体呈现下端大、上端小的分布特点,均分高于85分的学生数较少。而在大类改革后(2018、2019、2020级学生)分数分布呈现下端开始缩小的特点,而高分学生数量增加,如图5.6所示。从课程情况来看,大一第二学期2019级与2020级学生极端高分情况出现更多,总体呈现改革后学生在大一第二学期高分段分布更加密集的特点。

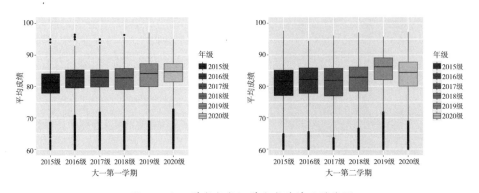

图5.5 大一学年各年级学生成绩情况箱线图

分析各年级大一学年修课人数较多的四门必修课,书院制改革后的三年,"学术用途英语"2018年成绩略呈上升趋势,2019年下滑,2020年小幅回升。"工科数学分析"和"工程制图"2018、2019年持续上升,但在2020

年陡然下滑。"大学物理"在2018—2020年则呈波浪形起伏，但这些课程的挂科率总体呈现不断降低的趋势，如图5.7所示。

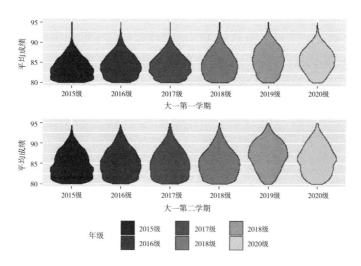

图5.6　书院制改革前后大一各学期均分分布提琴图

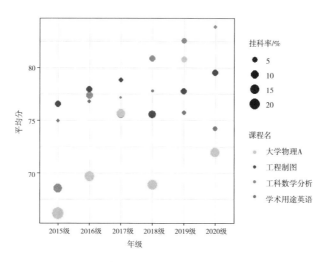

图5.7　书院制改革前后各年级学生学业失败情况热力图

通过绘制书院制改革前后各年级学期的挂科情况热图（见图5.8），得到以下结论：第一，大二第一学期是各年级学生挂科的高危学期，书院制改革后学生在面对新的学年、专业分流后，往往面临巨大的学业挑战。第二，从平均挂科次数来看,除2015级学生在大二第二学期平均挂科次数较为严重外,其余各年级差别不大,同样在大二各年级挂科次数迅速增加。第三,联系之前结果,书院制改革后学生平均成绩上升,高分段学生人数上升,但是挂科率未明显得到改善,由此可知书院制改革后学生两极分化现象增加。其中2020级成绩的滑坡,影响因素或与疫情影响下进行网络授课有关,待后续研究。各科各学年成绩平均值线图如图5.9所示。

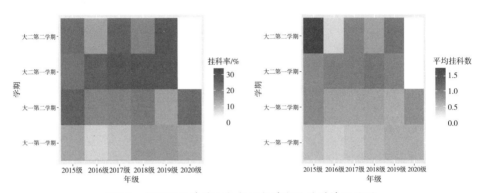

图5.8　书院制改革前后各年级各学期的挂科情况热图

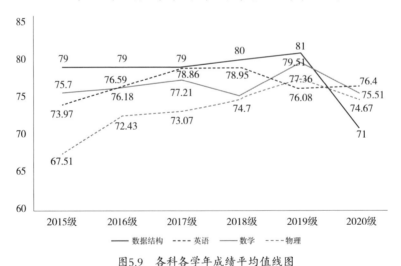

图5.9　各科各学年成绩平均值线图

2. 各学年学业表现的变化

针对具体课程情况,分为每个学期依次比较。由于大三、大四进入专业课培养阶段,课程可比性差。因此本研究只进行第一到第四个学期的可比课程的比较分析，同时挑选选课人数较多的核心课程分析，总体上可以发现，文科类核心课程均分提升明显，同时理工科类核心课程在书院制改革后均分同样有所提升，并且在挂科率上降低趋势明显。选择一些课程作进一步分析。选择课程依据主要有三个方面：信度、效度与反拨效应。考试中的测试信度是指同一套测试，对同一测试对象的数次测试结果一致，稳定的程度，也就是说测试的成绩是否反映了受试者的实际水平。测试信度受到以下因素影响：一是测试本身的信度，包括测试难度与条件，例如考试时间、题型与题目结构等。二是考生阶段性表现。三是测试的评分信度。包括评分者内部一致性信度与评分者自身信度。主观题评分人要进行评分，这个过程必须考虑评分信度，其中评分者内部一致性信度指不同评分人的差异系数，通常有两个评分人对同一试题进行评分，再计算相关系数。而评分者自身信度指同一评分人的差异系数，通常用于前后测研究，由同一评分人对同一组考生前后两次进行评分，再计算相关系数。考试中的测试效度是指一套测试对应该测试的内容所测的程度。测试效度包含内容效度、构想效度和预测效度。内容效度是指试题是否测试了应该测试的内容，而构想是存在于脑中的一个概念，无法进行正面观测。为此，通过测试这种间接的方式检测构想，研究人员通过实验法证明了测试可以检测构想。构想效度即试题是否测试了应该测试的构想。预测效度是指对测试结果所做预测的准确程度。反拨效应是指测试对教学的影响与反作用。它对教师和学生有一种自然的推动，使教师的教学和学生的学习适合测试的要求，特别是当测试对学生未来非常重要，当测试通过率成为评价教师教学的依据时，这种对教育和学习的测试的影响是非常重要的。反拨效应通常用于普通教育，用来解释测试、教学和学习三者之间的相互关系和影响。以下分别选择各学期信度、效度与反拨效应稳定的课程进行分析。

（1）大一第一学期。

这一学期共有1 431门本科生课程，总体上来看，在大一学期，书院制改革后的学生群体均分表现与改革前总体相当。这说明本研究数据基础总体较好，大一第一学期不同年度生源质量总体稳定。其中一些核心课程书院制学生表现优秀，学生考试均分有了比较明显的进步。在书院制改革后工科方向比较有代表性的课程是"工科数学分析1"，作为大一第一学期学习人数最多的工科核心课程，共有10 224名学生修了这门课，在2015级到2020级的学生中，每一年级的学生在当年的平均成绩分别为70.9分、78.1分、76.7分、82.2分、83.3分、84.3分（满分为100分，下同）。"工科数学分析1"是大一第一学期较有代表性的课程，一方面课程开设教师队伍稳定，另一方面考试难度和教学大纲总体平稳，而且这是一门难度较大、对本科生有较好区分度的课程。数据分析显示，书院制改革后，各年度"工科数学分析1"均分都有一定程度的提升。且该门课程的平均挂科率，由书院制改革之前的8.4%，逐步下降到书院制改革之后的3.1%。

再以文科类通识必修课"大学语文"为例。"大学语文"是一门本科生学习人数最多的文科类课程。书院制改革前，2015级、2016级、2017级本科生在大学语文上的均分分别为84.3分、83.2分和84.5分，总体上较为稳定。而在书院制改革之后，2018级、2019级、2020级学生，在大学语文上的均分分别为83.6分、89.2分和91.3分。显示出书院制改革后，2019级、2020级学生的"大学语文"课程均分得到显著提高。

此外，"线性代数A"也是最具可比性的课程之一。该课程是许多本科生在大一期间遇到困难最多的课程之一。由于难度较大，该门课程对学生数理能力有着很好的反映。数据分析显示，书院制改革前，2015级学生在"线性代数A"上的平均分是76.7分，学生挂科率为8.3%；2016级学生在"线性代数A"上的均分是82.2分，挂科率为6.4%；2017级学生在"线性代数A"上的均分为83.8分，挂科率为5.6%。而在书院制改革后，本科生群体在"线性代数A"上的均分也有不同程度的变化，其中2018级作为书院制改革第一年，均分为79.8分，挂科率为5.2%，2019级学生在"线性代数A"上的均分为83.9分，平均挂科率为4.3%，2020级学生"线性代数A"的均分为84.2分，平均挂科率为3.7%。可以看到书院制改革后学生在"线性代数A"上的均分变化并不明显，但是挂科率却逐年递减，有着明显的降低趋势。大一第一学期代表性科目平均分数与挂科率对比如表5.2所示。

通过以上对三类最有可比性的课程典型案例的分析，可以发现，书院制改革后，本科生在大一上学期的多门核心课程的学业表现有提升现象。

表5.2　大一第一学期代表性科目平均分数与挂科率对比

代表性科目	2015级	2016级	2017级	2018级	2019级	2020级
工科数学分析1	70.9（13.0%）	78.1（5.9%）	76.7（6.2%）	82.2（3.6%）	83.3（3.8%）	84.3（1.9%）
大学语文	84.3（2.6%）	83.2（0.7%）	84.5（0.7%）	83.6（3.0%）	89.2（1.1%）	91.3（0）
线性代数A	76.7（8.3%）	82.2（6.4%）	83.8（5.6%）	79.8（5.2%）	83.9（4.3%）	84.2（3.7%）

（2）大一第二学期。

进入大一第二学期后，本科生逐渐开始适应书院制课程的设置，以及大学学习生活模式，同时这一学期也是学生在大二分专业前最后一阶段的学习。这一学期H大学总共开设了1 417门本科生课程，其中有大部分课程的均分以及挂科率在书院制改革后有明显变化。

其中，具代表性的课程是"大学物理A1"。该门课程是大一第二学期里除物理实验课以外选课人数最多的理工科必修课程，共有13 306名学生学习并取得成绩。同时"大学物理A1"也是在大一阶段本科生挂科率较高的一门课程，因此也能较好地反映书院制改革前后学生学习状态的变化。数据分析显示，书院制改革前，2015级学生在该门课程中的平均分为66.1分，挂科率高达23.1%，2016级学生平均分是69.7分，挂科率达15.4%，2017级学生的平均分是75.7分，挂科率为10.1%。在书院制改革之后，2018级在"大学物理A1"中平均分为69.1分，挂科率为14.7%，2019级学生的平均分迅速上升至80.8分，挂科率仅为4.6%，2020级学生的平均分为72.1分，挂科率为11.2%。虽然至今该门课程学生均分都偏低，但是平均分在改革后依然高于改革前，且挂科率有明显的降低趋势。

在人文社科类课程中,"产业生态与循环经济应用"这门课程也是本科生选课率高、较有代表性的课程。由于人文类课程较少出现挂科现象,因此主要分析其平均分情况,在书院制改革之前,2015级、2016级、2017级本科生该门课程的平均分分别是84.79分、85.94分、85.94分,书院制改革后2018级、2019级、2020级的本科生中,该门课程的平均分分别上升到93.6分、91.6分、93.6分。大一第二学期代表性科目平均分数与挂科率对比如表5.3所示。

表5.3 大一第二学期代表性科目平均分数与挂科率对比

代表性科目	2015级	2016级	2017级	2018级	2019级	2020级
大学物理A1	66.1（23.1%）	69.7（15.4%）	75.7（10.1%）	69.1（14.7%）	80.8（4.6%）	72.1（11.2%）
产业生态与循环经济应用	84.79（1.2%）	85.94（0）	85.94（0）	93.6（0）	91.6（0）	93.6（0）

(3) 大二第一学期。

H大学大二第一学期总共开设了1 708门课程,总体来看,书院制改革后大部分课程平均分呈现上浮态势,部分课程偶有波动。

以工科类核心课程"分析化学B"为例。书院制改革前,2015级本科生该门课程的平均分为76分,挂科率为4%,2016级学生的平均分为76.9分,挂科率为6%,2017级学生平均分为78.8分,挂科率为3%。书院制改革后,2018级学生平均分为80.6分,挂科率为1%,2019级学生平均分为79.4分,挂科率为1%,2020级学生平均分为69.1分,挂科率为0。可以看出,学生在进入大二专业分流学习后,书院制改革中的学生表现出微弱的学业表现优势,可以看到其平均分有所提高,同时挂科率呈现下降趋势。人文社科类难度较高的课程,以"宏观经济学"为例(取样时,2020级缺乏该课程信息),2015级学生平均分为76.7分,挂科率为12.9%,2016级学生平均分为74.5分,挂科率为19.2%,2017级学生平均分为73.5分,挂科率为14.6%。在改革后2018级学生平均分上升至79.9分,同时挂科率大幅降低至5.2%,2019级学生平均分为77.4分,挂科率进一步降低到3.6%。

（4）大二第二学期。

H大学在大二第二学期中总共开设了1 646门不同课程，其中多数课程的平均分有提升表现。以"车用发动机构造与原理"课程为例（取样时，2020级该课程信息未出）。在这门专业必修课上，书院制改革前，2015级、2016级、2017级本科生课程平均分依次是63.3分、81.2分和79.7分。书院制改革后，2018级、2019级本科生平均分依次为84.6分和76.4分。再从挂科率来看，该门课程2016级本科生挂科率为3%，2017级学生挂科率为2.4%，书院制改革后的2018级、2019级本科生挂科率则分别降低到1.4%和1.9%。大二第一、第二学期代表性科目平均分数及挂科率对比如表5.4所示。

表5.4 大二第一、第二学期代表性科目平均分数及挂科率对比

代表性科目	2015级	2016级	2017级	2018级	2019级	2020级
分析化学B	76（4%）	76.9（6%）	78.8（3%）	80.6（1%）	79.4（1%）	69.1（0）
宏观经济学	76.7（12.9%）	74.5（19.2%）	73.5（14.6%）	79.9（5.2%）	77.4（3.6%）	/
车用发动机构造与原理	63.3（3.1%）	81.2（3%）	79.7（2.4%）	84.6（1.4%）	76.4（1.9%）	/

总体来说，难度较大的课程学生总体成绩普遍偏低，但是编程类科目"C语言基础""C++程序设计"等基础课程，近50%的学生可以达到90分以上，稍微难一点的"Python程序设计基础"90分以上的学生为33.82%，相对最难的"数据结构"90分以上学生仅占15.8%，挂科率也是所有科目中最高的。值得注意的是，关于编程科目，学生们对基础课程的学习相对比较扎实，但是上机实践课程的考核情况往往效果不佳，成绩也不如基础课程。

3. 英语分数变化

英语是标准化程度较高的学习科目，尤其是大学四级考试分数具有相对稳定性。全国大学英语四六级考试是国家标准化考试，是由我国四六级考试委员会规划和实施的考试制度，旨在测量大学生英语水平。1985年我国教委出台《大学英语教学大纲》，将大学英语的各种教学理念和观点进行统一，

重新明确了大学英语教学目标。四六级考试对教学大纲内容进行了测量，虽然一直有人对四六级的测试信度存在质疑，但四六级考试一直保持着一定的权威性。因此本研究对书院制改革前后大学生英语四级成绩也展开了对比分析。

数据分析显示，2015级本科生四级平均分为510.11分，2016级为516.20分，2017级为515.62分，2018级为506.09分，2019级为522.89分，2020级为521.56分。相较通过线425分，H大学本科生英语总体水平较好，在书院制改革当年（2018年）四级平均分出现下滑，但2019级本科生成绩迅速回升，保持平稳状态，相比书院制改革前的2015级、2016级平均成绩有所提高。就通过率而言，2015级四级通过率为89.9%，2016级为89.03%，2017级为93.19%，2018级为86.74%，2019级为92.13%，2020级为91.61%。通过率同英语四级平均分相似，在2018年进行书院改革后有小幅下降。但是总体来说，2019级和2020级的大学四级通过率较书院改革前有一定程度的提高，达到90%以上的学生都可以一次性通过大学四级能力水平测试。

此外，除四级分数对比外，学校开设的"大学英语"这门课的成绩也具有较好的前后对比价值。H大学本科生2015级平均分为73.97分，2016级为76.59分，2017级为78.86分。书院制改革后2018级为78.95分，2019级为76.08分，2020级为76.40分。相较英语四级，"大学英语"成绩在书院制改革前后变化不大，存在一定波动。"大学英语"与英语四级成绩及通过率如表5.5所示。

表5.5 "大学英语"与英语四级成绩及通过率

项目	2015级	2016级	2017级	2018级	2019级	2020级
英语四级	510.11	516.20	515.62	506.9	522.89	521.56
英语四级通过率	89.9%	89.03%	93.19%	86.74%	92.13%	91.61%
大学英语	73.97	76.59	78.86	78.95	76.08	76.40

4. 基础数理分数变化

从学生基础类的理科课程中筛选出"数学大类"与"物理大类"成绩展

开对比分析，具体成绩如表5.6所示。

对"数学大类"而言，2015级平均分为67.51分，2016级为72.43分，2017级为73.07分，2018级为74.7分，2019级为77.36分，2020级为74.67分。上述成绩对比可以发现，学生平均成绩逐渐变好，2020级分数变化可能与疫情导致的在线考试有关。数学作为基础学科中相对较难的科目，其平均成绩是最低的，尤其是"高等数学Ⅰ"是数学中最难的一版，其课程平均成绩只高出及格线3分，这要引起足够的重视，学生分差较大，说明学生两极分化严重。

表5.6 数学及物理大类成绩

分类	2015级	2016级	2017级	2018级	2019级	2020级
数学大类	67.51	72.43	73.07	74.7	77.36	74.67
物理大类	75.7	76.18	77.21	75.18	79.51	75.51

针对"物理大类"成绩，2015级平均分为75.7分，2016级为76.18分，2017级为77.21分，2018级为75.18分，2019级为79.51分，2020级为75.51分。"物理大类"成绩的情况较数学成绩表现略优，2015级到2017级基本逐年递增，2018级出现回落，2019级提升幅度明显，2020级的物理成绩需考虑疫情影响因素。2018年后的生源中有江苏新高考的学生，这部分学生在高中段已经不选学物理课程，但进入大学后，物理是理工科大学的必修课，所以这一批学生物理成绩总体偏低，也会存在拉低平均分的可能性。

此外，从课程选修难度来看，书院制下学生选择高难度课程的人数增加。在书院制改革之前，学生为了取得更高的分数，通常在可选范围内选择最容易获得高分的课程，但是在改革之后针对一些具有挑战性的课程如Linux系统编程、微积分等的选修人数增加，说明书院学生挑战学业难度的积极性在提高，这在一定程度上反映了学生敢于挑战的学习状态。

5. 学业失败发生率变化

书院制改革对大学生学业表现的影响还可以从学业失败率的角度展开分析。本研究挑选出2015级到2020级所有受到学业警示的学生，通过其累计不及格学分数来判断其学业失败的严重程度。研究发现，2015级学生学业失败的情况最严重，所有学业警示的学生，累计不及格学分均超过15分，但没有极端值出现。2016级、2017级学业警示学生，严重程度较为类似。2018级书院制改革后，从提琴图（见图5.10）分析来看，图下端的宽度开始增加，表明2018年改革后学生累计不及格学分数较少的学生开始增多。虽然依然有极端值，但是总体学业失败严重程度在降低。2020级学生不及格学分提琴图下端更宽，学业失败情况较轻者继续增加，极端学业失败者减少。

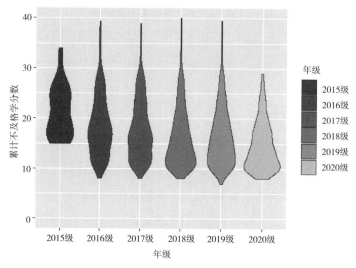

图5.10　书院制改革前后各年级学生累计不及格学分提琴图

6. 书院间差异分析

进一步分析发现，不同书院的学生虽然存在一定的学业表现差异，但总体上波动较小，显示出书院制改革后大学生学业表现提升具有普遍性。其中，明德书院的学生总体平均分最高，三个年级的学生平均分分别为85.1分、85.8分、84.5分。平均分成绩相对较低的是精工书院和求是书院，精工书院三个年级的平均分分别是80.9分、80.5分、81.7分，求是书院三个年级的平均分分别是80.6分、80.7分和81.3分。同时可以发现求是书院、睿信书院、特立书院、知艺书院每一年的平均分都有逐步提升的趋势。各书院不同年级平均分情况如图5.11、表5.7所示。

第5章 书院制改革本科生学业表现成效评测

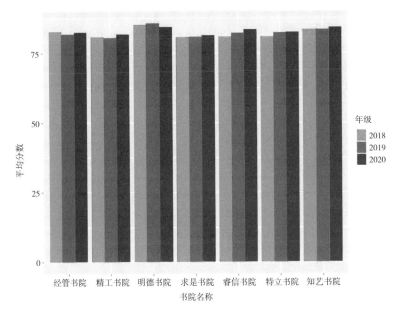

图5.11 各书院不同年级平均分情况

表5.7 各书院不同年级平均分

书院	2018级	2019级	2020级
经管书院	82.7	81.7	82.6
精工书院	80.9	80.5	81.7
明德书院	85.1	85.8	84.5
求是书院	80.6	80.7	81.3
睿信书院	80.8	82.2	83.4
特立书院	80.8	82.3	82.5
知艺书院	83.4	83.5	84.2

进一步分析发现，在所有书院中，女生的平均成绩均比男生高，而且居前三的学院分别是经管书院、知艺书院、明德书院。其中经管书院女生平均分比男生高5.3分，知艺书院女生平均分比男生高2.8分，明德书院女生平均分比男生高1.7分。这三个书院是H大学偏文科大类的书院，女生比例高，也就是说，在女生数量占有绝对优势的书院，女生在成绩上的优势也大于男生。而特立书院中是男女生平均成绩相差最小的书院，其中男生平均分为81.7分，

131

女生平均分为81.8分。各书院不同性别学生课程平均分如图5.12、表5.8所示。

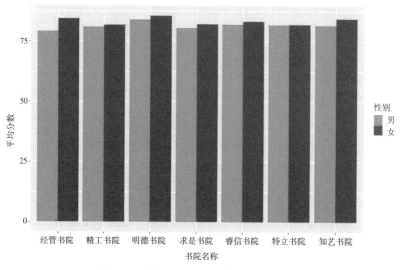

图5.12 各书院不同性别学生课程平均分

表5.8 各书院不同性别学生课程平均分

书院名称	性别	平均分数
经管书院	男	79.1
精工书院	男	80.8
明德书院	男	83.8
求是书院	男	80.3
睿信书院	男	82.0
特立书院	男	81.7
知艺书院	男	81.6
经管书院	女	84.4
精工书院	女	81.7
明德书院	女	85.5
求是书院	女	82.0
睿信书院	女	83.3
特立书院	女	81.8
知艺书院	女	84.4

7. 生源质量提升

从已有研究文献来看，部分高校的书院制包括大类招生制度改革带有一定的功利性，旨在通过专业捆绑等方法提高生源质量。对H大学而言，书院制旨在促进大学生全面发展，书院制与大类招生手段，尊重学生志愿选择的理念以及全面人才培养方案，在一定程度上吸引了大批优质生源。H大学认为招收高质量的生源有利于培养全面发展的本科生人才，二者相辅相成。从数据分析结果来看，H大学通过书院制改革，确实部分提升了生源质量。采取书院制大类招生改革后，H大学大类招生导致录取学生排名位次（H大学在该省录取提档线在本省的高考分数排名的位次）提升的省份较多。其中北京市理科招生位次提升了142位。即北京市2017年，H大学的录取提档线为643分，分数排名第1 810位；2018年，H大学的录取提档线为659分，分数排名第1 668位，生源质量提升了142位。在2017年与2018年大陆招生计划的31个省市自治区中，除去当年招生信息不全的三个省市自治区（新疆、西藏、甘肃），其余28个省市自治区中，浙江与上海采用综合改革招生方式，上海招生位次在2017年与2018年分别为第4 973位和第4 360位，提升了613位，浙江招生位次在2017年与2018年分别为第9 171位和第7 589位，提升了1 582位。剩余27个省市自治区均采用文理科分类招生，其中理科类招生位次提升幅度较大，在大类招生改革后一年共有26个省市招生位次得到提升，仅宁夏区招生位次没有提高。而文科类共有16个省市自治区招生位次得到提升。

其中在各省市自治区理科类招生中，青海、江西、内蒙古、广东、广西提升最大，招生排名位次提升均超过千人次。分别是2 651位、2 397位、1 546位、1 303位和1 000位。在书院制大类招生改革后，文科类招生中江苏提升最大，2018年的招生位次提升了2 279位。书院制改革前后各省市招生位次比较如图5.13所示。书院制改革前后各省市理科位次和文科位次分别如图5.14和图5.15所示。

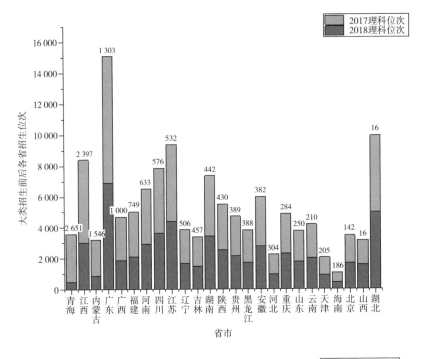

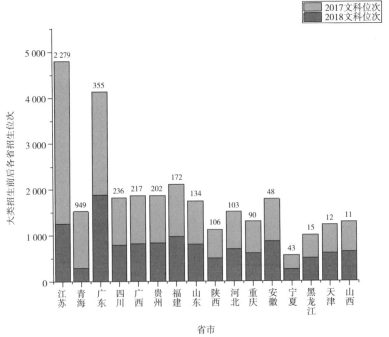

图5.13 书院制改革前后各省市招生位次比较

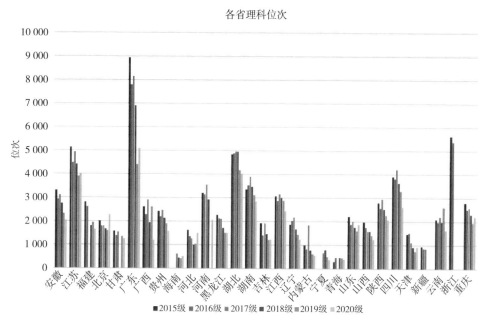

图5.14 书院制改革前后各省市理科位次

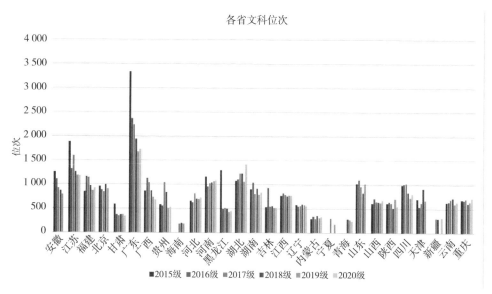

图5.15 书院制改革前后各省市文科位次

2015年和2016年各省位次波动均不大,2017年各省位次回升。2017年H大学新校长履职,在2018年开始推动大规模改革,采取书院与专业大类结合的方法，扩大了专业招生人数，大幅度满足学生的高考录取志愿，以此吸引更多学生报考H大学，当年度就取得良好招生效果，各省生源位次均有不同幅度的提升。

由于书院制的大类招生改革理念与新高考更为契合，且H大学书院制得到快速发展和完善，受到学生的欢迎。

H大学在书院制改革过程中，高考录取位次的提升，显示出采用书院制人才培养模式，在一定程度上受到考生认可，书院制也成为吸引优质生源的关键因素之一。书院制与大类招生相配合，按照学科大类录取考生，在录取时并不细分专业，适应了我国高考考生对专业不够了解，方向不够明确的现状。以机械类为例，H大学在录取时均录取到精工书院，并不会在一开始就将学生细分到机械工程、车辆工程、机械电子工程等专业，而是在学生学习完学科大类的基础知识，对各专业有了一定的了解后，根据学生的成绩及意愿再进行专业分流。这种方式有效降低了学生在选择专业时做出错误决定的概率，也给高考分数较低的考生一个选择自己喜欢的专业而不是被调剂的机会，得到了考生及家长的支持，因此2018年H大学的录取分数线得到了提升，并在后续的年份继续保持了这种趋势。

H大学理工科学生招生位次逐年提高，文科招生位次部分提高，提高幅度小于理工科招生位次。在H大学实行书院制改革的2018年，文科位次在江苏、贵州、山东、云南省相较2017年上升幅度较大，并随着书院制改革政策的不断完善，安徽、广西、辽宁省位次一直在提高。但是，福建、贵州、湖南、云南省并没有一直提高，在2020年出现反弹现象，但是相较2019年的降低，对比2018年还是有所提高。文科总体变化没有理科幅度大，而且各个省份参差不齐，究其原因，H校是以理工科为主的院校，理工学科优势更为明显，在招生方面更倾向于学理科的学生，在新高考政策下，也选择学物理科目的学生，因此往往忽视了针对文科学生的一些措施。

5.2　书院制改革前后大学生学业表现影响因素模型

5.2.1　学业表现影响因素模型变量设定

本模型数据来源于H大学本科生学习大数据库。共分为五个部分。第一部分是书院制改革后2018级到2020级新生高考成绩数据,包含11 305名学生数据,涵盖学生学号、是否转专业、性别、语文、数学、外语、综合等科目成绩。第二部分是2018级到2020级学生各门课程成绩共计772 650条数据,包括学号、各门课程分数、是否挂科等。第三部分为学校2018级到2020级学业警示情况表,包含学号、累计不及格学分、学业警示类型等。第四部分为体测成绩大数据库,包含2018级到2020级学生,共31 438条关于身高、体重、肺活量、50米跑成绩、立定跳远等数据。第五部分为学生家庭信息大数据库,包含本科生家庭情况、地址等数据信息。为了进一步研究,将前三部分数据库通过R语言进行数据库合并,除去退学以及港澳台学生数据,还剔除含有缺失值的数据,最后得到有效样本11 137个,用于回归分析,第四部分与第五部分进行单独分析。体育测评各项条目如表5.9所示。

表5.9　体育测评各项条目

组别	评价指标(测试项目)	分值
所有年级	BMI	15
	肺活量	15
大学各年级	50米跑	20
	坐位体前屈	10
	立定跳远	10
	男生引体向上、女生一分钟仰卧起坐	10
	男生1 000米,女生800米跑	20

根据《国家学生体质健康标准(2014年修订)》对学生体测成绩按性别和体测项目进行加权,作为学生体育运动能力评估指标。

5.2.2 学业表现影响因素模型描述性与相关性分析

对2018级至2020级全体书院制改革的本科生样本进行描述性统计分析,发现这三年本科生群体平均学业成绩为81.91分,其中平均分小于70分的学生有796名,占所有学生总体的7%,高于90分的学生有824名,占所有学生总体的8%。可知学生成绩整体呈正态分布。同时,从未有过挂科经历的学生有6 754名,60%的学生从未挂过科,但是平均下来每名学生挂科次数有2.25次,说明有部分挂科学生存在大量挂科现象。同时,有11%的学生受到学业警示,这类学生往往具有超过10学分以上的累计不及格学分而被H大学认定为学业失败学生群体。

相关性分析发现,是否书院制改革与学生学业表现三个变量均显著相关,一方面,是否书院制改革与学生课程平均分数的相关系数为0.043 31且显著,说明书院制改革前后学生课程成绩出现了变化,书院制改革对学生课程平均分数有正向影响。另一方面,是否书院制改革这一变量与学生挂科次数以及是否受到过学业警示呈显著负相关,说明书院制改革下,学生出现挂科与受到学业警示的可能性更低。学业表现各变量描述性统计如表5.10所示。学业表现各变量相关性如表5.11所示。

表5.10 学业表现各变量描述性统计

变量名	均值	方差
高考分数	2.007 566	0.458 244 1
是否转过专业	0.356 649	0.479 031 4
是否汉族	0.866 032 1	0.340 633 1
是否专项计划	0.119 421 7	0.324 298 7
数学低于90	0.025 590 4	0.157 916 9
英语低于90	0.021 370 2	0.144 621 6
语文低于90	0.014 186 9	0.118 266 4
高中层次	0.295 591 3	0.456 328 6
文理科	0.825 087 5	0.379 909 3

续表

变量名	均值	方差
是否受到过学业警示	0.109 903 9	0.312 784
总挂科次数	2.253 659	5.144 206
平均分数	81.919 1	10.551 93

表5.11 学业表现各变量相关性

变量名	平均分数	总挂科次数	是否受到过学业警示
是否书院制改革	0.043 3*	−0.138 44*	−0.333 32*
性别	−0.088 9*	0.082 4*	0.086 4*
高考分数	0.117 5*	−0.022 9*	0.023 7*
是否转过专业	0.075 1*	−0.099 4*	−0.047 1*
是否汉族	0.108 3*	−0.088 1*	−0.088 5*
是否专项计划	−0.096 1*	0.060 2*	0.061 8*
数学低于90	−0.075 9*	0.013 8	−0.000 6
英语低于90	−0.082 2*	0.029 5*	−0.002 3
语文低于90	−0.085 1*	0.036 9*	0.006 4
高中层次	0.043 5*	−0.041 5*	−0.035 7*
文理科	−0.059 7*	0.084 7*	0.108 1*

注：* $p<0.1$

以课程平均分数、总挂科次数、是否受到过学业警示三个学业表现进行成对相关分析，有以下发现：第一，女生比男生学业表现更好，更不容易挂科。在均分上性别（男=1，女=0）表现出显著负相关，而在挂科次数与学业警示上表现出显著正相关。第二，高考分数对大学阶段的学业表现也同样呈现正相关关系，且专项计划与民族计划的学生更容易遭受学业失败的影响。不仅如此，理科生相对于文科生更容易挂科与受到学业警示。第三，学生高中学校层次同样会影响其在大学本科的学业表现，学生高中层次与课程平均分数的相关系数为0.043 5且显著，同时与总挂科次数以及是否受到过学业警示呈显著负相关。也就是说，高中学校层次越高的学生，在进入大学后学业表现往往越好。第四，转专业的学生在学业上表现得更好，这是因为转专业之前首先需要对学生成绩进行考察，只有在原专业绩点靠前的学生才能获得转专业资格，但是这也与转专业这一制度的初衷有所背离。开设转专业渠道，目的之一是让无法胜任某专业学习的学生有机会转到其他专业，扶弱而不是择优，但在实际操作中，所有专业都希望吸纳成绩优异的学生到本专业来，所以出现了所有学生均享有申请转专业的权力，但接收学院要遴选，往往是成绩优秀者更容易被选上。第五，单科成绩是否薄弱与课程平均分数呈显著负相关，也就是说这类单科薄弱学生往往存在学业困难的问题。

体育成绩与家庭因素对学生学业表现影响分析。不同性别学生体育运动与学业表现关系（见图5.16）显示，相比于男生来说，体育测评分更高的女生要拥有更好的学业表现。同时极端的低分人群也是由男生占据主体。且确实有部分学生学业成绩较高但是体育测评分却很低。最后将不同性别学生人群的学业表现与体测成绩作相关性分析，结果均在0.01水平上显著，如表5.12所示。这表明体育成绩对学生学业表现有着显著正向的作用。

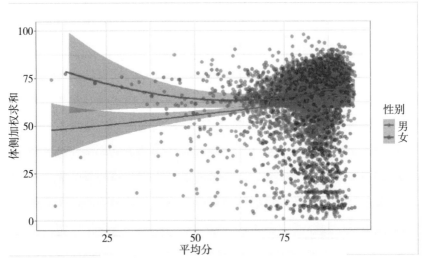

图5.16 不同性别学生体育运动与学业表现关系

表5.12 体测成绩与学业表现相关性

性别	体测项目	相关系数	显著性水平
男	50米跑	0.092	$P<0.01$
女	50米跑	0.055	$P<0.01$
男	立定跳远	0.055	$P<0.01$
女	立定跳远	0.102	$P<0.01$
男	坐位体前屈	0.063	$P<0.01$
女	坐位体前屈	0.077	$P<0.01$

开展体育运动与学业表现的关系。本研究引入身体质量指数（BMI）概念，BMI通常计算公式为：BMI=体重÷身高^2（体重单位：千克；身高单位：米）。本研究制作了不同性别学生BMI与学业表现关系图（见图5.17）。结果显示，BMI与学业表现的关系与性别无关。

BMI值与平均挂科率以及平均最高警示类型均呈现显著正相关；无论男女，肥胖学生学业表现最差，其平均挂科率与平均最高警示类型均高于其他类别学生；无论男女，低体重学生学业表现最好，其平均挂科率与平均最高警示类型均低于其他类别学生。

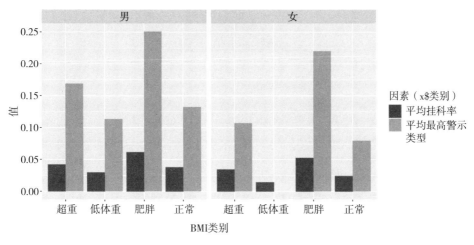

图5.17 不同性别学生BMI与学业表现关系

本研究也尝试分析了大学生家庭社会地位对学业成绩的影响。从数据分析得出，本科阶段各不同家庭社会地位的学生平均成绩相近，均集中在85分左右，但是父母社会背景为务农的子女在80分左右有个频率高度集中区。同时，通过对学生英语四级成绩的分析得出，父母为管理层或普通职工的子女在英语考试上表现更好，总体中位数区段分别是567分与561分。在600分段以上的学生群体中，同样可以看出家庭背景较好的学生占极大优势。但同时这部分学生在低分值区间分布也较多，尤其是在300分以下的学生人数，其余三个家庭阶层学生，在英语四级分数上低于300分的极端低值均无。从"大学物理"成绩上来看，四种家庭阶层学生无特别明显差异，可以看到，排除一些打分为0分的缺考学生，同样在高分段上家庭社会地位更高的学生表现更为优异。家庭社会地位与学生本科成绩核密度图如图5.18所示。

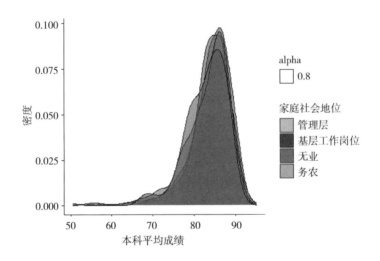

图5.18　家庭社会地位与学生本科成绩核密度图

从本科生单次挂科率以及平均受警示率来看，从总体上来看，学业失败的学生比例并不高。但是，父母为无业的学生在单次挂科率以及平均受警示率上最严重，其比例分别为2.31%和5.94%。其次为务农家庭学生，分别为2.23%和5.73%。由此可以认为，父母不同类别的社会地位对学生在大学的学习有着明显的影响，家庭收入地位越低，学生挂科情况越严重。家庭社会地位与学业失败关系如图5.19所示。

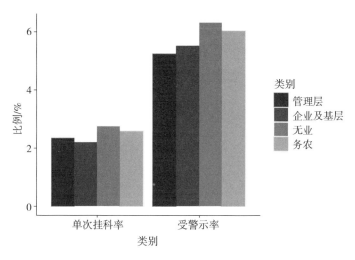

图5.19 家庭社会地位与学业失败关系

5.2.3 学业表现影响因素模型回归分析

以课程平均分数、总挂科次数、是否受到过学业警示作为因变量，分别构建Ols回归模型与Logit回归模型。所得到的模型R^2分别为0.057、0.035 8以及0.045 1。同时在三个模型结果中，多个变量对学生学业表现的影响表现出较高的一致性。

在比较书院制改革对学生学业表现的影响中发现，书院制改革对本科生课程平均分数的影响不显著，但是在总挂科次数与是否受到过学业警示方面有着明显的作用，其中，在总挂科次数为因变量的模型中，书院制改革的影响系数为−0.930 759 2，并且在0.01水平上显著，说明书院制改革以后，学生的总挂科次数明显降低，同时，在学业警示方面，Logit模型中其系数为0.944 390 6，并且在0.1水平上显著，因此，说明了书院制改革条件下学生学业警示率也有一定程度的降低。综上所述，书院制改革前后可能由于课程设置、教师评分的变化，导致学生课程平均分数在模型中差异不大，但是在书院制改革之后，学生的学业失败各个方面表现均有所降低。

在三个有关学业表现的回归模型中,一定程度上说明了书院制改革对学生各方面学业表现有影响,推测可能是书院制改革环境下,为了进入心仪的专业或未来的保研机会,激发了学生的竞争意识,或是在大类培养环境下,对所选专业的兴趣激发了内动力,学生挂科的情况大大减少,但是也需要跟踪那些未被分入第一志愿专业的学生未来学业表现是否会出现恶化的情况。同时,也要在日后合理设置课程,以免学生在大二专业分流后学习热情减退。

无论是在哪个模型,性别、文理科、民族、是否转过专业、是否专项计划这几个因素均在0.01水平上显著,表明具有女性、转过专业、汉族、非专项计划、文科这几个特征的学生在学业表现上有着稳定的优势。此外,高考分数与高中学校层次对课程平均分数与总挂科次数影响显著,但是对是否受到过学业警示的影响不显著。推测为高中学业表现更好的学生,在大学也将有一定的学习优势。最后,分析学生单科成绩对各个因变量的影响时发现,语文薄弱的学生课程平均分数显著负影响,其系数为-3.355 153且在0.01水平上显著,同时语文薄弱的学生也更容易出现挂科现象,其系数是1.325 166,在0.05水平上显著。推测相比于数学成绩与英语成绩,在语文成绩上极端薄弱的学生更容易出现学业失败的现象。课程平均分数、总挂科次数、学业警示回归结果分别如表5.13、表5.14和表5.15所示。

表5.13 课程平均分数回归结果

平均分数	Coef.	Std. Err.	t	P>t	[95% Conf.	Interval]
性别	−1.627 257	0.229 687	−7.08	0.000	−2.077 484	−1.177 03
是否书院制培养	0.326 697 2	0.210 843 9	1.55	0.121	−0.086 583 1	0.739 977 5
是否转过专业	1.465 485	0.204 552 9	7.16	0.000	1.064 525	1.866 444
是否汉族	2.598 558	0.294 881 1	8.81	0.000	2.020 539	3.176 577
是否专项计划	−2.243 475	0.312 462 7	−7.18	0.000	−2.855 958	−1.630 993
数学低于90	0.283 296 1	0.902 777 7	0.31	0.754	−1.486 308	2.052 9
英语低于90	−0.933 71	1.075 649	−0.87	0.385	−3.042 173	1.174 753
语文低于90	−3.355 153	1.153 822	−2.91	0.004	−5.616 848	−1.093 458

续表

平均分数	Coef.	Std. Err.	t	P>t	[95% Conf.	Interval]
高中层次	0.457 962 5	0.215 936 8	2.12	0.034	0.034 688	0.881 236 9
文理科	−3.291 274	0.309 606	−10.63	0.000	−3.898 157	−2.684 392
_cons	76.046 37	0.579 603 9	131.20	0.000	74.910 24	77.182 49

表5.14 总挂科次数回归结果

挂科次数	Coef.	Std. Err.	t	P>t	[95% Conf.	Interval]
性别	0.585 267 3	0.113 227 6	5.17	0.000	0.363 321 1	0.807 213 5
是否书院制培养	−0.930 759 2	0.113 437	−8.21	0.000	−1.153 11	−0.708 408 7
是否转过专业	−1.082 083	0.100 837 3	−10.73	0.000	−1.279 742	−0.884 424 4
是否汉族	−1.174 851	0.145 366	−8.08	0.000	−1.459 795	−0.889 908 4
是否专项计划	0.504 596 9	0.154 033 1	3.28	0.001	0.202 664 8	0.806 529
数学低于90	0.794 252 5	0.445 037 5	−1.78	0.074	−1.666 605	0.078 099 9
英语低于90	0.794 276 9	0.530 257 1	1.50	0.134	−0.245 121 1	1.833 675
语文低于90	1.325 166	0.568 793 3	2.33	0.020	0.210 23	2.440 101
高中层次	−0.310 030 9	0.106 449 2	−2.91	0.004	−.518 690 3	−0.101 371 5
文理科	1.421 909	0.152 624 8	9.32	0.000	1.122 737	1.721 08
_cons	3.311 666	0.285 724 3	11.59	0.000	2.751 596	3.871 736

表5.15 学业警示回归结果

是否警示	Odds ratio	Std. Err.	z	P>z	[95% Conf.	Interval]
性别	1.504 862	0.119 894 4	5.13	0.000	1.287 302	1.759 192
是否书院制培养	0.944 390 6	0.058 513 9	−0.92	0.056	0.836 395 5	1.066 33
高考分数	0.872 409 4	0.081 328 5	−1.46	0.143	0.726 723	1.047 302
是否转过专业	0.681 090 3	0.046 004 3	−5.69	0.000	0.596 637	0.777 497 8
是否汉族	0.516 317 6	0.041 155 6	−8.29	0.000	0.441 639 4	0.603 623 4
是否专项计划	1.322 852	0.114 302 9	3.24	0.001	1.116 765	1.566 969
数学低于90	1.429 337	0.420 292 1	1.21	0.224	0.803 232 8	2.543 477
英语低于90	1.218 79	0.459 891 6	0.52	0.600	0.581 756	2.553 387
语文低于90	1.157 85	0.436 105 4	0.39	0.697	0.553 409 4	2.422 469
高中层次	0.835 723 9	0.059 816 5	−2.51	0.012	0.726 337 6	0.961 583 8

续表

是否警示	Odds ratio	Std. Err.	z	P>z	[95% Conf.	Interval]
文理科	4.152 622	0.604 185 1	9.79	0.000	3.122 316	5.522 908
_cons	0.066 012 3	0.013 560 2	−13.23	0.000	0.044 133 8	0.098 736 6

5.2.4 学业表现影响因素PSM分析

上述回归模型未能完全控制相关因素，难以涵盖同时影响本科生入学考试成绩和本科生学业表现的协变量。本科生阶段的学业表现可能受到该学生性别、高考分数、文理科、高中层次等因素影响而产生内生性问题，因此，采用反事实模拟状态下对处理效应的PSM倾向得分估计，以有效消除混杂因素产生的选择性偏差。书院制培养与各个因素关系如表5.16所示。

表5.16 书院制培养与各个因素关系

书院制培养	Coef.	Std. Err.	z	P>z	[95% Conf.	Interval]
性别	0.037 366 7	0.026 446 5	1.41	0.158	−0.014 467 4	0.089 200 8
招生类别	0.154 530 6	0.035 992 5	4.29	0.000	0.083 986 7	0.225 074 6
高考分数	−.014 427 5	0.012 432 1	−1.16	0.246	−0.038 793 9	0.009 939
文理科	0.055 114 1	0.035 576 1	1.55	0.121	−0.014 613 9	0.124 842
高中层次	0.129 118 3	0.025 478 7	5.07	0.000	0.079 180 9	0.179 055 7
_cons	0.622 066 1	0.053 030 9	11.73	0.000	0.518 127 4	0.726 004 8

本研究中将所有样本群体分为采用书院制培养后学生组与书院制培养前学生组。从对照组中挑选出一个与实验组各种特征均相似的个体进行匹配，从而比较那些其他特征相似，只有"是否书院制培养"这一因素不同的学生在学业表现上的差异。

采用最近邻匹配法后影响效应结果表明，在有关学业表现的三项变量中，书院制培养与非书院制培养的学生差异均显著。第一，在所有课程平均分上，书院制培养的学生平均分数为81.918 539 9分，非书院制培养的学生平均分为81.3分，且t值为2.92，影响显著。在控制各个影响变量后，书院制培养的学生在课程平均分数上显著高于非书院制培养的学生，二者之间有0.6分的分数差。第二，在总挂科次数上，书院制培养的学生平均总挂科次数为2.3次，非书院制培养的学生平均总挂科次数为3.6次，$t=-10.47$，表明书院制培养的学生在PSM模型中比非书院制培养的学生要少约1.3次，且结果显著。第三，在探究是否受到过学业警示来看，书院制培养的学生平均比例为11.0%，非书院制培养的学生平均比例为12.7%，$t=3.32$，表明在严重学业失败上，书院制培养的学生群体的比例也要少于非书院制培养的学生群体，且效应显著。

PSM倾向得分匹配模型需要在运用过程中满足条件独立假设，保证匹配前后的书院制培养学生组与非书院制培养学生组不存在明显系统差异。需要在分配后进行平衡性检验，采用近邻匹配的方式对各变量进行平衡性检验，结果如表5.17所示，所有变量在匹配后均值接近，且标准偏差在匹配后大幅降低，匹配后的所有其他变量的标准偏差均控制在小于5%的水平上，且在匹配后，性别、招生类别、高中层次三个变量的t值均不拒绝高分组与低分组无系统差异的原假设。只有文理科类型这一变量t值为0.093，因此，可以认为该匹配平衡性得到了较好控制。PSM倾向得分匹配模型平衡性检验如表5.18所示。

表5.17 书院制培养与各学业表现PSM倾向得分匹配模型

学业表现类别	Sample	Treated	Controls	Difference	S.E.	T
平均分数	Unmatched	81.918 539 9	81.313 485 6	0.605 054 229	0.207 416 354	2.92
	ATT	81.918 539 9	81.270 462 2	0.648 077 685	0.459 657 047	1.41
总挂科次数	Unmatched	2.254 266 21	3.404 787 81	−1.150 521 6	0.109 885 742	−10.47
	ATT	2.254 266 21	3.588 827 02	−1.334 560 8	0.291 915 37	−4.57
是否受到过学业警示	Unmatched	0.109 933 537	0.124 047 878	−0.014 114 341	0.006 031 775	3.34
	ATT	0.109 933 537	0.127 267 828	−0.017 334 291	0.013 159 935	3.32

表5.18 PSM倾向得分匹配模型平衡性检验

变量	是否匹配	处理组均值	控制组均值	%bias	t	$p>|t|$
性别	匹配前	0.697 59	0.679 54	3.9	2.06	0.040
	匹配后	0.697 59	0.700 29	−0.6	−0.44	0.661

续表

变量	是否匹配	处理组均值	控制组均值	%bias	t	p>|t|
招生类别	匹配前	0.126 64	0.103 37	7.3	3.75	0.000
	匹配后	0.126 64	0.126 28	0.1	0.08	0.936
高考分数	匹配前	4.622 5	4.625 5	−0.3	−0.15	0.878
	匹配后	4.622 5	4.616 6	0.6	0.42	0.674
文理科	匹配前	0.825 22	0.809 58	4.0	2.15	0.032
	匹配后	825 22	0.816 6	2.2	1.68	0.093
高中层次	匹配前	0.295 67	0.258 43	8.3	4.33	0.000
	匹配后	0.295 67	0.298 28	−0.6	−0.43	0.671

5.2.5 书院制培养对学业表现影响的双重差分分析

采用最近邻匹配法后影响效应结果，根据回归与PSM的分析结果，本研究进一步在DID模型中选取的协变量有三个：学生性别、学生文理科、高考分数。从而控制生源、学生特征以及专业特征所带来的影响效应。根据DID模型结果可知：第一，随着学年的变化，所有样本的学生平均分相比于大一均有所提高，书院制改革后的本科生大二的平均成绩比书院制改革前的学生高0.459分。但是，treat*time的交互项DID值系数为负显著，说明在进入大二专业分流后，两个样本组的学生平均分差距相比于大一有所减小。也就是说，大二确定专业后打击了书院制学生的学习积极性。第二，从年挂科次数上来看，进入大二后专业课学习难度增加，学生的总挂科次数在上升，但是书院制改革后的学生在大二阶段挂科次数的上升没有书院制改革前的学生上升那么快。双重差分分析如表5.19所示。

表5.19 双重差分分析

	成绩	平均挂科率	年挂科次数
treat*time	−1.870***	0.002 91	−0.243***
	(0.221)	(0.002 49)	(0.049 6)
time	0.777***	0.0167***	0.522***
	(0.111)	(0.001 23)	(0.030 8)

续表

	成绩	平均挂科率	年挂科次数
treat	0.459***	0.018 1***	0.327***
	(0.131)	(0.001 51)	(0.029 3)
sex	−2.421***	0.015 3***	0.349***
	(0.129)	(0.001 45)	(0.026 9)
major	−0.811***	0.006 39***	0.272***
	(0.160)	(0.001 76)	(0.028 9)
gaokao	1.162***	−0.010 5***	−0.090 7***
	(0.155)	(0.001 77)	(0.024 2)
Constant	80.38***	0.038 0***	0.370***
	(0.416)	(0.004 66)	(0.066 5)
Observations	401 75	401 75	401 75
R-squared	0.018	0.017	0.017

注：*** $p<0.01$

5.2.6 研究结论检验

上述研究结论虽然显示出书院制改革对本科生学业表现存在正向影响，但该种影响是否是由生源质量提升造成？近年来H大学由于书院制改革和学校综合发展较好，高考招生分数段出现提升，为此，本研究尝试进一步剥离生源质量对研究结论的可能影响。

由于在书院制改革过程中，生源质量也在随之提升，这体现在H大学在多个省市自治区最低录取分数的上涨以及招生位次的提升。为厘清上文中学生学业表现改变究竟是由培养模式改革还是由生源质量提升所带来的，在研究中控制省市自治区以及高考分数这两个变量，考察同一生源地且高考同分段学生在书院制改革前后的各门课程的学业表现变化情况。

在省份选取上，根据生源地排名，H大学在2015—2020年录取人数最多的生源地是北京市，共有2 060名学生，第二是河南省，共有1 303名学生，第三是河北省，共有1 260名学生。因此主要研究样本也以北京市学生群体为主，同时为使研究结果更具可信性，将河南省与河北省学生样本数据作为后续检验。考虑H大学类型特殊性，文科类学生样本过少，且理工类专业学生课程成绩更具可比性，因此在分析中仅选取理工类专业学生样本作为考察对象。在高考分数控制中，根据H大学2015—2020年在北京市的录取分，以5分为一小段，从640分到674分共分为7段，每一段中均包含书院制改革前以及书院制改革后的学生，同一分段学生可近似认为生源质量无明显差异。2015—2020年各省招生人数如表5.20所示。

表5.20　2015—2020年各省招生人数

生源地省市自治区	2015—2020年招生总人数（从高到低排列）
北京	2 060
河南	1 303
河北	1 260
山东	1 105
湖南	970
云南	950
山西	926
……	……

研究发现，在控制高考分数的情况下，书院制改革后学生的均分总体仍呈现提升趋势，且书院制培养环境下对高分段学生的促进作用更为明显。第一，书院制培养后的学生群体随高考分数的提升，学业总均分有着明显的提升，高分段学生在书院制环境下竞争意识得到激发，高考分数与大一学业总均分一致性更强，而这一趋势在书院制改革前的学生群体中并未得到体现。第二，随着生源质量的提升（高考分数增加），书院制改革前后学生的差异进一步扩大。生源质量与书院制培养模式两个因素相互影响，共同促进本科生的学业表现。第三，书院制培养模式下呈现出一种极化作用，可以看到670～674分的高分学生均分提升最大，为6.85分，但是640～644分学生在书院制培养后均分反而下降了3.64分，因此，在书院制竞争环境下需要保护好小部

分学生的学习动机。北京市理科专业学生书院制改革前后同分段学生学业表现情况如图5.20所示。各分段学生书院制改革前后均分差异如表5.21所示。

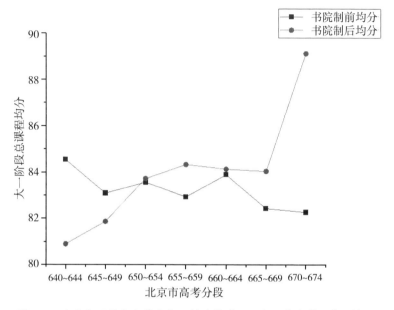

图5.20　北京市理科专业学生书院制改革前后同分段学生学业表现情况

表5.21　各分段学生书院制改革前后均分差异

高考分段	书院制前总均分	书院制后总均分	均分提升
640～644	84.54	80.90	−3.64
645～649	83.09	81.87	−1.22
650～654	83.56	83.72	0.16
655～659	82.93	84.33	1.40
660～664	83.89	84.13	0.24
665～669	82.43	84.04	1.61
670～674	82.27	89.12	6.85

为更精细化研究学生的学业表现情况，本研究选取部分核心课程成绩进行单独分析。挑选过程中，首先剔除通识思政类的课程，之后根据选课人数依次排列，并将课程分为数学类、物理类、外语类及其他，具体如表5.22所示。选取人数最多的物理类课程为"物理实验BⅠ"，共1 068名学生，人数

最多的数学类课程为"工科数学分析Ⅰ",共753名学生,选取人数最多的外语类课程为"学术用途英语一级",共902名学生。因此将这三门课程作为物理、数学、外语类的代表课程来分析,结果显示,书院制培养后各高考分段学生中,数学分析与物理实验两门课程均分都有提升,且提升幅度大于所有课程总均分提升幅度。在工科数学分析中,最高分段学生群体甚至有在书院制改革后均分提升超过10分的现象。同时,外语类课程提升幅度相对较小,总体变化不大。推测书院制改革后,收益最大的学科是理工类核心课程,无论高考分数的分布如何,学生在书院制培养后学业表现均有所提升。同分段北京生源理科学生"工科数学分析Ⅰ""物理实验BⅠ""学术用途英语一级"均分差异如表5.23~表5.25所示。各分段重点课程均分提升情况如图5.21所示。

表5.22 大一课程选课人数

课程名称	课程类型	学习课程人数（从高到低排列）
物理实验BⅠ	物理类	1 068
学术用途英语一级	外语类	902
学术用途英语二级	外语类	850
大学物理AⅠ	物理类	772
工科数学分析Ⅰ	数学类	753
工科数学分析Ⅱ	数学类	744
知识产权法基础	其他	743
线性代数A	数学类	486
…	…	…

表5.23 同分段北京生源理科学生"工科数学分析Ⅰ"均分差异

高考分段	书院制前	书院制后	均分提升
640~644	80.28	81.64	1.36
645~649	79.24	86.71	7.47
650~654	77.50	86.13	8.63
655~659	79.42	85.15	5.73
660~664	84.92	85.96	1.04
665~669	75.37	88.00	12.63

表5.24　同分段北京生源理科学生"物理实验B Ⅰ"均分差异

高考分段	书院制前	书院制后	均分提升
640～644	85.53	89.69	4.16
645～649	84.79	86.05	1.26
650～654	84.61	86.31	1.70
655～659	84.56	89.00	4.44
660～664	85.60	86.23	0.63
665～669	83.89	88.91	5.02
670～674	84.20	89.67	5.47

表5.25　同分段北京生源理科学生"学术用途英语一级"均分差异

高考分段	大类培养前	大类培养后	均分提升
640～644	83.95	84.58	0.63
645～649	83.96	85.24	1.28
650～654	83.88	81.28	−2.60
655～659	83.88	81.37	−2.51
660～664	82.94	83.15	0.21
665～669	81.39	82.64	1.25
670～674	80.76	84.00	3.24

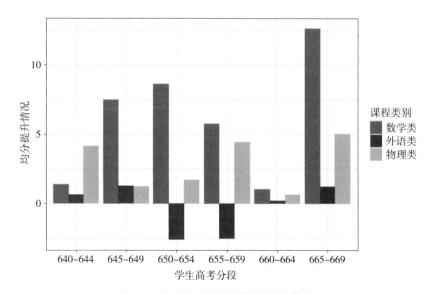

图5.21　各分段重点课程均分提升情况

为验证结果的稳健性，选取河南省理科生源学生与河北省理科生源学生进行总均分的比较，结果发现，二者的变化趋势均与北京市生源学生相一致，具体如表5.26和表5.27所示。总体均分上升，且随着生源质量提升，书院制培养对学生学业表现存在影响，且对高分段学生的有效影响大于低分段学生。因此可以说明，在相同省份、高考分数接近的情况下，书院制培养后低分段学生总均分下滑，但中高分段学生整体优于改革前。河南省、河北省生源学生书院制改革前后大一学年均分线如图5.22和图5.23所示。

表5.26 河南省理科学生书院制改革前后总均分差异

高考分段	改革前总均分	改革后总均分	均分差
630~634	83.54	80.75	−2.79
635~639	81.43	80.60	−0.83
640~644	82.41	82.71	0.30
645~649	83.99	84.63	0.64
650~654	83.41	83.93	0.52

表5.27 河北省理科学生书院制改革前后总均分差异

高考分段	改革前均分	改革后均分	均分差
655~659	83.57	79.33	−4.24
660~664	82.15	80.42	−1.73
665~669	82.68	84.07	1.39
670~674	81.72	85.82	4.10
675~679	83.44	84.17	0.73
680~684	82.50	83.68	1.18

第 5 章 书院制改革本科生学业表现成效评测

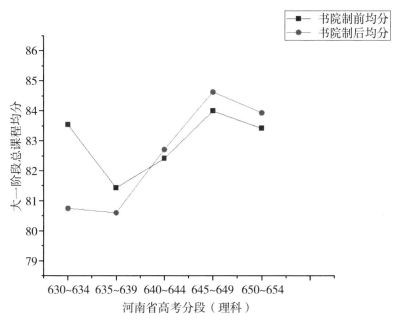

图5.22 河南省生源学生书院制改革前后大一学年均分线

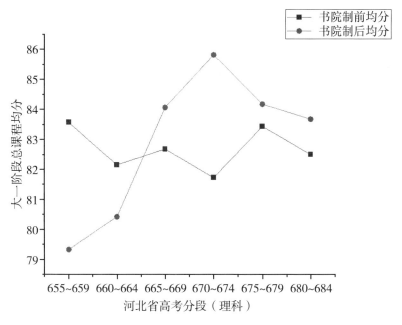

图5.23 河北省生源学生书院制改革前后大一学年均分线

155

5.3 本章小结

本章的相关分析和回归模型分析显示，书院制改革对大学生学业表现具有积极影响。"是否书院制改革"与学生学业表现三个变量均呈显著相关关系。这说明书院制改革前后，学生课程成绩出现了显著变化，书院制改革对学生课程均分有正影响。此外，书院制改革与学生挂科次数、是否受到过学业警示等则呈显著负相关关系，说明书院制改革下对落后学生的学业表现提升效果明显。从回归模型来看，在加入各类可能影响大学生学业表现的影响因素之后，虽然显示出书院制改革对本科生平均课程成绩的影响并不显著，但是在挂科次数与是否受到过学业警示方面有着明显的作用。说明书院制改革之后，学生的挂科次数、学业警示率等明显降低，书院制改革对大学生学业表现仍然表现出显著的正向作用。

通过回归分析、PSM模型分析发现，书院制改革前和改革后的学生群体在学业表现上差异显著，书院制改革后的学生群体的整体均分明显好于书院制改革前的学生群体，而学业失败的现象相对减少，可以看出总体上书院制改革带来的正向影响大于负向影响。同时也能从模型中发现，性别、高考分数、招生批次、是否转过专业等因素均对学生学业表现有着显著影响。为了控制学业均分"通货膨胀"以及生源差异所带来的影响，将书院制改革下大二专业分流这一关键节点纳入研究分析中，采用PSM-DID双重差分模型分析，发现大一大二阶段的学习过程中，书院制改革后的学生群体在均分上有显著的提升，并且DID的交互效应显示，无论是在学业表现还是在学业失败上，二者之间的差异均在减少，这一结果表明，书院制改革对学生在大一阶段的课程成绩影响更大，在进入大二专业分流后，书院制改革前后的学生群体均分差异开始缩小，在进入大二后，虽然两个群体学生挂科次数均有所增加，但书院制学生总挂科次数比非书院制培养的学生上升得更缓慢，这说明在经过大一的大类培养后，书院制学生对专业的认识更为充分，基础更为扎实，学业失败率也显著降低。

本研究主要有以下发现：一是书院制改革后，学生在大一阶段整体均分提升明显，但是不能排除整体课程评分制度放宽、分数"通货膨胀"的可能性。在分数的分布上表现出标准差增大的现象，高分段学生比例明显增加，与此同时，学业失败的现象有所缓解，受到过学业警示的学生数量有一定减少，且严重程度降低。由此可以推测，书院制改革后，改变了以往学生在高考结束进入大学后学习态度消极而产生的各类问题，为了在大二进入心仪的专业学习，学生学习的主动性得到激励，体现在学业表现中的成绩提高与挂科率下降。二是专门细化比较各学期选课人数较多的"核心课程"，发现在核心必修课上学业表现的提升变化较总体成绩提升更为显著，说明本科生在学习过程中把重心更多地放在学分以及绩点权重更高的必修课上，因此，书院制改革后学生在核心课程上的表现更为突出。三是体育成绩以及家庭背景均对本科生的学业表现有明显影响。学生体育能力对学业成绩有促进作用，同时家庭社会地位越高的学生，学业失败的概率越低。

本章研究发现，H大学书院制改革前后，大学生全面发展取得积极成效。通过对学生学习大数据的分析可以发现，从书院制改革前（2015—2017年）、书院制改革后（2018—2020年）各三年数千门课程成绩的总体平均分来看，改革后分数高于改革前，除2020年因疫情影响学业表现分数存在部分科目波动外，改革后各年级平均学业表现，基础物理、数学等科目，高挑战度科目等大学生学业表现都得到提高，与此同时，大学生学业失败率则不断下降。

当然，本章的实证分析也发现H大学书院制改革在大学生全面发展领域也存在若干问题，应引起改革者的高度重视。第一，在H大学生源质量总体水平不断上升、书院制本科生学业表现不断提高的同时，也显示出H大学本科生群体之间的方差不断拉大，优秀生与学业困难学生之间的差距增加，可能的原因是书院制改革过程中某些制度设计对学业基础薄弱或学习能力不足者，教育补偿不够，还可能是因为教育评价制度发生改变之后，生源质量方差拉大，数据分析显示，这种方差存在于生源、学业表现等多个方面，并在书院制改革后各年度中间不断加大，应引起足够重视。第二，疫情对大学生学业表现有一定影响。由于2020年的疫情，相关课程和测试改为线上进行，本研究数据分析发现，这导致书院制本科生学业表现出现一定程度的波动，在线教育如何进一步提高质量、在线教育如何科学进行学业表现评价、新时期书院制改革如何与在线教育深度融合等问题应引起足够重视。类似问题本研究在第六章、第七章还将进一步讨论。

大学生学业表现的影响因素有很多，其中生源质量本身是最主要的影响因素之一。为此本研究还进一步检验了大学生学业表现进步是否是由生源质量提升导致的，结果发现，排除生源质量因素，书院制改革仍然显著影响大学生学业表现，说明二者之间的正向影响关系确实存在。当然其他因素也可能影响大学生学业表现，比如"分数通货膨胀"问题，等等。由于技术手段、数据来源和研究能力的限制，本研究无法逐一进行排除，这也是本研究的不足之一。

第 6 章
CHAPTER 6

书院制改革本科生非学业表现成效评测

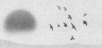

第5章基于双重差分法的实证分析评测书院制改革前后H大学本科生学业表现，呈现出书院制改革对人才培养成效在学业表现方面具有积极影响。本章主要介绍书院制改革前后非学业表现的各类变化和规律。本研究基于前期文献综述，共提取出16项考察非认知能力的指标体系，通过发放间隔3年的两次调查问卷，分析本科生非学业表现成效。同时本研究继续遵循了双重差分法的基本思想，运用描述性统计、回归分析等多种方法试图考察书院制改革前后大学生非认知能力的发展变化情况。

6.1 书院制人才培养非学业表现评价

6.1.1 研究方法与数据来源

为有效研究学生的全面发展情况，本研究分别于2019年、2022年对2018级本科生（第一批全员书院制学生）发放调查问卷，评估H大学书院制人才培养运行成效。评估内容包括：本科学生核心素养能力调查，学校专业大类改革、书院活动、导师制、社区等书院制育人改革措施对学生核心素养能力的影响。借助描述性统计、回归分析、广义双重差分模型等多种方法分析书院制培养对学生非学业表现的影响。

1. 问卷设计

本研究自行设计"H大学书院制理念下学生全面发展情况调查问卷"，问卷设计过程中参考了《香港浸会大学全人发展量表》，以及齐克林的大学生自我同一性发展理论相关量表。问卷主体框架围绕学生全面发展的相关文献梳理，以及《H大学大学生素质拓展指导纲要（试行）》对本科生非认知能力的评估指标进行了设计。

问卷内容首先了解H大学书院制育人改革的各类具体举措、第二课堂教育模块涉及的活动内容、导师制,以及书院社区、专业大类培养等。其次,问卷调查了H大学各书院学生的非学业表现,主要以基于理想信念、社会责任、科学素养、人文底蕴、国际视野、自我管理、创新能力、健康生活核心素养为主的16项能力指标衡量。

最后,问卷还了解了人口学特征以及家庭、高中教育、高考排名等信息,包括学生性别、年龄、生源地(基础教育水平)、政治面貌、专业背景、高中学校、入学时省排名等。问卷编码单如表6.1所示。

表6.1 问卷编码单

核心问题		题号	问题	问题摘要	次级问题摘要
基础信息	入学前学生基础信息A	4	生源省份	生源省份	–
		5	高中学校类型	高中学校类型	–
		6	高考录取方式	高考录取方式	
	入学后学生基础信息B	1	学号	学号	–
		2	性别	性别	–
		3	政治面貌	政治面貌	–
		7	目前学院/书院身份	学院和书院身份确定	–
		8	所在学院	目前所在学院	–
		9	所在书院	目前所在书院	–
		31	毕业后规划	你目前的毕业规划	
		32	生活目标	下列大学生活目标对你有多重要?	32-①完成学业后,为社会做贡献;32-②了解和认识自我;32-③知道想成为什么样的人;32-④获得优异的课程成绩;32-⑤对某一专业领域有深层理解;32-⑥升学(读研);32-⑦明确未来发展方向;32-⑧获得友谊
认知能力	课程学习情况	10	学习成绩满意度	你对自己目前的学习成绩状态是否满意?	

续表

核心问题		题号	问题	问题摘要	次级问题摘要
认知能力	课程学习情况	11	努力学习原因	哪三个因素激发你努力学习？	11-①自我要求；11-②课程（或老师）要求；11-③家长要求；11-④老师的支持（如课业辅导、情感支持等）；11-⑤同伴竞争；11-⑥未来发展需要（如留学、保研、就业等）；11-⑦提升自己的能力，实现全面发展；11-⑧其他
		12	学习情况	请根据你本科阶段的情况进行评价：	12-①我了解所学专业对学习者的素质要求；12-②我了解所学专业的就业前景；12-③我对目前所学专业很感兴趣；12-④我乐意从事和所学专业相关的工作；12-⑤我强烈向朋友推荐我的专业；12-⑥我积极参与和专业相关的实践/科研活动；12-⑦我主动与教师/高年级同学沟通专业相关问题；12-⑧我花很多时间在专业学习上；12-⑨所学专业能够发挥我的特长；12-⑩所学专业能够实现我的理想和价值
	专业认知	13	专业了解方式	你是通过哪些方式来了解自己的专业领域的？	
		14	专业学习行为	请根据你的情况进行下列评价：	14-①我了解所学专业对学习者的素质要求；14-②我了解所学专业的就业前景；14-③我对目前所学专业很感兴趣；14-④我乐意从事和所学专业相关的工作；14-⑤我强烈向朋友推荐我的专业；14-⑥我积极参与和专业相关的实践/科研活动；14-⑦我主动与教师/高年级同学沟通专业相关问题；14-⑧我花很多时间在专业学习上；14-⑨所学专业能够发挥我的特长；14-⑩所学专业能够实现我的理想和价值
	大类专业培养认同度	15	大类专业培养认同度	"大类多专业的学习使我得到了多学科、厚基础的锻炼，为我能力提升打下了基础"，对于这句话你的认同度为多少？	
		16		你认为大类培养的优势有哪些？	
		17		你认为大类培养的劣势有哪些？	
	导师制	19	导师互动频率	你与导师每月交流的时间是？	19-①学术导师；19-②学育导师；19-③朋辈导师；19-④德育导师；19-⑤其他导师
		20	导师互动内容	你与下列导师互动的内容有？	20-①学术导师；20-②学育导师；20-③朋辈导师；20-④德育导师；20-⑤其他导师

续表

核心问题	题号	问题	问题摘要	次级问题摘要
认知能力	导师制	21	导师制帮助程度	你认为导师对你的帮助有多大?	21-①学术导师;21-②学育导师;21-③朋辈导师;21-④德育导师;21-⑤通识导师;21-⑥生活导师;21-⑦校外导师
	第二课堂活动	22	课余时间分配	平均每周在各活动中分配时间:	22-①课后自习(写作业、文献阅读等);22-②娱乐(上网、购物、影视娱乐等);22-③校内社团/课外活动;22-④体育健身;22-⑤校内外勤工助学或兼职工作;22-⑥参加学术竞赛("挑战杯"、"大创"、学科比赛等)或开展自主研究;22-⑦参与教师课题研究;22-⑧读书、绘画、手工、演奏乐器等;22-⑨人际交往
		23	课外活动参与度	本科期间,参加活动的频率?	23-①国防知识类讲座、竞赛;23-②党团活动;23-③人文讲座类;23-④志愿服务;23-⑤社会实践;23-⑥科技项目/创新创业讲座、竞赛;23-⑦跑早操;23-⑧学校运动会;23-⑨学生组织/社团工作;23-⑩音乐艺术类活动;23-⑪"三全导师"系列导学活动;23-⑫形势与政策课程/宣讲
	书院社区	24	书院配套社区必要性	你认为大学里为住宿书院配套社区的必要性如何?(1代表非常没必要,7代表非常有必要)	
		25	社区设施利用情况	你平均每周利用书院/学院和学校其他公共设施的频率?(包括:自习室、图书角、党员或社团活动室、交流区、茶咖区、体育馆等)(1代表很少用到;7代表经常用到)	
		26	学校环境帮助程度	书院社区及学校环境设施是否对促进你学习和其他能力提升有帮助?	26-①党建活动室;26-②自习室;26-③科学研讨室;26-④影音室/茶咖室;26-⑤北湖;26-⑥体育馆;26-⑦健身房;26-⑧图书馆;26-⑨宿舍
非认知能力	非认知能力考查	27	焦虑抑郁等情况	本科阶段,你的焦虑抑郁等心理健康状态如何?	

续表

核心问题		题号	问题	问题摘要	次级问题摘要
非认知能力	非认知能力考查	28	与刚入学相比，在各方面的提升程度如何？	与刚入学相比，在各方面的提升程度如何？	28-①爱国情怀与国防观念；28-②对重大政治、社会事件的关心程度；28-③诚信度与社会规范意识；28-④利用现代信息技术获得和处理信息的能力；28-⑤实验操作或实践能力；28-⑥审美与文化修养；28-⑦对国际政治/经济/安全/卫生/文化等的了解；28-⑧通过外刊/国际新闻/外国友人获取信息的能力；28-⑨自我管理与服务能力；28-⑩组织与领导能力；28-⑪人际交往能力；28-⑫清晰有效的口头表达能力；28-⑬批判性思维；28-⑭发现与解决问题的能力；28-⑮想象力与创新能力；28-⑯身体素质；28-⑰抗挫折能力与心理调节能力
		29	个人情况符合程度	请根据你的情况进行判断：	29-①我乐于尝试解决复杂的问题；29-②我喜欢独立思考解决疑难；29-③我乐于钻研那些全新的问题
改进建议	专业分流	18	希望如何分专业	大一入学时你希望进入专业学习的状态？	
	能力提升	30	能力提升方式	今后希望通过何种方式提升个人能力？	
	收获	33	最大收获	经历书院的生活后，你最大的收获是什么？	

2. 问卷发放过程

本研究以H大学书院制模式培养下本科生为研究对象，共发放两次问卷。

第一次问卷发放是在该批学生大一学期末（2019年），共发放问卷3 876份，排除未填写及填写不完整问卷后，回收有效问卷2 583份，回收率为66.64%。

第二次问卷发放是在该批学生大四学期中（2022年），委托各书院辅导员根据第一次投放群体投放，并提醒未填写第一次问卷的学生可不填写第二次问卷。根据学号，跟踪回收同时参与了第一次问卷调查的学生问卷2 364份。其中损失跟踪数据219人次，剔除只参与第二次问卷调查数据53人次。问卷虽通过学号信息尽可能实现前后两次精准投放，但依然无法100%实现对每一名学生的连续追踪，但两次问卷学号重合人数为2 364人，重合率为

91.5%，基本实现了对研究群体绝大多数学生的追踪，研究结果具备纵向开展研究的数据价值。

3. 问卷信度效度分析

问卷信度。"学生学习情况模块"共包含10项试题（Q12），Alpha值总体为0.950，各题项介于0.940~0.950。"导师交流情况模块"共包含5项试题（Q19），Alpha值总体为0.904，各题项介于0.854~0.903。"活动参与情况/课余时间分配情况模块"共包含12项试题（Q23），Alpha值总体为0.908，各题项介于0.894~0.903。"书院社区设施利用情况模块"共包含9项试题（Q26），Alpha值总体为0.878，各题项介于0.856~0.878。问卷信度水平总体较好。

问卷效度。"学生学习情况模块"（Q12）KMO检验的系数结果为0.935，累计方差百分比为67.501%（>60%）。"导师交流情况模块"（Q19）KMO检验的系数结果为0.869，累计方差百分比为72.735%（>60%）。"活动参与情况/课余时间分配情况模块"（Q23）KMO检验的系数结果为0.919，累计方差百分比为60.270%（>60%）。"书院社区设施利用情况模块"（Q26）KMO检验的系数结果为0.864，累计方差百分比为64.482%（>60%）。问卷效度水平较高，因子设置有效。

4. 模型选择

本章侧重评估书院制改革对H大学2018级学生非认知能力的影响，一方面，采用普通Ols回归对书院制培养下，各种可能影响学生非认知能力的因素进行分析，寻找其中关键因素。另一方面，考虑到书院制培养模式对样本所有学生群体同时进行，并且这一政策的强度和效果与学生个体对专业的认同度密切相关，因此可以构建以下广义双重差分模型进一步探究书院制培养对不同学生群体的影响差异：

$$Y_{it} = \alpha_0 + \alpha_1 \text{psi}_i + \alpha_2 \text{post}_t + \alpha_3 \text{psi}_i * \text{post}_t + \alpha_4 X_{it} + \varepsilon_{it}$$

其中，Y_{it}为解释变量，即学生的非学业表现得分，下标i和t分别表示学生和时间，ε_{it}为随机误差项，X_{it}为模型中的控制变量，psi_i代表学生对专业认同度的得分，$post_t$代表时间虚拟变量，在本研究中，第一次问卷调查时$post_t = 0$，第二次问卷调查时$post_t = 1$。交互项$psi_i * post_t$为核心关注重点，表示在书院制培养前后，学生的专业认同度对其非学业表现得分的影响。

5. 变量设定

以学生非学业表现为主要因变量，在第二次问卷调查中增加了一个因变量——创新能力表现。两次问卷均通过以下16项指标去衡量：①爱国情怀与国防观念；②对重大政治、社会事件的关心程度；③诚信度与社会规范意识；④自我管理与服务能力；⑤审美与文化修养；⑥批判性思维；⑦利用现代信息技术获得和处理信息的能力；⑧发现与解决问题的能力；⑨实验操作或实践能力；⑩组织与领导能力；⑪知识面与视野；⑫想象力与创新能力；⑬身体素质；⑭抗挫折能力与心理调节能力；⑮人际交往能力；⑯清晰有效的口头表达能力。每个问题均为7分制，最后取总分代表学生非学业表现得分，分值范围为0~112分。创新能力表现通过3个问题去衡量，分别是：①我乐于尝试解决复杂的问题；②我喜欢独立思考解决疑难问题；③我乐于钻研那些全新的问题。

问卷中各个自变量如下：性别；政治面貌；专业认同度（包含10个问题：①我了解所学专业对学习者的素质要求；②我了解所学专业的就业前景；③我对目前所学专业很感兴趣；④我乐意从事和所学专业相关的工作；⑤我强烈向朋友推荐我的专业；⑥我积极参与和专业相关的实践/科研活动；⑦我主动与教师/高年级同学沟通专业相关问题；⑧我花很多时间在专业学习上；⑨所学专业能够发挥我的特长；⑩所学专业能够实现我的理想和价值）；课后活动积极性（包含14个问题：①国防知识类讲座、竞赛；②党团活动；③百家大讲堂；④志愿服务；⑤社会实践；⑥科技项目/创新创业讲座、竞赛；⑦跑早操；⑧学校/书院新生运动会；⑨学生组织/社团工作；⑩"一二·九"系列活动；⑪新生素质拓展；⑫心理健康节；⑬"三全导师"系列活动；⑭形势与政策课程/宣讲）；本科期间心理健康状态及学习态度各项目得分总和（包含7个问题：①课堂上主动提问或回答问题；②课前预习，课后复习；③主动参与小组合作学习或课堂讨论；④利用图书馆资源开展学习活动；⑤课后主动与老师或同学讨论专业相关问题；⑥主动参加学术讲座和学习类社团活动；⑦自觉参加跨学科或跨专业选修课程）；与学术导师平均每月交流时间等社交能力得分总和［包含6个问题：①即使别人反对你的观点，你也有办法说服他人；②会从回馈社会的角度来考虑自己的生活；③喜欢主动交朋友；④经常与来自其他国家的老师、同学互动；⑤在做决策时，基本听从重要人物（老师、家人）的意见；⑥在遇到挫折或情绪低落时，能自我调节或主动找朋友/家人倾诉］。大四学期中问卷调查模型变量如表6.2所示。

表6.2 大四学期中问卷调查模型变量

变量类型	变量名	处理方式
因变量	非学业表现	连续型变量，17个矩阵量表得分总和
	创新能力表现	连续型变量，3个矩阵量表得分总和
自变量	性别	二分类变量，男=1，女=0
	政治面貌	二分类变量，党员或者预备党员=1，其他=0
	专业认同度	连续型变量，10个矩阵量表得分总和
	本科期间心理健康状态	连续型变量，得分在1（非常不健康）到7（非常健康）
	与学术导师平均每月交流时间	等级型变量，2小时以内（含2小时）=1，2~4小时（含4小时）=2，4~6小时（含6小时）=3，6小时以上=4
	课后活动积极性	连续型变量，12个矩阵量表得分总和

6.1.2 书院制改革前后大学生非学业表现变化

1. 书院制改革前后大学生非学业表现总体对比

本研究通过问卷调查方法，先后在大一、大四两次对2018级书院制本科生进行问卷调查，旨在考查学生从入学到毕业非学业表现情况。两次调查主体部分高度一致，可视为问卷调查。非学业表现各项提升情况占比如表6.3所示。两次问卷调查不同书院学生非学业表现如图6.1所示。

表6.3 非学业表现各项提升情况占比

	完全没提升	不提升	不太提升	一般	较提升	提升	非常提升
爱国情怀与国防观念	2.9%	1.4%	3.5%	13.7%	16.5%	22.8%	39.3%
重大政治、社会事件的关注程度	2.1%	1.9%	3.1%	13.3%	18.3%	23.0%	38.3%
诚信度与社会规范意识	2.1%	1.0%	2.9%	13.4%	17.6%	23.9%	39.1%
利用现代信息技术获得和处理信息的能力	1.2%	1.2%	1.9%	11.7%	16.5%	25.8%	41.7%
实验操作或实践能力	2.2%	1.8%	3.9%	15.5%	19.8%	21.6%	35.3%
审美与文化修养	3.0%	2.5%	4.6%	18.5%	19.9%	22.1%	29.4%
知识面与视野：对国际政治、经济、安全、卫生、文化等了解程度	1.9%	2.0%	4.3%	17.1%	20.7%	22.8%	31.1%
知识面与视野：通过外刊、国际新闻或外国友人获取信息的能力	3.3%	3.0%	6.2%	18.9%	18.8%	19.9%	29.9%
自我管理与服务能力	2.0%	1.8%	3.3%	15.5%	21.8%	24.4%	31.3%
组织与领导能力	3.1%	2.2%	4.7%	20.3%	20.8%	20.4%	28.5%
人际交往能力	2.9%	2.0%	5.9%	16.9%	22.2%	20.9%	29.1%
口头表达能力	2.5%	1.8%	5.6%	18.8%	23.6%	21.7%	26%
批判性思维	1.7%	1.5%	3.0%	14.8%	22.4%	26.4%	30.3%
发现与解决问题	1.5%	1.6%	2.7%	15.8%	23.2%	25.0%	30.2%
想象力与创新能力	2.6%	1.9%	5.3%	20.8%	22.4%	20.3%	26.7%
身体素质	7.2%	5.7%	10.2%	21.3%	19.8%	17.7%	18.1%
抗挫折能力与心理调节能力	2.3%	1.5%	3.9%	16.6%	19.6%	25.1%	31.0%

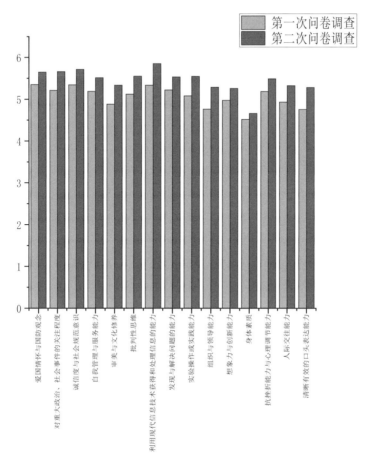

图6.1 两次问卷调查不同书院学生非学业表现

从各项能力变化水平来看，提升幅度最大的前三位分别是：清晰有效的口头表达能力、组织与领导能力、利用现代信息技术获得和处理信息的能力。各平均分提升了0.53、0.52、0.51分。说明在书院制改革环境下学生这类能力得到了很好的提升。

提升幅度相对较小的分别是：爱国情怀与国防观念、想象力与创新能力、身体素质。身体素质这一考察指标，无论是哪一次问卷调查，都处于所有能力中评分最低的项目。这暴露出H大学教育活动中对学生身体素质的关注不够，重学业而轻视体育锻炼问题仍然突出。此外，学生在想象力与创新能力这一项目上提升幅度也较小，可以认为是H大学在书院制改革过程中，在培养学生创新能力上还有很大提升空间。第一次问卷调查男女非学业表现得分如表6.4所示。第一次问卷调查不同书院学生非学业表现如图6.2所示。

表6.4 第一次问卷调查男女非学业表现得分

书院	男生得分	女生得分
北京书院	88.75	81.95
经管书院	80.60	77.31
精工书院	82.60	81.72
明德书院	76.34	80.63
求是书院	80.58	82.39
睿信书院	81.62	77.29
特立书院	83.11	75.92
知艺书院	90.95	87.17

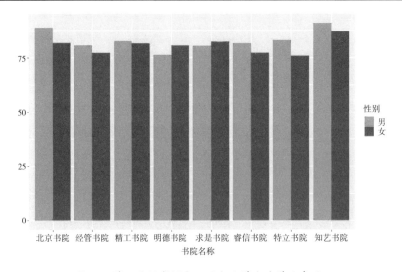

图6.2 第一次问卷调查不同书院学生非学业表现

此外，第二次问卷调查显示，学生在诚信度与社会规范意识，对重大政治、社会事件的关心程度以及爱国情怀与国防观念这三个项目上均有较高得分，得分达到5.71、5.66、5.65分，这在一定程度上说明学生思想政治教育相对较好。第二次问卷调查男女非学业表现得分如表6.5所示。第二次问卷调查不同书院学生非学业表现如图6.3所示。

表6.5 第二次问卷调查男女非学业表现得分

书院	男生得分	女生得分
经管书院	101.00	88.42
精工书院	94.01	95.07
明德书院	90.62	92.56
求是书院	90.47	90.78
睿信书院	93.04	95.47
特立书院	92.11	100.27
知艺书院	100.50	98.74

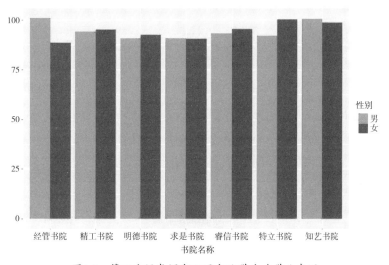

图6.3 第二次问卷调查不同书院学生非学业表现

从书院、性别与能力得分的差异来看，第一次问卷调查中，除了明德书院与求是书院，其余书院学生中男生的非学业表现自评分均要高于女生，其中相差最大的是特立书院，男生在非学业表现自评的平均得分为83.11分，女生的非学业表现自评平均得分为75.92分，相差7.19分。在所有书院中，男女生非学业表现自评分平均得分最高的均是知艺书院，推测艺术生对自身能力更自信且学业以外能力发展更全面，男生非学业表现得分最低的是明德书院，女生得分最低的是特立书院。可见文科男生和理工科女生往往对自己非学业方面能力评价更低。

在大四第二次问卷调查中，精工书院、明德书院、求是书院、睿信书院和特立书院中，女生的非学业表现自评得分均要高于男生，只有知艺书院和经管书院的男生平均分高于女生。在经过书院制改革后，女生在非学业表现上的提升更具优势，其中非学业表现自评得分最高的书院分别是经管书院的男生和特立书院的女生，得分分别是101.00分和100.27分，得分最低的是明德学院的男生和经管书院的女生，分别是90.62分和88.42分。这在一定程度上显示，各书院的学生经过能力培养后，部分理工科女生变得自信，文科男生依然显示出不够自信，经济管理类、艺术设计类专业学生自信表现上男生优于女生。

2. 学生满意度提升

学生满意度是评价教育改革活动的一项关键指标。本研究通过大一、大四两次问卷调查，围绕学生对书院制改革的满意度情况展开了分析，总体结果显示，学生对书院制改革满意度水平较高，对相关改革活动较为认同。2018级学生书院制改革满意度评价饼状图如图6.4所示。

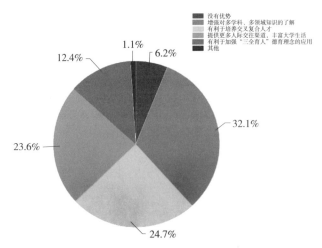

图6.4　2018级学生书院制改革满意度评价饼状图

学习满意度。对2018级学生大一学期末的问卷调查中可知，认为自己成绩已达到预期的共有329名学生，认为自己成绩尚能继续提升的共有2 254名学生。对2018级学生的大四学期进行问卷调查，在衡量对自己学习状态的满意度上采取7分制量表评分,发现该学生群体对自己学习状态的平均评分为4.8分,总体满意度中等偏好,其中非常满意的有244名学生,占比11%。很不满意的有78名学生,占比3%。

专业选择满意度。H大学在书院制改革之前,学生专业选择盲目性较大,过度追逐"热门专业"等问题较为突出。一些学生学习积极性不高,学业表现不达标,学生分流情况较为严重。书院制改革之后,学生先进入书院接受教育,逐步增加了对相关学院和学科专业的认知,降低了专业选择焦虑,也降低了专业选择的盲目性,专业选择环节更加遵循个人爱好,形成了良性的专业选择与大学生发展的互动关系。在被问到"经过暑期专业确认后,你最终专业的录取结果为"时,选择被第一志愿录取的学生共有1 834名,占总体的71%。而被其他志愿录取以及未参加专业确认的学生占总体的29%。在被问到专业选择时考虑的因素符合程度时,最符合的三项分别是"对相关专业学科具有浓厚兴趣""适应国家发展需要""相关专业就业前景好",在符合程度得分上,分别是5.12,5.08和5.07分。说明学习兴趣对大学生来说依然是选择专业的第一考虑因素。此外,书院制培养模式下学生有较强的主人翁意识和家国情怀,非常关注所选专业对国家发展的影响。最后该专业本身的发展前景也是学生在选择时的重点关注点。与此同时,"专业相关成绩较好"与"亲友(老师)强烈鼓励(要求)"分别是考虑因素中得分最低的两项,分别是4.14分和3.65分。可以发现,学生在选择专业时受到外界影响的程度在减小,更多是以兴趣与自己的主观看法为主。专业选择因素占比情况如表6.6所示。

表6.6 专业选择因素占比情况

因素	完全不了解	不了解	不太了解	一般	较了解	了解	非常了解
专业相关成绩较好	1.4%	5.5%	16.9%	29.5%	34.1%	9.2%	3.3%
对相关专业学科具有浓厚兴趣	2.5%	2.5%	7.2%	18.9%	22.7%	24.5%	21.7%
有自信在该学科领域取得成功	2.9%	2.9%	9.6%	23.8%	25.8%	21.7%	13.1%

续表

因素	完全不了解	不了解	不太了解	一般	较了解	了解	非常了解
相关专业就业前景好	2.6%	2.3%	6.1%	19.3%	24.5%	27.5%	17.6%
亲友（老师）强烈鼓励（要求）	14.9%	10.0%	16.9%	24.8%	16.0%	10.9%	6.5%
未来薪酬高	6.1%	5.8%	11.2%	26.6%	24.2%	16.7%	9.4%
适应国家发展需要	2.8%	3.2%	5.7%	20.1%	23.6%	26.0%	18.5%
随意选择	57.7%	15.6%	7.6%	10.6%	4.0%	2.1%	2.4%

专业认知与书院制改革认同度。在"大类多专业的学习使我得到了多学科、厚基础的锻炼，为我能力提升打下了基础"方面（1代表非常不认同，7代表非常认同，下同），总体均分达到4.38分，其中认同度较强的学生（5分及以上）占比达53%。对书院制改革优势的选项上，最多的学生选择了"增强了对多学科、多领域知识的了解"。而对于书院制改革相关劣势的选项中，学生主要认为大一学期的一些课程对自己目前专业学习用处不大，学习课程多且难，使学生很难对自己感兴趣的课程投入更多精力。

书院社区设施利用满意度。学生对住宿书院配套社区的必要性均分为5.3分，显示出绝大多数学生对书院的配套社区给予了肯定。在表达对此不满意的86名学生中，首要理由是搬宿舍比较麻烦，也有部分学生认为书院社区设施不完善，利用率较低。而对社区表示满意的学生主要是因为书院社区增强了学习氛围，融入了集体理念，达到了良性竞争的效果。同时学生也表达了社区在课业之外给予了学生充分的关怀，在未来的书院社区中可获得更多的自主权。同时，在"书院社区及学校环境设施是否对促进学生学习和其他能力提升有帮助"的问题中，得分最高的设施分别为宿舍、图书馆以及北湖，而影音室/茶咖室、自习室、研讨室等社区环境设施的满意度虽然偏向于满意，但由于使用便捷性、普及性等问题，使学生的满意度不如其他的学校公共设施，在今后的书院社区建设中应当充分考虑增加这些附带设施数量以及充分实现宿舍与社区一体化建设，简化学生预约的流程，使学生更好利用这些设施进行学习以及娱乐活动。调查显示，住宿书院配套社区的必要性肯定的声音远远大于否定的声音。但也有学生认为，社区和社区之间的差异很大，有的书院社区全身心为学生服务，可以有一个安静自习的场所，但是有的书院预约十分困难，不能满足绝大部分学生学习使用，优先满足社团或学生组织使用，不能很好地服务于大多数学生。还有一个社区建设场地距离学生宿舍较远，导致使用率不高。部分学生认为只有自习室和研讨室可以促进学习和其他能力的提升。

教师教学满意度。调查显示，书院制本科生总体而言对任课教师教学行为较为满意，这也与H大学教务系统中近年来学生评教分数结果高度吻合。问卷调查显示，针对教师教学行为的喜爱程度，"老师写板书、推导公式"与"组织课堂自由讨论"是满意度得分中最高的两个内容，二者得分分别为5.19分和4.36分。可以看出在面对一些难度较高的理工科课程时，学生更喜欢老师主动去写板书以及推导公式而不是单方面展示，同时学生也更喜欢在课堂上以自由讨论的形式去学习。此外，学生满意程度最低的上课方式是"指导学生参加慕课学习"，满意度得分仅为3.86分，一方面可能是在网课建设上还不够系统化，无法满足学生的学习需求；另一方面，在后疫情时代，提升慕课质量需要得到更多关注。

导师满意度。问卷调查显示，学生对书院制导师制度满意度水平总体偏低。通过三年的学习，大四问卷调查时，仍有近半数学生与学术导师、学育导师每月仅交流0~1小时。在大一第一次问卷调查时，学生们普遍认为最有帮助的是朋辈导师，进入大四后每月交流时间下降到0~1小时的比例达到55.6%。可见，虽然H大学全方位设置了导师，但是总体情况不佳，教师与学生之间的交流不足，学生与导师之间交流的往往是"专业科研或者创新竞赛"问题，针对学生的心理关怀以及生活上的指导较少，甚至有极少数学生表示和各类导师之间毫无交流。具体来看，学生认为学术导师的帮助"从完全没有帮助"到"有很大帮助"占比分别是10.4%、7.4%、7.5%、19.0%、18.0%、16.6%、21.0%，显示出学术导师对本科生有帮助。这与H大学学术导师普遍由两院院士、"长江学者"、国家"杰青"、教学名师等担任有关，这些学术导师普遍具有很强的专业性。虽然如此，仍然有10%的学生认为没有帮助，这可能与上述学术导师事务繁忙、参与学生指导不足有关。此外，学生认为学育导师的帮助从"完全没有帮助"到"有很大帮助"占比分别是8.3%、6.3%、8.6%、20.6%、19.5%、17.0%、19.7%。学生认为朋辈导师的帮助从"完全没有帮助"到"有很大帮助"占比分别是10.1%、8.4%、10.1%、20.5%、18.4%、14.7%、17.8%。学生认为德育导师的帮助"从完全没有帮助"到"有很大帮助"占比分别是10.0%、8.7%、9.7%、22.0%、18.5%、14.3%、16.9%。学生认为通识导师的帮助"从完全没有帮助"到"有很大帮助"占比分别是13.5%、7.1%、9.4%、21.1%、19.1%、13.3%、16.6%。学生认为校外导师的帮助"从完全没有帮助"到"有很大帮助"占比分别是19.7%、10.7%、11.3%、21.7%、13.9%、9.7%、13.0%，具体如表6.7所示。由上述数据可以发现，学生们认为最没有帮助的是校外导师，可能是双方交流见面时间较少，由于疫情更加阻碍了校外导师对学生的指导。而学生认为最有帮助的是学育导师和朋辈导师，可能是因为学育导师参与学生思想引领、学风建设、心理健康等工作，这些工作可以与学生密切地联系在一起。朋辈导师由于是高年级优秀学生担任，可以感同身受，言传身教，学生更加容易产生共鸣，所以在学生的视角下认可度更高，以至于对学生的帮助更大。H大学设置的各类导师中，学术导师对学生的帮助满意度高，德育导师帮助满意度最小。这与上述学生16项能力调查中与学术/学科相关的能力增幅较大，与思想品德能相关的能力增幅较小的结论是一致的。

表6.7 导师帮助情况

导师	完全没有帮助	不帮助	不太帮助	一般	较帮助	帮助	非常帮助
学术导师	10.4%	7.4%	7.5%	19.0%	18.0%	16.6%	21.0%
学育导师	8.3%	6.3%	8.6%	20.6%	19.5%	17.0%	19.7%
朋辈导师	10.1%	8.4%	10.1%	20.5%	18.4%	14.7%	17.8%
德育导师	10.0%	8.7%	9.7%	22.0%	18.5%	14.3%	16.9%
通识导师	13.5%	7.1%	9.4%	21.1%	19.1%	13.3%	16.6%
校外导师	19.7%	10.7%	11.3%	21.7%	13.9%	9.7%	13.0%

3. 学习行为优化

H大学书院制改革，在一定程度上促进了本科生学习行为的优化。一方面，本科生学习主动性有所增强。"主动参加小组合作学习或课堂讨论""利用图书馆资源开展学习活动""课后主动与老师讨论相关问题"这三项内容中，学生的符合程度均超过70%，同时学生学习风气良好，逃课现象极少。数据发现，一半以上的学生不会主动在课堂上提出问题或者回答问题，该现象需要在未来的学习生活中予以关注。学习行为因素占比情况如表6.8所示。

表6.8 学习行为因素占比情况

因素	完全不符合	不符合	不太符合	一般	较符合	符合	非常符合
课堂上主动提问或回答问题	16.1%	16.0%	19.7%	25.0%	12.7%	5.9%	4.7%
课堂预习、课后复习	4.8%	8.9%	18.4%	28.2%	21.0%	12.1%	6.6%
主动参加小组合作学习或课堂讨论	4.9%	6.6%	13.2%	27.8%	24.4%	14.5%	8.8%
利用图书馆资源开展学习活动	6.2%	8.6%	15.1%	23.2%	22.4%	14.3%	10.2%
课后主动与老师讨论相关问题	5.0%	9.1%	14.2%	25.5%	23.4%	13.6%	9.2%
主动参加学术讲座和学习类社团	6.8%	10.6%	16.4%	25.5%	22.5%	11.1%	7.2%
自觉参加跨学科或跨专业选修课程	10.8%	13.3%	16.3%	22.5%	18.0%	11.4%	8.4%
逃课	73.7%	11.6%	4.7%	5.1%	2.1%	0.9%	1.9%
未按时完成作业或草率完成作业	56.4%	19.2%	8.9%	8.5%	3.8%	1.5%	1.8%

此外，书院制本科生主动学习能力提升、学习自信心增强。其中提升最为明显的有以下方面：学生中选择"主动关心重大政治和社会事件"的占比84.4%；"遇到挫折或情绪低落时，能自我调节或主动找朋友/家人倾诉"的占比88.7%。有87%的学生认为自己"能专注做事"，同时有89.3%的学生认为自身能"主动发现问题并尽力解决"。同时，"在作决策时，基本听从老

师、家人等重要人物的意见"仍是部分学生的选择，但是人数比例有所降低。调查显示，大多数学生可以专注做事，制订计划后专注完成，不会被其他外界因素所打扰。85%以上的学生认为自己有不错的美商，对美的事物感知和欣赏能力都是在线的。在创新能力方面，也都很有信心，喜欢探索复杂的新奇的事物。学生们还比较有责任感，希望通过自己的努力来回馈社会，充满爱国之心。但是与人交流方面表现一般，一方面受疫情影响，接触不到来自其他国家的老师、同学，另一方面，来自书院之间、书院与学院之间的同学交流互动也偏少。学年非学业表现情况如表6.9所示。

表6.9　学年非学业表现情况

非学业表现	完全不符合	不符合	不太符合	一般	较符合	符合	非常符合
主动关心重大政治和社会事件	2.7%	3.9%	9.0%	21.6%	23.0%	20.9%	18.9%
能专注做事	1.4%	2.9%	8.8%	21.1%	28.3%	23.9%	13.7%
制订计划后可以认真完成	2.4%	4.1%	14.0%	25.1%	28.4%	15.9%	10.2%
主动发现问题并尽力解决	1.5%	1.9%	7.3%	22.1%	30.2%	24.0%	13.0%
有很强的对美的欣赏与感知能力	2.0%	3.7%	7.8%	19.3%	24.7%	22.8%	19.7%
有信心能够创新性地解决问题	1.3%	3.3%	9.6%	23.7%	26.5%	21.2%	14.4%
即使别人反对自己的观点，也有办法说服他人	1.6%	3.9%	10.1%	26.8%	27.4%	20.0%	10.3%
会从回馈社会的角度考虑自己的生活	1.9%	4.0%	9.1%	23.7%	25.7%	21.8%	13.7%
喜欢主动交朋友	2.7%	4.8%	11.2%	23.1%	21.7%	20.2%	16.3%
经常与来自其他国家的老师、同学互动	18.7%	15.8%	16.7%	18.5%	13.7%	9.2%	7.4%
在作决策时，基本听从老师、家人等重要人物的意见	5.8%	10.6%	17.2%	26.5%	19.8%	13.3%	6.8%
遇到挫折或情绪低落时，能自我调节或主动找朋友/家人倾诉	2.5%	3.0%	5.7%	16.2%	22.9%	27.1%	22.5%

4. 两次问卷相关性分析

通过对2018级学生两次问卷调查得到的非学业表现得分进行相关性分析，发现二者之间存在显著的正相关，且相关系数为0.341 8。而在前文描述性统计中发现第二次调查时学生非学业表现均分相比于第一次有所提高。因此可以综合推断出，学生在刚进入书院时，以及在接受书院制培养教育后，非学业表现存在显著差异，非学业表现的提升，或许在一定程度上与书院制改革影响密切相关。非学业表现得分如表6.10所示。

表6.10　非学业表现得分

非学业表现	第一次调查非学业表现得分	第二次调查非学业表现得分
第一次调查非学业表现得分	1	
第二次调查非学业表现得分	0.341 8*	1

注：* $p<0.1$

6.2　书院制改革前后大学生非学业表现影响因素模型

6.2.1　非学业表现描述性统计与相关性矩阵表

对2018级学生在大一期末各个相关特征进行描述性分析发现，在总分112分的非学业表现得分中，平均值为81.29分，其中最低分为16分，最高分为满分112分。学生课后活动积极性得分平均值为55.09分，最高分与最低分分别为98分与14分。学习态度平均值为28.04分，最高分为49分，最低分为7分。而在社交能力得分上，平均值为36.97分，具体如表6.11所示。从性别上来看，2018级学生中，男生占总体学生的64%，女生占总体学生的36%。农村学生数量较少，仅占总体学生的23%，其余均为城镇生源学生。在政治面貌上，由于第一次问卷调查时，学生还处于大一阶段，预备党员仅占总体的3%，其余均为团员、群众等政治面貌。对2018级学生在大四学期中各个相关特征进行描述性分析发现，满分为119分的非学业表现自评中，平均值为92.38分，方差为20.11，最高分为119分，最低分为17分。在创新能力表现上，在总分为21分的问答中，平均分为16.1分，学生书院制改革后，自评的创新能力表现还是较高的，其中最低分为3分，最高分为满分21分。在与导师每月的平均交流时间来看，有644名学生与导师的每月交流时间在2小时以内，占总体的60%，有241名学生每月和导师交流时间在2~4小时，占总体的22%。可见，大部分学生每月和自己所分配的学术导师交流时间在4小时以下。在课外活动积极性这一项目上，满分为108分，学生平均得分为40.27分，最高分为84分，最低分为12分。值得一提的是，与大一相比，学生的课外活动积极性略有下降。从本科期间心理健康状态自评的得分来看，学生的平均分为5.57分，且4分中等及以上的心理健康学生群体数量占总体的93%。

表6.11 各变量描述性统计

变量名	平均值	方差	最大值	最小值
非学业表现	81.29	17.67	112	16
课后活动积极性	55.09	16.05	98	14
学习态度	28.04	8.14	49	7
性别	0.64	0.47	1	0
社交能力	36.97	8.07	56	8
是否农村学生	0.23	0.42	1	0
是否预备党员	0.03	0.16	1	0
年级排名	2.63	1.24	5	1
是否进入第一志愿专业	0.71	0.45	1	0

从各相关性分析结果来看，第一，非学业表现得分与性别显著正相关，其相关系数为0.059。一方面，男生在自我评价时往往比女生更为自信，因此在非学业表现上得分更高；另一方面，男生在学习之外的各项创新能力、体育运动、社会交往等能力在日常认知中确实比女生有优势。第二，农村学生学习态度与学习成绩均较差。这表现于是否是农村学生这一变量与年级排名

显著正相关，同时与学习态度这一变量显著负相关。不仅如此，农村学生在社交能力上表现得也不如城镇学生，二者相关系数为-0.109。第三，非学业表现与学生课后活动积极性、学习态度、社交能力三个因素高度相关，其相关系数分别为0.524、0.450、0.640，且均显著。不仅如此，非学业表现还与学生的年级排名有一定联系，年级排名越靠前，非学业表现得分也越高。第四，学生是否进入第一志愿专业与学生日后的非学业表现无显著相关，预备党员群体的学生更愿意参加课后活动，二者之间相关系数为0.076。第五，学习态度在一定程度上决定了一名学生的自律性、学习主动性与坚毅性，学习态度积极的学生容易得到更好的非学业表现以及取得较好的年级排名或参与更多的课后活动。相关性矩阵如表6.12所示。

表6.12 相关性矩阵

变量	非学业表现	性别	是否农村学生	是否预备党员	是否进入第一志愿专业	年级排名	课后活动积极性	学习态度	社交能力
非学业表现	1.000								
性别	0.059*	1.000							
是否农村学生	−0.013	0.080*	1.000						
是否预备党员	0.037	0.039*	−0.015	1.000					
是否进入第一志愿专业	0.020	0.099*	0.051*	0.054*	1.000				
年级排名	−0.092*	0.080*	0.089*	−0.033	−0.167*	1.000			
课后活动积极性	0.524*	−0.037	0.032	0.076*	0.046*	−0.091*	1.000		
学习态度	0.450*	−0.005	−0.109*	0.035	0.044*	−0.277*	0.421*	1.000	
社交能力	0.640*	0.051*	−0.109*	0.035	−0.012	−0.090*	0.445*	0.546*	1.000

注：*** $p<0.01$，** $p<0.05$，* $p<0.1$

6.2.2 非学业表现影响因素模型变量设定

本研究第一次问卷调查是在大一学期末，其中因变量为学生非学业表现，非学业表现通过16项指标来衡量，大一学期末问卷调查回归变量如表6.13所示。

表6.13 大一学期末问卷调查回归变量

变量类型	变量名	处理方式
因变量	非学业表现	连续型变量，16个矩阵量表得分总和
自变量	性别	二分类变量，男=1，女=0
	政治面貌	二分类变量，预备党员=1，其他=0
	是否农村学生	二分类变量，农村学生=1，城镇学生=0
	是否进入第一志愿专业	二分类变量，第一志愿专业=1，其他=0
	年级排名	等级型变量，20%以内（含20%）=1，20%~40%（含40%）=2，40%~60%（含60%）=3，60%~80%（含80%）=4，80%以外=5
	课后活动积极性	连续型变量，14个矩阵量表得分总和
	学习态度	连续型变量，16个矩阵量表得分总和
	社交能力	连续型变量，6个矩阵量表得分总和

为探究影响学生非学业表现的具体因素，问卷中设计了多个自变量进行考察。分别是：性别；政治面貌；是否农村学生；大类分流后是否进入第一志愿专业；年级排名；课后活动积极性（包含14个项目：①国防知识类讲座、竞赛；②党团活动；③百家大讲堂；④志愿服务；⑤社会实践；⑥科技项目/创新创业讲座、竞赛；⑦跑早操；⑧学校/书院新生运动会；⑨学生组织/社团工作；⑩"一二·九"系列活动；⑪新生素质拓展；⑫心理健康节；⑬"三全"导师系列活动；⑭形势与政策课程/宣讲）；学习态度各项目得分总和（包含7个项目：①课堂上主动提问或回答问题；②课前预习，课后复习；③主动参与小组合作学习或课堂讨论；④利用图书馆资源开展学习活动；⑤课后主动与老师或同学讨论专业相关问题；⑥主动参加学术讲座和学

习类社团活动；⑦自觉参加跨学科或跨专业选修课程）；社交能力［包含6个项目：①即使别人反对你的观点，你也有办法说服他人；②会从回馈社会的角度来考虑自己的生活；③喜欢主动交朋友；④经常与来自其他国家的老师、同学互动；⑤在作决策时，基本听从重要人物（老师、家人）的意见；⑥在遇到挫折或情绪低落时，能自我调节或主动找朋友/家人倾诉］。

6.2.3 非学业表现影响因素回归分析结果

以2018级学生大一期末时的非学业表现为因变量，以课后活动积极性、学习态度、社交能力、性别、是否农村、是否预备党员、年级排名、是否进入第一志愿专业为自变量进行线性回归分析，得到的模型R^2=0.487 1，代表模型的结果较为稳定。回归分析结果如表6.14所示。

表6.14 大一学期末非学业表现回归分析结果

非学业表现	Coef.	Std. Err.	t	$P>t$
性别	1.607 377	0.530 774 8	3.03	0.002
是否农村学生	1.451 225	0.597 919 6	2.43	0.015
是否预备党员	−0.552 597 7	1.544 261	−0.36	0.720
年级排名	−0.139 399 1	0.213 118 3	−0.65	0.513
是否进入第一志愿专业	0.088 135 7	0.563 625 5	0.16	0.876
学习态度	0.158 164 5	0.039 167 1	4.04	0.000
课后活动积极性	0.309 657 9	0.018 073 4	17.13	0.000
社交能力	1.040 38	0.038 877 4	26.76	0.000
_cons	20.284 89	1.550 779	13.08	0.000

首先，性别对学生非学业表现的影响显著，其系数为1.607 377，且在0.01水平上通过显著性检验，表明男生相比于女生在非学业表现上的表现更好。其次，学习态度、课后活动积极性、社交能力这三项因素是影响学生非学业表现的主要方面，其系数为正且均在0.01上呈正显著。最后，学生的年级排名、是否进入第一志愿专业学习与其非学业表现无显著关系，但是也不排除

学生填写问卷时尚处在大一阶段未进入专业分流阶段，是否进入自己喜爱的专业学习对其日后非学业表现的影响还需要通过大四时的问卷调查结果去探究。大一阶段专业志愿探析是基于高考录取时的专业大类进行分析。

对2018级学生在大四学期中分别以非学业表现和创新能力表现为因变量（见表6.2），课后活动积极性、性别、社交能力、政治面貌、专业认同度、与学术导师平均每月交流时间、本科期间心理健康状态作为自变量进行线性回归分析，得到以非学业表现为因变量的回归模型R^2=0.426 8，以创新能力表现为因变量的模型R^2=0.356 8。两个模型的稳定性均较高。

在两个回归模型中，学生对专业的认同度都对因变量有显著的正向作用。其中在非学业表现中，专业认同度的系数为0.548 041 7，且在0.01水平上显著；在创新能力表现上，专业认同度的系数为0.125 024 1，同样在0.01水平上显著。与学术导师平均每月交流时间在两个回归中表现不同，与导师交流的时间长短对学生非学业表现无显著影响，但是对学生创新能力表现的系数为0.183 210 5且在0.1水平上显著，证明创新能力较高的学生往往更热衷于与其导师进行学术交流。同时，课后活动积极性与心理健康状态均对两个因变量具有显著的正影响效应。而课后活动积极性这方面的影响在学生大一、大四时均对学生非学业表现有着显著影响。最后，是否党员或预备党员对非学业表现影响并不显著。大四学期中非学业表现回归分析结果和创新能力回归分析结果分别如表6.15和表6.16所示。

表6.15　大四学期中非学业表现回归分析结果

非学业表现	Coef.	Std. Err.	t	P>t
专业认同度	0.548 041 7	0.040 005 2	13.70	0.000
与学术导师平均每月交流时间	0.384 074 6	0.514 398 1	0.75	0.455
性别	−0.305 369 7	0.960 644 7	−0.32	0.751
政治面貌	1.242 609	1.013 521	1.23	0.220
课后活动积极性	0.285 137 3	0.036 015	7.92	0.000
心理健康状态	3.809 027	0.380 262 3	10.02	0.000
_cons	29.096 08	2.434 73	11.95	0.000

表6.16　大四学期中创新能力回归分析结果

创新能力表现	Coef.	Std. Err.	t	P>t
专业认同度	0.125 024 1	0.008 327 1	15.01	0.000
与学术导师平均每月交流时间	0.183 210 5	0.107 071 5	1.71	0.087
性别	0.214 790 2	0.199 957 3	1.07	0.283
政治面貌	−0.056 750 6	0.210 963 6	−0.27	0.788
课后活动积极性	0.021 593 4	0.007 496 5	2.88	0.004
心理健康状态	0.601 023 2	0.079 151 3	7.59	0.000
_cons	4.704 934	0.506 786 9	9.28	0.000

6.2.4　广义双重差分模型结果

为进一步观测改革前后2018级学生的非学业表现情况，运用广义双重差分模型对两次问卷数据进行验证。结果显示，广义双重差分模型中DID的系数为0.474且在0.01的范围内显著，说明书院制改革可以显著提高学生的非学业表现得分，且学生在大学阶段对自己专业认同度越高，书院制培养的效果就越好，非学业表现能力提升相对就越快。同时这种提升的程度与学生的心理健康状态、课后活动积极性都有着显著的正相关，与上文所示的回归分析结果有着高度的一致性。

模型的结果进一步说明了在大学生非学业表现的培养过程中，其本身对该专业的认同将促进书院制模式优势的体现，那些积极融入书院制培养氛围中，喜欢自己所选择专业的学生，在书院制培养模式中发展得更好。广义双重差分如表6.17所示。

表6.17　广义双重差分

变量名	非学业表现得分
DID交互效应	0.474***
	−0.058 3
专业认同度	0.148***
	−0.045 2

续表

变量名	非学业表现得分
时间	13.96***
	−3.255
与学术导师平均每月交流时间	0.429
	−0.446
性别	1.186
	−0.813
政治面貌	1.425*
	−0.833
课后活动积极性	0.240***
	−0.030 6
心理健康状态	2.177***
	−0.343
Constant	49.05***
	−2.668
Observations	1 500
R-squared	0.361

Standard errors in parentheses
*** $p<0.01$, ** $p<0.05$, * $p<0.1$

6.3 本章小结

本章的相关分析和回归模型分析显示，书院制改革对大学生非学业表现具有正向影响。对2018级学生大一、大四时期的两次问卷调查都显示，书院制大学生非学业表现影响因素模型稳定、解释力较好。本研究设定的16个方面的非学业表现大部分得到了不同程度的提升。尤其是本科生在"清晰有效的口头表达能力""组织与领导能力""利用现代信息技术获得和处理信息的能力"等方面提升幅度较大。此外，本研究对涉及书院制改革成效和大学生全面发展的其他方面也进行了分析，结果显示，H大学书院制改革期间，生源质量有效提升，本科生在多个方面的满意度表现较好，并且学生学习行为得到优化，这些表现或与书院制改革有关。

书院制改革后，大学生全面发展情况较为乐观，其中在未来工作或继续学习中需要的关键能力提升较为明显，例如口头表达、小组互动能力和学生家国情怀。不足之处在于学生身体素质、创新能力等方面提升不足。此外，学生对书院制环境下各方面外部条件均较为满意，但是对自身学习成绩满意度却不高。作者认为这反而是个好现象，书院制培养模式下，在教学资源充分及合理分配的同时，学生之间信息差缩小，学生之间竞争增加。因此，学生对自身的学习成绩有着更明确的目标，适当的"成绩焦虑"会带来更强的学习动机。

书院制改革环境下，各方面因素激发了学生学习主动性与学习方式的优化。类似逃课、不交作业等不规范的学习行为进一步减少，学校教师教学方式更加多样化，图书馆、校园网中电子教学资源的配备更加丰富。但是学生还需要一定的适应过程，数据显示学生依然更喜爱传统教学方式，对慕课等新型教学方式接受程度不高。未来需提升教师对新型授课工具的应用能力，同时也要对学生进行积极引导，从而充分利用信息化教学方式改进所带来的优势。

改革过程中，不能忽视学生个体特征对改革效果的影响，学生的性别、是否农村学生甚至参与课后活动积极性都对学生的全面发展有着重要影响，在书院制培养模式下，需要兼顾整体与个体两个方面，对部分学生提供一对一的帮扶、课后活动等项目，保证这些学生在集体中"不掉队"，适当情形下可为其提供生活上的帮助。

模型结果进一步说明，书院制改革后H大学从多方面给学生提供支持，包括学习模式、书院内部设施、教学与导师制度、课后活动、心理健康支持等多个维度，这些因素在模型中均对学生的非学业表现得分有着显著影响，同时书院制培养模式的效果还受到学生主体对专业认同度的影响，其本身就是大一不分专业而采取的大类培养模式，从而给学生充分的时间去了解并熟悉自己未来在学校内学习的专业，学生对专业的认知程度越高，越热爱自己的专业，非学业表现就越好。

H大学书院制改革仍然存在各类问题需要解决。本研究发现，虽然学生高度肯定住宿书院配套社区的必要性，但本科生也普遍反映，社区和社区之间的差异较大，有的书院社区配套设施丰富，而有的书院则资源紧张，不能满足学生需求。研究发现，H大学书院制改革之后，学生在体育健身、校内社团活动等方面参与度不够，学生参与国防知识类讲座、竞赛、党团活动、百家大讲堂以及志愿服务和社会实践的次数都处于中等偏下水平，这和书院制学生的课程时间安排有一定的关系，学生的课程表安排跨度较大，相对集中的课后活动受到冲击，也是一定的影响因素，类似问题本研究在第7章还将进一步分析和讨论。

第 7 章
CHAPTER 7

书院制人才培养成效的影响因素及机制分析

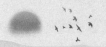

本研究在第4章通过制度分析，已经初步展现了H大学书院制改革在人才培养成效方面的重要理念和实践路径。第5章、第6章通过翔实的实证分析，有效对比了书院制改革前、改革后学生认知能力与非认知能力各指标的变化情况，显示出书院制改革是影响大学生各类能力水平的重要因素。本章通过访谈形式进一步检验研究结论的准确性。

以H大学为代表的现代高校书院制改革，虽然在诸多方面收到了人才培养的积极成效，但也存在不少现实问题。书院制人才培养成效的作用机理怎样、这些问题核心表现如何、问题产生原因有哪些、如何克服改革带来的问题进一步促进人才培养成效提升，类似问题的深入研究也需要通过访谈方法来进一步评析。

7.1 访谈设计

本研究访谈活动自2017年H大学书院制全面改革之前就已开启，一直延续到2022年，共包括面向全部书院学生进行抽样的"个别访谈"，作者亲自组织和依托学校相关职能部门会议，参与面向书院学生、教师和行政人员的"群组访谈"，针对特立书院，聚焦一个学院学生的深度"焦点访谈"三类形式，参与访谈对象达到502人次。本章将从访谈素材中提取出与研究主题有关的观点，并进行加工处理，形成访谈研究结论。

本研究先后经历多轮次多类型访谈，从不同侧面追踪、记录和分析了H大学书院制改革过程。其中，访谈既涉及了书院制改革制度、政策等议题，更核心的是通过访谈考察了书院制改革前后大学生全面发展议题。通过访谈研究，可以较好补充上述基于本科生大数据研究、问卷调查研究等量化研究的不足，对解释研究结论、发现书院制人才培养问题、提出政策改革建议等具有关键作用。

本研究访谈设计共包括三大类访谈。第一类为面向所有书院随机选取的书院本科生个别访谈。在书院制本科生培养活动中，本研究作者针对书院本科生开展"一对一"个别访谈42人，访谈编号为A1～A42，访谈提纲主要包括：①个人基本信息；②书院制教育参与状况；③认知与非认知能力增值状况；④与学院和书院关系，与教师、行政人员、导师联系等；⑤书院制改革评价、问题与建议；⑥其他情况。个别访谈人员信息如表7.1所示。

表7.1　个别访谈人员信息

序号	书院	访谈人员编号A
1	精工书院	01～06
2	睿信书院	07～12
3	求是书院	13～18
4	明德书院	19～24
5	经管书院	25～30
6	知艺书院	31～36
7	北京书院	37～42
总计		42人

第二类为群组访谈。即通过召开座谈会的方式开展群组访谈活动。该类访谈有作者本人亲自组织，也有依托学校职能部门组织，研究过程中共组织召开15次学生代表和教师代表座谈会（其中包括5次学生代表座谈会和10次教师代表座谈会），座谈会学生编号为B1～B5，教师编号为C1～C10。访谈对象涉及所有书院和所有专业学院，涉及教务、学工等多个部门，涉及书院领导、学院领导、任课教师、学生导师、书院副书记、教务处长/副处长、学生辅导员、本科生（含同辈导师）等各类人群。每次群组访谈时长在2～3小时，经参与对象同意后进行了录音，并在后续进行了文字转录，最终形成约37万字学生座谈会素材和约16万字教师座谈会素材。每次群组访谈约有20人参与，累计300人次参与访谈活动。群体访谈内容上，教师和学生座谈会存在一定差异，但总体上主要包括：①高中大学衔接情况；②大类招生下的培

养方案情况；③书院学院衔接情况；④教师教学情况；⑤导师与专业选择情况；⑥课外活动参与情况；⑦书院制评价与建议情况。师生座谈会基本信息如表7.2所示。

表7.2 师生座谈会基本信息

序号	座谈书院/学院	访谈对象
B1	C书院（工科）	学生代表：1~20
B2	B书院（工科）	
B3	E书院（理工科）	
B4	G书院（人文社科）	
B5	D书院（理科）	
C1	I学院（工科）	教师代表：1~15 行政人员代表：16~20
C2	J学院（工科）	
C3	K学院（理科）	
C4	L学院（理科）	
C5	M学院（理科）	
C6	N学院（理科）	
C7	O学院（工科）	
C8	P学院（工科）	
C9	Q学院（工科）	
C10	R学院、S学院、T学院、U学院（人文社科）	

第三类为焦点访谈。为防止上述访谈内容因书院差异而导致访谈内容不深不透问题。本研究作者还参与了对H大学徐特立学院的访谈。徐特立学院是H大学的"荣誉学院"，是校内最早开启通识教育、素质教育改革的试点学院，也是学校大类培养和书院制改革的最早期试点学院。2018年，特立书院在徐特立学院的基础上建立。本研究作者先后多次对徐特立学院115位本科生和教师进行了访谈调查，积累形成访谈素材，提取有效文字资料约35万字，编号为D1~D115。徐特立学院访谈更加侧重对学生学习过程、认知能力和非认知能力生成过程的深入考察。访谈对象包括学习优异学生，也注重对学业

困难的学生展开访谈。

上述访谈活动先后持续了6年时间。其中第一类访谈主要发生在2017—2018年，书院成立前后；第二类访谈主要发生在2019—2020年，学校全面开始书院制改革活动；第三类访谈则于2021—2022年完成，书院制育人向纵深推进，产生了书院制培养模式下的第一届毕业生。不同时间的访谈活动也形成了对H大学书院制改革的历史观察，有利于纵深开展相关研究分析。

除上述访谈资料外，本研究还参考了部分书院党委副书记、辅导员等与学生的日常谈话记录等其他文本材料，也可视为访谈素材的一种。此外，作者还借助参加H大学多次人才培养工作会的机会，收集整理了部分H大学著名校友和用人单位反馈的人才培养评价结果和改革意见。但需要指出的是，本研究涉及的访谈次数、对象、内容较多，除本研究作者外，H大学相关职能部处、书院学院及院校研究人员等也参与其中，共同形成了较大规模的访谈素材库，访谈提纲的制定与后期内容分析均由作者本人完成。在使用中，因时间精力有限，对素材的分析未能做到全面深入。

7.2　书院制改革人才培养成效的影响因素

为进一步深入分析书院制人才培养成效影响因素，本研究对访谈素材进行了三级编码的数据分析。

7.2.1　开放式编码

本研究在开放式编码阶段，将收集的原始资料进行分析和比较，归纳出概念和范畴，此过程中要求对本研究保持客观态度，由访谈工作组2名研究者"背靠背"交叉进行素材归纳，针对书院制人才培养成效因素原始语句的开放式编码共得到232条原始语句和初始概念，对初始概念进一步分析提炼，将重复交叉概念进行合并，对出现次数较少（少于3次）的初始概念进行剔除，最终实现概念范畴化，共产生16个基本范畴，如表7.3所示。

表7.3 影响书院制人才培养成效因素开放式编码范畴化

序号	基本范畴	原始资料语句（初始概念）
1	文化标识	住宿书院的命名、院徽、院训等既能承载书院文化，也能对学生产生"桃李不言，下自成蹊"的育人效果
2	书院命名	明德书院内主要居住着文科类的学生，主要专业有"法学""日语""德语""西班牙语"等。明德书院旨在培养知识、能力、素质三位一体的高素质人才，因此书院称谓与专业类型相匹配，意在进一步提高学生专业能力，增强学生凝聚力和归属感
3	书院院徽	明德书院是一所以文科专业为主的书院，该书院的院徽是白底红色篆书字体的"明德书院"，体现了明德书院具有深厚的传统文化底蕴 求是书院的颜色是海洋蓝，精工书院的颜色是精工红，他们都与书院的院徽拥有同一种文化色
4	走廊环境	徐特立书院在书院走廊中张挂着学生自己制作设计的画作和手工作品，精巧别致、创造性强，在激发学生自主学习意识和能力的同时，增强书院学生的归属感和凝聚力，突出了以学生为中心的育人理念
5	书院氛围	书的借阅方式主要是"自助取阅、自主归还、借阅登记"的方式，并且在流动书吧周边写有标语"若有好书，可共分享"，鼓励和引导学生在享受他人奉献的同时能够为书院的流动书吧做出自己的贡献
6	特色文化功能室	精工书院多为理工科专业，课程多、科目难、学科体系紧密。基于此，书院开设了互助学习中心，在这里，书院积极与任课教师、专业研究生和成绩优异的学生联系，组成导生、导师团，通过在学生身边进行生活督导、学业辅导、实践引导、生涯指导，在个体上帮扶学生，整体上创造良好学习氛围
7	通识课程	学校和书院会组织一些通识教育类课程。通识导师会给学生带来讲座，同时在私下交流中也会给学生带来通识教育
8	志愿者活动	精工书院会经常由学院老师牵头，去儿童福利院或者敬老院服务。求是书院的学生自管委员会经常组织志愿服务活动，每个学生都有自己的劳动责任区，在志愿活动中，大家感受到了劳动的欢乐
9	思政活动	由党支部或者学生会、青年志愿者协会等学生组织发起，目的在于提高学生的政治素养。书院的学生在开学报到当天就可以提交入党申请书，这与我考到其他学校的同学相比，感觉太好了，因为书院的辅导员在入学前就与我取得联系并交流，我产生了入党的想法
10	主题班会	定期围绕某一班级活动开展主题班会，这加强了我与同学之间的沟通交流，增进了我们之间的感情
11	主题讲座	书院一方面邀请有出国经历的老师或社会人士讲座；另一方面由心理老师开设主题讲座。学育导师、学术导师的专业讲座特别受学生欢迎，朋辈导师带来的学习辅导、就业导航、考研探索等小型讲座更加贴近学生。校外导师虽然来得少，但他们多是成功的校友，他们带来的经验分享简直太需要了
12	就业指导	明德书院的老师，或邀请其他书院的老师开展讲座，以期引导学生树立正确的就业观念

续表

序号	基本范畴	原始资料语句（初始概念）
13	安全教育	由老师、安全教育协会等发起，活动形式包括讲座、排查、班会等。此外，党支部在学期末开展宿舍环境治理大会，引导学部宿舍安全教育及检查活动的进一步开展
14	双院协同	妥善处理书院与传统院系的关系，将"教务"与"学务"双线合一并融合贯通起来，最终能达到"1+1>2"的育人效果
15	导师制度	导师主要负责学生思政教育、日常生活、素质拓展等方面的工作，能帮助低年级学生更好地适应大学生活等。学育导师与学生们的接触最多，帮助也最大。朋辈导师是我们的同龄人，感觉交流起来没有代沟
16	混宿制度	不同年级、专业混宿，能够通过跨学科、跨年级同伴间思与思的碰撞、情与情的交融，拓宽学生的科学视野，激发学生的创造灵感，提升学生的人际交往能力

7.2.2 主轴式编码

主轴式编码的目的是确定各概念之间的相互联系，通过对开放式编码的进一步分析与研究，整合出更高层次的范畴。本研究根据不同范畴之间的相互关系，共归纳出六大类书院制人才培养成效因素，如表7.4所示。

表7.4 主轴式编码形成的主范畴

因素	基本范畴	范畴内涵
环境因素	住宿条件	学生生活住宿水平
	书院社区	书院对应社区条件
学校资源因素	学术性支持	学校对学生科研及竞赛提供平台和支持性服务
	第二课堂	在第一课堂外的时间进行的与第一课堂相关的教育活动，一般指素质教育
同伴因素	混宿制度	不同专业学生在同一宿舍、同一社区
	大类培养制度	不同专业学生在同一书院
管理制度因素	双院协同	学院和书院共同培养
育人体系因素	思政教育	对学生思想的教育
	通识教育	通识教育是培养人的内核能力的教育，使学生不局限于学习本专业知识
师生关系因素	实行导师制	导师制使学生从各方面了解信息、学习知识、适应社会

7.2.3 选择性编码

在选择性编码阶段,本研究通过整合与凝炼,对所有命名的概念类属经过系统分析形成六个主范畴。

1. 环境因素

大学教育除了专业教育的课堂环境,学生的课外生活环境也是重要的育人场地。H大学书院制改革的特点之一在于,充分使用了新校区作为人才培养全新载体。占地数千亩的新校区远离市区,且形成独立的教学板块,完善的硬件设施有力支撑了书院制改革,并为全员书院制改革提供了关键保障。这与牛津、剑桥的书院制,哈佛大学的书院制等有一定的相似性,都是通过物理空间的集聚,促进本科生在书院"看得见"的物理环境中自由成长,并营造形成"看不见"的育人环境(育人场域)。从文献来看,环境因素是本轮中国高校书院制改革的关键之一,这些对本科生居住、餐饮、社交、娱乐、学术活动等功能的整合或分类,形成了有利于大学生全面发展的环境因素。欧美的大学通常在学生进入大学时,不划分学生所学具体专业,也没有大学班级的概念。学生进入大学被分进住宿学院,学生根据自己的兴趣爱好和自我规划,选择自己所学课程,学生的日常生活和管理都是在书院中进行,书院承担了学生日常管理、服务和教育的责任。书院制十分注重在学生日常管理服务中融入教育功能,为学生创建全方位发展的育人环境。

各书院社区均配备了完善的生活配套设施,为学生居住、进餐、社交、娱乐和从事学术活动、课外活动提供相应的物质保障;为学生创造温馨、舒适、便捷的生活环境,提供给学生自由成长的空间,促进学生自由发展。如剑桥大学住宿学院有悠久的历史、独特的文化传统、各具特色的建筑风格。每所住宿学院拥有自己的学生宿舍、食堂、图书馆、教堂、咖啡厅、体育中心等。剑桥的住宿学院都秉承让学生深入社区生活中,得到个人生活和思想的学习成长。同时书院社区致力于创造一种多元化、开放化的交流氛围,促进学生的广泛交流,培养学生广阔的视野和平等博爱的胸襟。座谈会中,学生（编号：B1-2、B3-5、B5-15）都表示："在社区老师会在课后辅导学生学习，大多数活动也都是基于书院，在社区内完成。社区里有舒适的自习室，有健身器材，还有咖啡机等设施，身边还有可以随时咨询的老师和同学，这种感觉非常好。书院社区，真的有家的感觉，在社区里和在教室里的感觉是不一样的，会有轻松感。"书院制建设过程中改变了传统学生管理的观念，将学生的发展和综合素质的培养放在首位，尊重学生成长的诉求，满足学生生活、学习的需求。整合书院社区中的各类资源，营造一种全方位育人的环境，将教育融入大学生日常生活管理之中。

2. 学校资源因素

学生奖助学金资源丰富，包括学业奖学金和社会奖学金。为了鼓励和表彰同学取得的优异成绩和杰出表现，各书院为学生设立如专业学院一样的院级奖学金，旨在表彰和奖励学生在学习、科研、学生工作、实践表现等方面取得的优异成绩和突出表现。各项奖学金的评选资格各有侧重，例如学业奖学金旨在奖励在学术研究、学科竞赛、科技创新等方面取得突出成绩的学生。H大学形成了完善的奖学金体系，除国家各类奖学金之外，还设置了与书院配套的各类捐赠奖学金，以及书院认为有必要设置的非奖学金类奖励。社会奖学金旨在奖励综合素质突出的学生。不同的书院还有属于自己的专项奖励，如精工书院的文创产品会奖励给课外活动积分高的学生，大家都踊跃地去争取。

课程资源丰富。H大学是一所研究型大学，学科先进，专业详尽，所对应的专业建设及课程资源丰富，为各书院的课程建设和学生专业的自由选择提供了坚实的后盾和扎实的基础。座谈会中学生（编号：B3-9、B3-15、B5-11）均表示："在选课的时候很多类通识课堂都是自己想要选择并且十分感兴趣的。和非书院制培养的学长们交流，他们觉得我们现在不仅可选择的选修课程多，而且身边还有指导老师、通识导师，'有很多导师'这一点是他们比较羡慕的。"

3. 同伴因素

学生住宿应该实现三个目标：第一，为学生提供休息的场所，即一个比教室和图书馆更加舒适的地方，以供学生吃饭、睡觉。第二，为学生提供学术交流的场所。第三，通过宿舍管理人员帮助学生纠正行为，提高学生个人修养，住宿还可以提高学生的公共交往能力。

优化升级宿舍环境就是改变学生休息睡眠的场所的观点，将书院作为一个独立的学生管理单位。书院将不同专业不同年级的学生集中安排在一起，提供给学生一个具备功能性的生活环境，营造多种文化、多学科视角、多元知识交叉的学习氛围，在不断的思维碰撞交融中激发学生潜能。这在一定程度上有利于拓宽学生的知识面和视野，也有利于学生综合素质和个人能力的全面发展。访谈中学生（编号：A5、A16、A41）表示："自己的舍友来自四个不同的专业，大家在闲暇时间会分享自己的专业，学习并了解其他专业所学所做。""我喜欢这种热闹的氛围。""书院对学生起到看不见的教育作用。"不同专业的学生住在一起，在日常交流中分享各自的生活学习感受、体会。生活是交织的、非统一架构的，书院制就是要让学生们置身于一种"立体社会"之中，使学生拥有在不同场合转换自己的能力。一个人有很多面，是一个多元立体完整的人，学生们必须在一种"复杂性"中生活，这样才能认识一个超越大学的世界。书院制从硬件设施和文化氛围营造中改变传统以班级为单位安排学生住宿的方式，同时注重同伴相互影响作用的发挥，使不同年级不同专业的学生混合居住在同一书院之中，创建多元化的生活氛围，促进书院学子相互交流。

4. 管理制度因素

在培养新时代人才的教育大背景下，高校书院制改革成为探索高校人才培养模式改革的热点。根本原因在于，现代高校书院制改革的本质，是期望形成一整套具有中国特色、符合中国实际、参与国际人才培养竞争的本土教育管理制度。从编码结果来看，书院制改革不是对学院制人才培养的"缝缝补补"，而是从理念与实践上都全盘引入新的管理制度。这些制度从大类招生开始，一直到课程制度、培养制度、师资制度、日常管理制度乃至财务制度等，这些制度形成了较为严密完整的制度体系，从而引导高校本科生人才培养全面转向。现有书院从管理模式角度可归纳为三种类型：一是指独立于学院的二级教学机构。其与学院类似，拥有独立招生、教师管理和学生管理等职能，通过高考招生选拔或者从学院遴选的方式吸纳学生；二是指建立在学生住宿区基础上的非独立育人活动组织机构，负责营造与院系互补的学习生活环境，开展文化育人活动。三是与学院并行，互相配合的育人主体。书院负责非学术性实践教育，学院负责学术性专业教育，"学院+书院"协同做好育人工作。学生有着双重身份，既属于学院，也属于书院。

上述类型中，"学院+书院"的模式更契合H大学内部的教育管理现状，其结合学院的学术性教育，引入承担非学术性教育的书院，以互相并行和相互配合的方式进行协同育人，更符合新时代高等教育的需求。书院制作为新型学生管理模式，仅是高校教育组织模式的组成部分，承担学院原有的部分职能，却不能完全替代学院。"学院+书院"制下，学院与书院各有分工，紧密合作。学院聚焦第一课堂理论与实践，侧重学生专业能力培养；书院则聚焦第二课堂学习和体验，侧重学生综合能力的提升。"双院协同"育人，突破了高校传统专业教育人才培养目标相对单一的局限性，也能适应新时代高等教育进入普及化背景下本科生培养的新需求以及未来社会对人才综合素养的新要求。双院制模式下，部分职能从学院剥离，转移到书院，成为新增的学生管理主体。学院和书院面对同一个学生群体履行不同的职能，形成了书院和学院的双重或"二元"管理。从原有的单一学院体系转变为双院制的过程中，若改革不够彻底，边界不够清晰，分工不甚明确，极易出现"二元"管理下的无序状态。传统的"校—院—系—班"管理层级不再适用，新的管理层级尚不明确，双院制背景下的学生管理面临着新的变化与挑战。作为传统管理层级基础的"班级"如何调整和建设，才能更为符合"双院制"建设当中的育人方向，有效促进"双院制"教育管理改革的目标达成，是当前学生管理中的关键问题。

5. 育人体系因素

分析结果显示，通识教育是影响书院制人才培养成效的关键变量。通识教育是近年来全球兴起的新的人才培养理念，通识教育和书院制改革存在很多理念上的一致性，包括应该促进大学生全面发展，应该构建宽基础、面向能力素质养成、具备终身学习发展潜力的新教育体系。通识教育与书院制的理念融合，是现代高校书院制的关键所在。二者虽有不同，但相辅相成，在现阶段H大学改革过程中，通识教育是育人体系的关键所在。书院制属于新型的人才培养模式，为我国高校教育改革提供新的发展思路。本然的教育呼唤在大学期间有稳定的长效的通识教育，但是在很长一段时间内，我国很多高校没有能够很好地坚持这一教育方向。在实际教育教学的时候，学科划分比较细，使学生全面发展受到阻碍，学生能力方面的培养受到专业特点的限制，导致注重专业内容的学习，而其他方面的能力没有得到更好的协调发展。同时在教育实施的时候，也存在着忽视人文精神发展的问题，受到当前社会发展的功利主义思潮的影响，人们比较关注能够实际应用的技术和知识及物质，对人文思想方面的发展重视不足。另外，学生创新能力发展方面的教育明显不足。

应试教育背景下，教师和学生更加注重知识掌握情况，而对知识探索过程的重要性重视不足，使学生学习的积极性和兴趣都受到不利影响。创造性人才所需要具备的素质与通识教育的人才培养目标较为一致，从这一角度出发，其属于人才培养和创新发展的主要方式。在专业技能人才培养理念的影响下，书院通识教育的开展难度相对较大，特别是在理念的普及方面，通识教育的主要目标是帮助受教育者可以掌握不同知识所具有的内在统一性特点，关注不同学科所具有的思考模式，对客观对象进行更为有效的把握。高等教育的重要责任是连接人文与科学，教育学生学会思考。在这个意义上，心智训练比知识传授的重要程度更高。通识教育需要结合科学合理的专业教育具体实施，而贯彻科学合理的专业教育也需要开展有效的通识教育。所以对H大学书院制改革而言，要加强通识教育和专业教育的对接，进而完善育人体系的功能。

6. 师生关系因素

无论是古代书院还是西方书院，师生关系都是书院制的核心。在以H大学为案例的现代高校书院制改革过程中，新型师生关系仍然是访谈编码发现的人才培养成效的关键影响因素。所谓新型师生关系，即改变了过去师生不对等地位，以及各自的角色扮演，师生互动频次增加，教师投入人数增加，课堂以外的教育活动次数增加，因材施教和教学相长的理念尤其是以学生为中心的理念得到加强。书院制教育，以学生个性发展和全人教育为出发点，以学生全面发展为目标，与其相配套的导师制倡导师生互融，通过师生间面对面的交流，促进学生知识的增长、品格的塑造、兴趣的培养以及习惯的养成，是对学生学习、生活、思想的全方位指导。不论中国古代书院中的"师学从游"，还是西方住宿学院的导师制度，都是运行中最重要的部分，所以从这个角度来说，导师制是整个书院制的精髓。

从总体上看，书院模式下导师制的类型呈现多样化的特点，不同类型导师的具体职责也有差别。导师制是书院制培养学生的重要举措，也是书院开展教育教学的重要载体，是课堂教学的有效补充和延伸环节。实施导师制，充分发挥导师的优势，从思想上、学业上、生活上关心书院学生，为学生提供全方位的指导。书院模式下的导师制是高校实施全员育人、全程育人、全方位育人的重要形式，体现了以学生为中心的培养理念。导师制强调的是在师生互动中导师的引领和学生的自主学习，充分发挥教师主导和学生主体两方面的积极性。导师制以个别指导的形式，实现知识与综合素质培养的融合，强调密切的师生关系和宽松的育人氛围，使学生在师生互动和具体实践中通过耳濡目染、潜移默化实现知识和能力的积累。导师制在本质上也是一种个性化和启发性教育，教师角色从传授、管理转为咨询、引导，实现课堂教学与全人教育相统一，教书与育人相统一，言传与身教相统一，通过拓宽师生的沟通渠道，注重因材施教以激发学生自身学习研究的热情与能力，培养学生健全的人格，促进学生全面发展。

但在导师制的实践过程中，仍存在一些明显的问题，诸如导师对学生的约束力不足、导师的积极性发挥不够均衡，个别导师由于教学、科研任务重，在指导学生方面投入的时间和精力不够充足等问题，这些都会影响导师制的实施效果。要充分发挥导师制的育人优势和作用，以及充分调动导师的积极性，从而进一步提高指导工作质量和效果。

7.3　书院制改革人才培养成效总体评价

访谈结果显示，H大学书院制改革对人才培养成效的影响是一个动态的复杂的过程，既有积极的方面，也带来不少新的问题。访谈对象普遍表示：

第一，H大学书院制改革总体理念和方向是准确的。面向大学生的全面发展、以学生为中心重构高等教育人才培养模式，符合现阶段H大学人才培养模式改革的方向，与历次H大学党代会、教代会以及学生代表大会、毕业校友等反馈的诉求是高度一致的。一些访谈对象表示（编号：A2、A5、B1、C3-6、C5-3）："此前H大学的大类招生和大类培养为书院制改革打下了坚实基础，从大类招生走向完全书院制，克服了大类招生在学生入校培养后缺失大类培养与管理的弊端，但后期人才培养和管理的关系仍未完全理顺。书院制改革尤其是完全书院制体系进一步明确了人才培养思路，贯通了大学生全面发展路径，实现了大类招生（招生就业工作处）—大类培养（教务处、各学院）—大类管理（学工部、各书院）的贯通与协同，满足了学校、家长、学生、用人单位等各方诉求，是一次有益的改革尝试。"一些访谈对象则认为（编号：A20、A31、D89）："H大学在推行全员书院制改革过程中速度过快、资源准备不足。"大多数受访谈对象都认为（编号：A6、A9、A28、D8、D13、D15）："让全部本科生都进入书院是书院制改革的必然方向，H大学克服重重阻力率先在国内推行全员书院制，有利于改革一步到位，有利于最大限度发挥书院制育人优势，也在一定程度上避免了边试边改造成的步调不一、多轨制育人以及学生发展的机会成本过大等问题。"

第二，H大学书院制改革背景下的书院社区与大类专业设置在一定程度上影响了大学生的学业表现，进而对认知能力与非认知能力产生影响。受访谈的教师和行政人员普遍表示（编号：C1-2、C3-4、C5-2）："近年来H大学书院制本科生学业表现越来越好、学习风气越来越好、学业成就越来越好。"一些访谈对象表示：这可能与书院制改革包括大类招生改革带来的生源质量上升有关，"书院制和大类招生模式，优势专业与其他专业捆绑招生，有利于大幅提高生源质量。"这从第5章中有关生源分省排名的情况也可以得到印证。但更多的访谈对象表示："学生学业表现的全面进步与书院制改革关系极为密切。"座谈会上的教师代表（编号：C2-4、C4-12、C3-17）表示："书院制改革有力强化了公共基础知识教育和各类通识教育，所有学生在低年级都统一参与公共基础课和通识课学习，有利于集中全校优质教育资源，夯实低年级本科生学业基础。"有的教师代表说（编号：C1-20、C3-17、C4-11、C8-9）："书院制改革过程中，H大学大批院士、著名教授、青年学者走上讲台，并通过课程体系重构、知识体系重构、学科体系重构，整合串并了基础知识，通过'延河高校联盟'、'延河课堂'等手段进一步夯实了通识教育基础，提升了通识教育的质量，并由书院各自增加补充特色化、个性化通识需求，基本实现了学生'厚基础、强通识'的人才培养目标，这为学生后续发展打下了良好基础。"书院制改革促进了书院社区建设，通过物理空间的打造，有效扭转了传统学院专业条块分割式的人才培养育人环境，书院社区公共空间的资源匹配和布局改造，则进一步形成了学习社区的良好氛围和软硬件条件。书院制改革过程中，大数据分析显示，学生出入学校图书馆的水平总体稳定，但在书院公共空间开展学习活动，借阅自习室、研讨室、会议室等频率大幅增加，学生学习投入明显增多。此外，书院制改革过程中学术导师、学育导师、朋辈导师等各类制度的设计，也增加了师生互动水平，对大学生学业表现有充分的影响作用。此外，书院制加强了思想政治教师队伍、辅导员队伍、心理辅导教师队伍建设，以及社区心理缓释空间、文化空间等的建设，通过书院制改革，缓解了传统学院专业人才培养活动中部分学生因学业基础不牢、新生适应性不足、学习方法不得当、网络成瘾或情感受挫等带来的学业失败问题的发生频率，学业失败率的下降，学生平均分数的提升，在一定程度上不得不考虑与书院制式管理，多主体参与育人，以及上述软硬件方面育人资源的增加等都有密切关系。

第三，H大学书院文化环境、导师制与第二课堂改革对提高大学生非学业表现影响显著，进而对非认知能力形成影响。访谈结果显示，相比于学业表现，访谈对象普遍认为H大学书院制改革对大学生非学业表现有促进作用。无论是教师、行政人员还是受访大学生，访谈结论都存在一致性表述。从影响机理来看，有教师反映（编号：C3-5、C5-13、C4-18、C9-10、C10-6）："一方面，书院制打通了传统各类教育壁垒，促进了人员、信息、资源等良性流动，进而提高了学生各类非学业表现。""另一方面，H大学是以理工为主的研究型大学，此前学生特别爱学习，但整体氛围较为沉闷，书院制改革后，学生明显活跃了。"一些著名校友反馈："H大学毕业生听话好用，但近年来担任高层领导职务的毕业生不多，一些毕业生智商有余，情商不够。"新建书院社区实现了学生在充裕的物理空间、学习社区和教育场域内的充分互动联通，学生不再专属于特定学院和专业，增强了流动属性；教师既授课又担任导师还要协助所在专业学院争夺生源，这进一步强化了教师教育投入和生源竞争意识；各种软硬件资源投入则进一步打通了知识流动的通道，刺激了学生学习知识的主动性、吸收知识的能动性以及应用和转化知识的实践机会。这种流动性的改变还体现在学生之间的合作上，近三年，H大学大学生创业竞赛连续居全国前列，其原因之一是学生们通过专业大类学习、社区共融，加深了学科间的了解与交流，彼此之间形成了跨学科组队和知识共享交流的机制，在此过程中学生的各类非认知能力也得到了有效影响。此外，书院制本科生评价导向对大学生非认知能力提升也起到了关键干预作用。有行政人员说（编号：C3-6、C5-11、C4-12）："评价是书院制改革的牛鼻子，H大学的书院制改革不仅按照现代书院制度进行了政策调整、物理空间调整、教育过程调整等，更关键的是，真正尝试开始按照大学生全面发展的要求重新进行评价制度改革。"评价制度改革对教师而言是坚决贯彻人才培养第一责任，坚决破除"五唯"，全员书院制背后是全员教职员工参与书院人才培养。更关键的是，书院制改革逐步引导学生的评价指标包括评价文化开始转变，在继续保留学业评价的基础上（即使学业评价也逐步加大了体育运动的重要性评价），突出多元能力评价尤其是非学业评价的专门导向。近年来，H大学在科技创新竞赛等领域有大量优秀本科生参与并获奖，这得益于评价导向的逐步调整。这些调整既体现在专业选择、研究生推荐免试等学生重大利益诉求上，也体现在课程成绩获得、第二课堂分数体系建设等具体的教育活动之中。从第6章的分析结果也可以看出，间隔三年、全部16项书院制本科生非认知表现指标，呈现良好态势，这对改革仅仅四年的H大学书院制育人模式来说是良性的收获。在整个访谈过程中，H大学大部分受访者谈及书院制改革活动时报以热切期待，觉得近些年通过书院制改革，师生都感觉到（编号：B3-6、B5-11、C1-12、C2-16、C4-9）"学校活起来了""学生动起来了""教师真正开始和学生成为朋友""学生不再只关心考试分数了"。类似的观点在访谈中还有很多，对作者而言，最直接的感觉是书院制改革得到了一些师生的认同，但书院制人才培养成效目标仍未完全实现，改革中的一些问题也逐步暴露出来，还有个别学生觉得自己是学校改革的"试验品"，认为改来改去，越改越乱。

具体来看，根据绝大部分访谈对象共同的观点，归纳书院制对人才培养成效的影响，主要体现在以下方面。

第一，采取重新建造模式的书院社区环境对书院学生全面发展更有益。书院环境不仅包括物质环境，也包括制度环境和文化环境。在物质环境方面，书院重新建造后公共服务设施更为完善，宿舍居住条件更为舒适，学生在书院中可以更方便地生活和学习。座谈学生（编号：B3-9）说："学校在宿舍楼下建立的书院社区，如北京书院、甘棠书院的环境和氛围都非常好，有免费借阅的图书、桌球、各种功能的研讨室，方便平时自习和组织社团活动，并且书院的布置和装修各有特色，体现在走廊张贴的画报、院徽和标语上。"高校书院环境有利于支持学生全面发展,包括对学生德行修养与社会责任、沟通合作与领导才能的影响,说明书院环境对学生发展产生了潜移默化而又深远持久的影响。另外,无论是采取重新建造模式还是基础改造模式的书院,都致力于构建良好的物质环境,从而为学生提供更便利的生活条件和更高质量的服务,因此从高校建造书院社区的出发点以及学生对书院环境改革认同度来说,融入了育人理念设计而成的书院社区环境对书院学生全面发展起到了积极作用。

第二,新的大学生德育和校园文化建设模式初步形成。大学德育的实效性一直是思想政治教育改革的关注点,也是校园文化建设的主要内容之一。然而,受到工具主义的影响,大学生德育与学生的内心世界相隔较远,实效性较差,其实质上是大学生德育缺乏行之有效的载体。书院社区对文化氛围和空间的打造均采用了重视与利用生活化的德育范式,在一定程度上成为大学生德育和大学校园文化建设的新载体,将德育和学生的生活学习实践结合在一起,调动与发挥学生自我教育的能力。

第三,通识教育在书院制改革中得到深入开展。在访谈中发现,在通识教育方面,大部分学生认为当前进行的通识教育课程和活动激发了大家的学习兴趣,增加了学生的阅读量,有利于完善自身的知识体系和人文素养。学校以及书院提供的多种形式的通识教育活动中,通识讲座的影响面较大,其他形式的社团性通识活动也受到学生欢迎。学生(编号:B5-10)表示:"学校的通识教育课程涵盖多个方面,可选择性较强,书院举办的讲座等各类活动也很丰富。"经过书院制的建设,学生对通识教育的认识和理解进一步加深,花在通识教育上的个人时间加长,个人知识储备、核心素养和学习能力均受到影响。

第四,社区教育功能提升。每个书院具备独立公共空间,并进行了功能性改造和文化场景设计,通过主题建设,营造了多个功能突出、和谐便利、有序安全的共享社区。基础设施方面,已投入使用的精工社区、睿信社区、求是社区、北京社区、特立社区、甘棠社区等有体育室、舞蹈室、心理咨询室、影音室、自习室等多个功能区域，社区通过积极举办各类活动，增进学生的认同感，调动了多元化参与学业外活动的积极性，促进形成团结协作、快乐分享的共进精神。学生（编号：A2、A12、A23、A36、A40、B2-8、D12、D37、D45）还认为："社区公共区域的打造，便于导师和学生随时随地就学业、社团、实践、就业等问题进行交流，在社区可以使学习和活动兼得。社区的使用率也非常高，有时候甚至需要申请排队进入"。

第五，师生交流机会增加。高校师生交流机会大部分仍集中在课堂教学环节。新校区在没有建设书院社区时，老师们下课后没有合适的场地驻足，以至于影响师生间的交流。但在书院社区建设后，大量学习区、休闲区、讨论室的建设，让师生都有了温馨的交流场地。于是在书院制场景下，师生更好地承担了彼此的教育角色。师者，可以进行传道授业解惑，生者，乐于求知向学成长。老师不仅能更好地传授知识，还能参与学生的全面成长。书院的育人队伍，也是全员参与，既有各梯度的老师，也有先锋党员、学生干部、高年级导生、志愿者团队等。导师队伍负责学业支持、通识教育、社团管理、竞赛辅导等工作，在社区给予学生学习和生活上的帮助；各类学生志愿者和管理团队发挥模范带头作用，进行朋辈辅导，学习上先进带动落后，共同进步。有学生（编号：A40、B3-9）说："在书院的空间里与老师交流，不像在课堂上发言那样恐惧并且有所顾忌，在这里，老师们看起来都平和了很多。"在社区里，师生双方地位平等，导师在书院也感到轻松，更加有耐心为学生答疑解惑。书院制下，在常规课堂教学之外，创造了便于师生教学相长、亲密互动、互帮共进的公共空间和生活社区。导师主动走入学生社区，言传身教，亦师亦友；学生积极参与课程和活动，耳濡目染，尊师敬师。从实施效果来看，师生在时间和空间两个维度上的交流机会增多，一定程度上缓解了当前师生关系冷漠、交流匮乏的情况，加深了双方的理解，加强了双方的互动。

第六，学生的自我管理能力和主体意识增强。书院制定各项公开制度，加强了学生民主参与、民主监督的权利。各项评奖评优及时公示，重视学生评价结果，作为导师和书院考核的重要指标。学生代表参与书院各项制度的制定和重要会议，包括综合素质测评细则和宿舍公约等。有学生代表（编号：A3）说："书院赋予了学生很多权力，学生们可以在书院中做自己一切想做且合法合规的事情，举办的活动也都会征求学生的意见，尊重学生的意愿。"同时书院在信息时代背景下，重视使用信息化等大数据工具，学生可以通过书院的信息化服务及时获取信息和评价结果，参与主动性明显提高。学生班级和自管组织也参与到学生评价中，例如开展综合素质测评，都设有相应的评分项。学生组织、社团活动和实践活动都成为书院锻炼学生自身管理能力的重要途径。书院鼓励学生自主开展文体活动，养成良好的组织理念和行为习惯。管理上更加扁平化，有利于书院的宏观指导和学生自身的独立发展。各个部门间的联系和合作也因书院的统筹管理而加强，方便资源共享与整合。

第七，形成良性学生心理健康关注距离。书院社区的存在进一步缩小了学校与师生、教师与学生、学生与学生之间的物理和心理距离。学生（编号：A21、A35、D4、D17、D90）和教师（编号：C4-15、C5-2、C5-16）纷纷表示："在书院就像回了'家'一样，特别有归属感。"辅导员与学生们同住在社区，办公室也设在社区，能更加高效地关注学生的心理动态与生活状态，及时捕捉学生个体需求以及思想波动、异常表现。关注学生心理健康是目前各高校学生工作的重要领域，在书院生活化的环境下，心理辅导教师、辅导员、导师都可以近距离与学生交流，并且是在学生的日常生活状态下，有利于消除学生的担忧顾虑与回避心理，方便与学生近距离进行谈话，有助于及时开展危机干预，提前化解学生的潜在心理问题。

7.4 书院制改革人才培养面临的各类矛盾与问题

本研究访谈过程中也显示出，H大学书院制改革并非一帆风顺。在改革初期，各方处于观望态势。学院积极性不高，学生反映（编号：A38、A39、

B1-12、B3-15、B5-11、D18、D89、D96）"不知道本科生是不是属于自己学院""老师教育投入热情不大""不知道书院和学院如何对接""专业选择和分流如何进行""书院制培养会不会影响就业"等。在改革进入常态化阶段之后，则暴露出各类深层次问题。这些问题有的是受限于H大学资源等约束条件，有的则与改革理念或实践本身的问题有关。作为一篇学位论文，同时也是一项院校研究，作者在访谈中也注意收集整理了各方有关观点，以下从三个方面对现存的矛盾和问题进行分析和讨论。

7.4.1 书院制人才培养资源需求与各类投入尚未完全匹配

H大学为了通过书院制改革培养全面发展的人才，投入了大量的时间和资金。通过对教师及学生的访谈发现学校在教学设备、硬件设施上投入颇多，如对良乡校区智慧教室的建设，满足了广大教师和学生的需求，且在日常生活、行政管理中也大刀阔斧进行了改革，尽可能了解并满足书院学生的各类需求，从而推动工作更加有效开展。同时，每个书院每个行政班级都配备了多名学育导师，虽不能实现与学生一对一交流，但尽可能提高了师生比，让学育导师在每位学生身上投入更多精力，关注每位学生的学业、心理、生理健康发展。为了保证学生的学习生活，学校为各个书院配套建立对应社区，书院分别有代表书院特色的社区空间，可供学生自习、讨论、课后答疑以及开展一系列活动，打造全方位一体化社区，无论是在学习上还是在生活上都尽力提供方便，尽最大努力为学生提供保障，做好学生的后援工作，以便让学生在提升个人素质，成为创新型人才方面没有后顾之忧。但是，尽管学校尽量在各个方面思虑周全，仍然存在一些问题。

1. 时间投入问题

访谈显示，H大学的书院制改革高度重视"全面发展的人的教育"，注重学生人格的培养，所以要付出大量的时间和精力在学生身上，改革强调以学生为中心，所以更要深入了解学生的需求，这样才能更好地为学生服务。大一学生刚步入大学，从高中有规定的学习模式突然变成自主学习模式，往往会产生巨大的心理变化，这就需要行政班级的班主任及时发现学生的变化，并针对性地解决问题。但是班主任往往工作繁忙，没有时间和过多的精力去关注学生的身体心理变化，甚至还有学生反映，刚入学时由于事情繁杂，要处理很多学生事务，可以常见到班主任，但是在后续的学习生活中，班主任出现的次数越来越少。书院可以进行"人"的教育，但是在专业教育上还远远不如学院，学生反映（编号：B2-20、B3-5）："平时与学生接触最多的辅导员、宿舍管理人员根本不懂专业，想咨询专业问题必须得找专业学院的老师，而我们自己不好找到，也不知道找谁，学院的老师来社区的时间也很少。"综上所述，书院不仅需要在学生的人格培养上投入时间精力，更要在专业教育的引导上加大时间投入，为学生搭建更多的与学院老师交流的平台。

2. 资金投入问题

学校在书院制改革上投入了大量的资金、人力与物力。社区空间，首先是对有限场地资源的重新分配，然后投入大量的资金进行建设。以明德书院所在的甘棠社区为例，该社区有1 100平方米，包括悦活空间、乐动空间、静学空间和储物空间，以供学生们学习和日常休闲娱乐。从第一期求是社区的建设，到第二期精工社区、睿信社区、特立社区的建设，再到第三期甘棠社区（服务于明德、知艺、经管书院）的建设，学校累计建设投入近千万元。同时，学校在建设新校区时，大多采用智慧教室，为教师和学生都提供了良好的学习氛围和设备，提高了师生的教学效率和知识接受效率。学校的经费是有限的，投入书院建设，在其他方面的投入势必会减少。有的教师反映（编号：C7-12、C8-18、C9-20）"学校有很多实验室，但对实验的教学平台投入较科研项目的实验设备的投入偏少，教学实验设备不仅较少，也过于老旧，学生操作很不方便，有些设备甚至像模型一样只能演示，无法用来做实验，也无法达到理想的实验效果，这给教学增加了难度，教学效果也不显著。"

通过对学校的观察，学校有专门进行实验的地方称为工训楼，但是通过实地走访发现，工训楼的使用率不高，里面设备的使用率也不高。新校区路程远，老师们对学校是否购入新设备辅助教学的信息掌握不够及时，都可能是其中的原因。所以有教师认为（编号：C1-12、C3-5、C5-15）："学校应当及时将通知下发到教师，这不仅可以使学生享受新的教学实验设备，还能提高教学效果，学生在亲自实践后能够更好地掌握所学知识，合理运用知识的能力也会得到有效提高。""如若学校未购买相关教学设备，应当及时告知教师，并收集各授课教师需求，提供教学过程中所必需的设备或实验平台。"学校加强对实践教学的重视，与书院制加强实践能力的理念是一致的，但在实际操作中却因为资金不足，导致了部分方面发展受阻。

3. 教师投入问题

访谈发现，H大学本科生培养过程中教师处于很重要的角色，但是教师往往会更加关注自己的科研成果，有些授课教师希望本科生尽快加入自己的研究团队和研究项目，或者通过"挑战杯""大学生创新创业大赛"等直接指导本科生开展研究和竞赛活动，该部分教师投入往往很多，对大学生全面发展起到了重要作用，但在此过程中难免会有丰富教师个人履历、寻找科研打工人等原因，并不是完全按照书院制人才培养目标培养本科生。有些授课教师，除了上课时间，学生几乎见不到教师，有些疑难问题需要教师的帮助，最后可能由于找不到教师的身影而搁置，这会大大降低学生的探索性和求知欲。同时，由于良乡校区和中关村校区相距甚远，很多教师不喜欢来回奔波，又大多在中关村校区办公，所以学生们几乎只有在课堂上才能和教师交流。有学生（编号：B3-31）指出："教学干事一周只来值班一天，恰好一天4节课是满的，老师还要坐班车回中关村，4点以后就找不到了，有的老师值班到下午五六点也是顶天了。很多学生可能下午五点半才下课，一天的时间都是见不到教学干事的。"而教师往往又在教学方面投入较少，多重原因导致在培养过程中会出现各种各样的问题。有的教师反映（编号：C2-1、C5-7）："要呼吁更多的教师可以增加自己在教学方面的投入，科研固然重要，但是教书育人也同样重要。"高校教师作为国家高素质科研人才，应该适当在教学科研二者之间取得平衡。

新时代高水平的人才培养需要高水平的教学作为支撑，高水平的教学需要高水平的教师作为基础。但是由于大环境的影响，教师需要晋升或者存在其他方面的压力，会把精力和注意力更多地集中在自己的科研领域，对开展教学所花费的时间会远远少于科研。教师对教学工作的投入主要涉及四个方面：一是教学研究。教师教学中要明确教学大纲，研究教学内容，把握课堂教学中教师、学生和教学内容三者的关系，确定自己每节课的教学内容，预判学生的接受能力和接受程度。二是沟通交流。在注重课内交流互动的同时也要加强课外交流，随时把握学生状况，不仅教给学生所学知识，还要让学生掌握学习方法。三是教学改革。教师需要整合教学内容，动态化改进教学方法，因材施教，让学生在玩中学，感受学习新知识的乐趣，激发学生的专业学习兴趣。四是总结提炼。注重阶段性总结，适时调整教学过程，期末全面总结经验教训，并投入到下学期教学中，实现良性循环，教学状态持续改进。座谈会上教师代表（编号：C1-2、C3-1、C5-12）说："书院制改革实施以来，学生的整体素质还是挺高的，但是由于互联网逐渐发达，学生获取知识的途径也不只局限于教师，他们更依赖网络教学，或者是在自主学习中获取知识，往往对学校的课程安排或教学内容并不是特别赞成或者参与感极低。"这就导致学生的学习内容和教师给出的考题方向有所偏差。再加上教师对学生培养不是很关心，教师投入成本不高，近两年书院制改革的举措也让一些教师感到担忧。教师代表（编号：C1-19、C3-16、C5-11、C5-18）在访谈中表示："书院的老师任务非常重，平时工作很辛苦""一个学院的老师数量是有限的，书院导师的供应有点跟不上，这些老师每天忙不过来""教师和学生数量悬殊，学院教师们既有授课任务，又要担任书院导师，既负责学业，又要承担一定的思想政治工作，还要关注学生的心理健康，同时要完成自身的科研任务，对学生的教育投入确实精力不足"。

4. 第二课堂教育投入问题

第二课堂是指"在教学计划之外，引导和组织学生开展的各种课外活动"。第二课堂内容广泛，大致可分为社会实践、学术交流、科研训练、学科竞赛、社会工作等五大类，是第一课堂的重要补充，是学校教育的重要环节。学生代表（编号：D1、D4、D5、D7、D9、D21）表示："学校对学习要求高，第二课堂发展影响不强""作为特立书院的学生，我们希望能有更多的社会实践活动""如果能经常有老师带着我们去体验北京的风土人情就好了""学校的校园很大，但总觉得下课后就没事干了"。长期以来，第二课堂的概念虽然逐步得到普及，但在实际中往往太过于强调第一课堂，对第二课堂的关注不足，重要性没有得到体现。H大学是国内高度重视第二课堂的院校之一，不仅加强第二课堂引导，甚至单独成立了第二课堂评分系统，学生的第二课堂得分得到数据化记录和存储。虽然如此，第二课堂仍然存在较多问题。不少内容过度偏重形式，实际上人才培养效果不足。一些内容因学工处、校团委等管得过宽、过紧、过细而没有达到人才培养目标。另外学生会等官僚主义仍然存在，社团经费不足等问题也客观存在。除了学校层面，书院要起到重要的补充完善作用，特别是在课外活动内容拓展方面，所以学校应该通过书院进一步加强对第二课堂的管理和投入。

5. 社区投入问题

目前各个书院社区都在稳步运行，但是通过走访调研发现，各书院社区质量参差不齐，学生普遍反映，较好的书院社区有甘棠、求是、精工社区。甘棠社区是最后建成的社区，硬件设施较好，但缺点是同时服务于明德书院、经管书院、知艺书院等几个文科书院，书院个性化不足。求是书院是第一个建成的书院社区，运行过程中设施存在耗损情况。学生反映（编号A3、A12、A30）："在去甘棠社区之前，觉得求是社区非常棒，可是去过甘棠社区后，就觉得人家的社区似乎比我们的更现代。"也有学生反映（编号B1、B2、B2、B3）："求是社区、北京社区是带有卫生间的，精工社区、睿信社区是没有的，在社区里上自习，要出来找卫生间，感觉不方便，学校为什么不能给每个社区都配备卫生间？"社区的优劣程度可以决定服务于学生的便利程度。求是书院是第一个建造的书院社区，当时学校建设经费充足，而后期同时开工建设的精工、睿信等社区面临了建设经费紧张的问题，有限的经费条件就会制约社区的建设，只能优先解决建设中的主要矛盾。

7.4.2 书院制人才培养新旧模式转换尚未完全实现

人才培养是一个持续不断的过程，在实施书院制后，学校更注重对学生素质的培养，学生更注重全面发展，因此书院制取得了一些有益的变化，但是在培养过程中仍然存在很多问题，新旧模式转换中，暴露出以下问题。

1. 学生归属问题

现代社会文化赋予人认同感，并经由人所发现的归属感而实现自我提升。这种"归属感"正是现代视野下人对自身发展的一种现实诉求。作为社会发展的一个微单位，班级建构、学生发展本身就需要来自学生广泛、充分的认同，并自然地生成归属感。在书院制的培养下，虽然很多班级都在无形中包容、接纳着在性格、学习基础等方面有所差异的学生，但仍有学生游离于班级生活之外、不愿参与班集体建设。学生归属问题在书院制实行期间是最明显的问题。学生由于第一年处在书院中，第二年专业分流将会有不同的学院专业属性与身份，学生们同时具备书院与学院两种身份，反而呈现出归属感不明朗的情形。有学生（编号：D81、D92、D103、D111）表示："专业为大，有了专业属性后，就是专业学院的学生，有的学生对书院比较依赖，对学院管理的各个方面都很陌生，会产生一种抗拒心理，甚至在遇到事情时不知道该寻求书院还是学院的帮助，这些都会导致学生在后面的学习生活中归属感不强。"

访谈中有的学生表示，在分专业后，学院归属感更强，因为身边的同学都是同一个专业，有相同的专业认同感，而且大多数学生认为在行政班级的归属感不强，在专业班级的归属感更强一点，因为专业班级会组织班级建设活动，呼吁大家多多参与，在同一个专业下，大家沟通交流的话题会更加宽泛。座谈会上有学生（编号：B2-8、B4-12）表示："书院制培养模式下，自己的归属感很弱，感觉自己是爹不疼娘不爱的孩子。"这确实与学校期望的书院如"母"，学院如"父"，学生将享受双重关爱的初衷有了些许偏差。访谈中有学生（编号：A12、A18）指出："我们班一年到头开班会的次数也不是很多，班主任来的次数也不是很多，希望在之后能加强一下行政班的建设，比方说多举办一些见面会，或者定期举办交流会，一方面可以交流问题，另一方面可以增进同学之间的感情。"事实上，只要做好班级建设工作，无论是在行政班级还是在专业班级都能有很强的归属感，认为自己和班级是融为一体的。所以在书院制改革下，学校各个书院应该有规律地组织各项活动，增进班级学生之间的交流，书院与书院之间也应该联合组织活动，学院中一个专业的学生会来自不同的书院，这种方式可以增加学生的广度。

2. 课程安排问题

访谈发现，排课是高校教学管理中一项复杂而重要的日常工作。课程安排大多依照各个学院和专业的培养方案制定。人才培养方案是高等学校开展专业人才培养的基本依据，是组织教学活动、安排教学任务的指导性文件。各二级学院在课程安排前，应充分了解学院各专业的人才培养计划，熟悉课程模块、课程结构等相关信息，严格按照学院规定制订下一学期的教学计划。人才培养计划将上报教务处审核。教务处将从课程性质、学分、课时、学期、单元、教学任务等方面对各专业的教学计划进行审核。审核通过后，分配教学任务到各教学单位。看起来十分科学合理的流程，很多教师和学生却纷纷表示不合理。座谈会上教师（编号：C9-8、C10-11）反映："在物理学院内部一个理科专业，一个工科专业，这个特点很明显，工科有工科的需求，理科有理科的需求，所以像生物医学工程在整个书院里面学的理科知识就太多了。包括每个学院都会学的物理这门课，各个专业对这门课的侧重教学点也是不一样的。""特立书院在大二之前学的是大学物理，而物理学院学的是普通物理，这就导致这些转专业过来的学生听不懂该课程，学院要专门开设单独的课程来服务这些学生。""课程的衔接出现错位，教学侧重点出现偏差，只能让学生自己去补选课程。"还有的教师（编号：C2-7、C4-10）认为：有些必要的专业课应当把课程安排在靠前一点的学期，因为学生们上课时注意力会更加集中，大四阶段对课程需求是相对较低的，因为很多学生往往处于保研状态不想付出更多时间听课，或者准备考研的学生往往更加关注自己所报考的专业，每位学生在课堂上都专注自己的事情，导致一门很重要的专业课用心听讲的学生寥寥，学生只有教师在开玩笑或说些与教学内容无关的事情时才会抬起头。任课教师对此现象很不认同，但出于对学生的理解又很无奈。所以教师建议把专业课放到前几个学期，这样教学效果会更好。但是学生认为如果把专业课全部放到前面，会大大增加前几个学期的学习难度，尤其是期末考试时，所有科目考试都集中在一起，几乎每天都在复习，这大大增加了复习的难度和压力，也会导致成绩不理想。访谈中有学生（编号：B3-3）指出："我觉得机电专业的课程安排有点不太合理，大二上和大二下的比例太失调了，比如说大二上我们需要修满34个学分，课程分配很不平均。导致我们在大二上学期特别忙，在大二下学期就很闲，所以希望在这个方面可以平衡一下。"虽然学生和老师所处角度不同，但是针对此问题，作者认为：第一，应让教师与学生之间达成一致，协调教师和学生之间的问题，合理安排课程教学。很多学生表示大学前两年一直在上课，无论是专业课还是选修课，都占据了大部分时间，所以可以将专业课放置在前几个学期开展，将通识选修课适当调整到后面几个学期，不要将二者全部集中在一起；第二，学生应当加强听课效率，如若上课认真听讲，功在平时，期末考试时就会减轻压力；第三，了解到学生对通识课程有较多意见，学校教务处应当针对学生问题进行调查，了解学生的问题，解答学生的困惑，这样才能制定一份科学合理且令人满意的课程安排。有学生（编号：B1-13）指出："到三年级的时候，同学们开始学专业课了，专业老师发现我们的数学一塌糊涂，学了的早已还给老师，这件事情同学和老师们都很着急，把数学课和工程衔接起来其实不是一个简单的事情。"特立书院学生（编号：D37）指出："建议大学多开一些入门课程，现在的课程讲得很不仔细。我之前上过一个编程课程，那个老师直接讲的都是一些非常深层的概念，编程就讲一点，确实这个东西主要是靠自学，老师认为需要自己去找题去答题，然后去查很多的概念，去了解这个概念是什么，在这个过程中让自己变强大。但是入门这个事情可以做得再多一点,等大家入门了以后再告诉大家,你去做大题。"安排课程的教师隶属学院,听课的学生隶属书院,新的变化,加剧了传统师生沟通不畅的供学矛盾现象。

3. 通识教育效果问题

访谈发现,H大学很早就开展了大学素质教育研究和实践改革,并取得了一定成效。这成为书院制改革的重要抓手,为书院制早期改革提供了坚实的理念支持、课程体系支持和相关理论实践支持。但随着改革的深入,H大学通识教育越来越不适应书院制改革的问题凸显。核心是一些通识课程质量不高,被学生认为是"水课",却加大了学生的学习任务。书院制背景下,学校通过书院优化通识教育课程,加大课程内容,拓展实践渠道。然而实际上书院的通识教育效果并不突出,学生缺乏学习通识课程的积极性与主观能动性。学生学业压力普遍较大,课业过于繁重,有必修、选修、公选等课程,这导致学生没有太多精力来认真完成通识课程。通识课程完全从学校层面设计,未能在设计之初征求学生意见,加上时间分配问题,使学生缺乏学习的积极性,未能达到最初设计通识课程的初心。所以很多学生纷纷表示通识课程成为一种隐形的压力。有学生(编号:B2-11)指出:"有一个同学很想学计算机,但是他最近被工程制图折磨得很痛苦,所以他做作业时画图画得非常难受,有天晚上画到12点以后,他来问我:'为什么我们要学工程制图,我觉得画图好累。'我忘记当时是怎么安慰他的了,我可能说以后你能转型就好了。我们知道自己学的是什么,我们不知道为什么要学以及不知道怎么学到自己的专业上去。有人想学自动化,应该在哪几门课上多投入精力,在哪几门课上少投入精力,在大一怎样去准备,这些我们都不知道,我们只知道自己必须学这个。所以这些疑问,我可以从我的角度来安慰同学,但不一定真的理解。"通识课程是本次书院制改革经过精心设计布置的环节,但在执行过程中未能收到预期的效果。

4. 学生参与度与预期不符问题

访谈发现,H大学实施学院书院协同管理模式,旨在促进学生多元化发展，培养学生个人能力，让学生可以在学习知识的同时，全面培养个人的综合素质。在书院设立党团活动室，把全校近百个校级社团投放到书院社区，给予学生实现自我管理、自我提升的平台。学生可以通过各类社团机构，积极参与相关活动。然而在实际运行中发现，学生参与度并不理想，兴趣集中在小部分群体中，未能普及到所有学生当中，还有一部分学生甚至认为过多的学生活动让自己很难有时间放松。如何充分调动学生参与学生管理的积极性，成为书院管理中需要思考的问题。书院以学生积极参与到书院管理，逐步提升个人综合能力为育人目标。但是从目前书院实施效果来看，书院学生参与书院活动的状态并没有达到预期的效果。有学生（编号：B1-13）指出："同学们参与活动的状态呈两极分化，有的同学特别积极，什么都参加，特别忙，有的同学什么都不想参加，特别喜欢宅在宿舍。现在去看看宿舍，一个宿舍8层，每层楼估计有一半同学在，晚上6点之后，有40%左右的人会去图书馆，其他都是在宿舍里面。因为现在很多同学的选修课基本上结课了，晚上有大把时间在宿舍里面坐着，归根到底还是缺少引导。"如何提高书院学生参与管理的热情，提高参与度，是书院需要进一步研究的问题。

5. 专业分流选择问题

访谈发现，H大学通过书院制实行的是大类招生、大类培养，学生最后要面临选择专业的问题，学校根据学生的个人志愿和专业成绩进行分流。但是大多数学生都想选择更好更强的专业，从某种意义上来说，专业选择取决于成绩。于学生而言，学习成绩无论高低都想选择好的专业，他人定义的较好的专业竞争十分激烈，而其他冷门专业却门可罗雀，一定程度上依然没有摆脱"唯分数论"。另一个问题是大多数人追求的并一定是适合自己的，有很多学生有从众心理，虽然自己成绩好，但是喜欢相对较差的专业，却因大多数人选择较好的专业而盲目跟风。专业的分流选择上无法完全按照个人意愿进行。访谈中有学生（编号：A26、A40、B2-11）指出："因为现在是书院制，同学们总在一个书院内学习交流，所以大家希望学院能够安排一些特色介绍活动。各学院可以考虑到书院来介绍一下专业，组织学生们去参观、了解实验室，也可以选一些导师跟学生们交流。"特立书院的学生（编号：D30、D42、D51）指出："我个人感觉专业确认有点迟了，从大类到确认自己的专业方向，感觉可以再早一点。包括我身边同学也认为：大一时学习的一些课程放到现在来看，感觉完全用不到。课程安排其实还好，反正我们专业还行，但是有一门课感觉不是特别合理。数学物理方法这门课因为它的重要性，在我们到了大三大四以后申报率很高，但是我们能够在大二上完的话，感觉学得会更加扎实，结果我们当时花费大量的时间在学习量子力学和电动力学之类的课程。"从管理者角度来讲，专业分流实现了高比例学生满足专业志愿，因为每个学生可以填写五个专业志愿，只要满足之一就算满足志愿，不算调剂。而从学生的视角来讲，只要不是满足第一专业志愿，就是退而求其次，这部分学生对分流规则会有质疑。

6. 导师制问题

导师制是H大学书院制改革最关键的一环，H大学每年征召大规模的导师团队，以期导师在授课之外全方位、全过程参与书院制学生培养。访谈发现，导师制对人才培养有积极成效，书院制学生通过与导师的充分交流取得了良好发展。一些导师也吸引了优秀本科生进入课题组开展学术研究，取得正向效果。当然也存在不少问题。首先，书院的导师并不是书院的专业教师，而是从专业学院选聘过来，这就使导师数量有限。随着高校书院制改革的不断推进，书院的学生会越来越多，书院导师与学生的师生比将严重不足。导师有教学与科研压力，那么依靠导师个别辅导和因材施教的愿望将会大打折扣。导师师资紧缺，就会使导师制流于形式，从而使学生对书院教育表现出不满。其次，书院成立之时，许多高校并未对导师具体指导目标、工作职责、考评机制与激励机制作详细周全的规定，使导师的"指导"显得空泛而笼统，没有相关的考评与激励机制，导师工作的积极性急剧降低。再次，书院导师的工作与专业学院的学生管理工作也存在一些职责的重叠问题。最后，导师制度与国外寄宿制学院一同存在并持续了数百年，我国高校的书院制恐怕不能只是对其形式或制度进行简单的模仿或借鉴。访谈中部分学生（编号：A29、A33、A41、D20、D81）指出："很多同学都知道自己有导师，但不知道怎么去了解导师、怎么去跟导师交流，他们希望学校以后能给新生介绍一下如何跟导师相处，如何获取一些资源。"教师们也遭遇了双重身份的问题，既是学院的教师，又是书院的导师，这种身份的叠加，让部分教师短时间内无法适应。导师制蕴含着深刻的文化与精神意蕴，如何实现导师制度"神与形"的融会贯通，也是书院制人才培养要解决的困境之一。

7. 学院与书院协同管理问题

访谈发现，H大学学生管理模式书院和学院"两张皮"的问题仍然突出。二者在学生归属、资源争夺等方面展现出矛盾属性，在人才培养目标与价值导向、培养过程衔接等方面也存在较多不一致的地方。学院与书院职责划分不够明确，机构设置繁杂，人员较多，相对于传统学生管理模式，在机构设置上增加了书院相关管理部门，主要责任会出现交叉重叠，使沟通成本增加。在学校相关政策的落实上，学院与书院缺乏密切的配合，实施过程较长，需要各部门投入较多的时间成本和人力成本，导致工作效率低下，矛盾日渐突出。有学生（编号：A2、A28、A33）指出："在学院和书院衔接的这方面存在问题。我们有两个班，一个是行政班，一个是教学班。因为行政班和教学班不是同一批人，所以就需要在行政班和教学班同时存在两套班干部，这样我感觉有点冗余，有点麻烦，希望可以在划分行政班和教学班的时候，尽可能地一次性解决好这个问题。"有教师（编号：C6-16、C8-12）说："行政班和教学班之间的衔接不是很好。在良乡上课时，有老师反映专业分流后的学生分散到各个专业里面，只有行政班没有教学班，教学班缺少管理学生的班主任。当时该老师向院长反映了这个问题，现在学院调整过来了，学生既有行政班班主任，也配备了教学班班主任，否则学生们缺乏归属感。"如何有效配置书院与学院的工作，提高工作效率，是迫切需要解决的问题。学院目前更加重视学生学业指导、专业知识的学习，而把学生育人的任务全部转移给书院教师，并未发挥好学院与书院协同育人的目的，出现学生培养的割裂状态，很难达到全方位育人的效果。书院与传统学院有着较大的区别，书院没有严格按照学科专业而划分院系，缺乏专业的师资和教学场所，这些都是制约书院发展的重要因素。所以，学校应当明确划分学院和书院的职责，避免混淆，也要督促落实，跟踪调整优化，让学生和教师都能联系到彼此，解决相互之间的问题，学校管理也会随之顺畅。

7.4.3 书院制人才培养体制机制仍然有待理顺

1. 培养学生主体单位间隐形竞争日益凸显

书院制改革改变了本科生人才培养主体，传统学院从完整参与人才培养活动变为部分参与，书院则成为新的人才培养主体。新旧主体之间目前责权利边界仍然不够清晰，学生、资源等争夺激烈。而一些涉及教育投入的地方，则可能出现推诿等问题。访谈显示，书院与学院的协同不足体现在各个方面。一是书院、学院存在职责分工边界不清等问题，在学生教育管理方面容易陷入紧张或推诿的冲突局面；二是由于教育资源分配不均衡，导致书院依赖学院资源，书院作为平行于学院的教育实体，其功能发挥受到一定的限制；三是书院制改革后学生划归不同的书院，进入社区平台进行教育管理，社区化学生管理模式和学年学分制的教学管理模式之间的契合度较低，难以实现二者的互相支撑、共生促进。有行政人员说（编号：C10-8）："书院与学院两家单位之间不仅存在着表面上的利益纷争，在私下上更是存在争夺学生归属感的隐性竞争。"建立书院后，虽然学生具有"双重身份"，但相对而言，往往学院还是更加强势一些。书院与学院的一些工作本身边界也难以区分，一旦处理不当，就可能产生一些矛盾和困难。学院主要是负责学生的专业课方面，对学生生活方面的关心较少，很容易对学生产生疏离感。这使专业学院不得不使出浑身解数来拉近与学生的距离，比如提高教学质量和专业建设、提升学生的认同感。而书院作为学生素质教育的主要载体，对学生具有思想政治教育、行政管理等职责，但书院没有专业学科的依托，对学生学习的助力偏弱，担心学生缺乏书院归属感，书院则通过一系列思想政治教育、通识教育与组织活动来拉近与学生的距离。两家单位都是为了学生与本单位发展着想，在隐性竞争的过程中不断较劲。虽然这种隐性竞争在一定程度上使学生受益，但这种竞争需要把握好尺度，若超出了学生可承受的范围，必然会对学生造成负担，进而对他们的发展起到阻碍作用。

2. 培养学生主体单位分工不明确

书院制作为人才培养的一种途径，其主要负责机构分别是书院和学院两家单位。但由于人才培养是一个复杂的环节，目前高校中缺乏明确的规章制度来划分两家单位的职责与工作范围，这就使双方的工作内容既互补又交叉，在一定程度上具有重合性。这种工作内容上的不确定，需要根据具体情况进行变通和调整。

书院和学院之间的模糊性是指二者分工不存在绝对范围划分，就具体的事件而言，需要落实到实践上再精确分配。部分学生的就业工作是由书院和学院共同负责，但在实际运作的过程中，经常会出现两家单位互相推责、扯皮的现象，这对学生的发展和个人成长是非常不利的，更不利于学校组织制度的完善。书院和学院之间的灵活性是指在处理某些事件时，虽然条例是刚性的、不可改变的，但作为学校管理者却是灵活、可应变的，需要根据实际工作中的具体情况做出适当调整，而不应该被规则所束缚，死板地完成分内的工作。由于书院与学院既具有不可调和的模糊性，又具有灵活多变性，所以在双方实际工作当中，若发生"越界"或"真空"事件时，两家单位应当本着为学生服务的心理，尽可能以更加弹性的方式处理事件。这就要求书院与学院在培养学生相关负责人方面，应当对学生负责人思想觉悟与应变能力进行全面培养。书院和学院既不可以墨守成规，死板地遵循规章制度，也不可以一家独大，包揽学生一切事务。这对两家单位的学生负责人提出了更高的要求，只有书院与学院两家单位能相辅相成、相互配合、责任共担、利益共享，才能够确保培养学生的质量。

3. 专业教师育人功能受限

我国传统的基于学院模式下的管理方式，专业教师与学生同属一个学院，教师和学生之间的沟通和交流频率多且效率高，有利于培养学生和教师之间的感情，专业教师通常会及时解答学生问题，学生对专业教师的认同感也会更强。在书院里，学院与学院之间的界限变得模糊，不同专业的学生混住，构建了学生跨专业交流的场景，同时，书院更加注重举办社区类型的活动，但是由于书院和专业教师联系不紧密，对于导师制的推行效率不高。有教师（编号：C2-7、C4-6、C6-8、C8-11）反映："和学生交流完以后，感触最深的就是高中的培养模式跟大学的培养模式差别很大。学生在高中时属于圈养，父母每天起来把所有东西都准备好，孩子只管去上学。但到了大学就会导致学生突然不适应大学学习氛围，脱离了父母的管教也很不适应，导致学习成绩大幅下降。有的学生能在很短的时间内适应这种模式，但有的学生调整不过来，如果作为老师不去干预的话，这群学生的情况只会越来越糟糕。"该教师了解到："有10%～20%的学生，老师不去干预他们的学习生活，他们愈加放纵。我们与书院的学生聊天时了解到，有近半数的学生认为和专业课老师交流频次很低，还有少部分学生认为和专业课老师很疏离，只有在上课时能够见面，在学生的校园生活中，专业课老师的参与程度太低，这会导致学生的培养质量下降。"有力学专业的教师（编号：C12-2、C11-3）反映："大类招生以后，对力学专业生源影响是非常大的，因为力学相对于其他专业来说没有那么热门，大家报考的热度也不是特别高，自从大类招生以后，力学专业招生人数质量屡创新低，最少的时候力学一个专业只有12个人，近年维持在16～17个人一个班，生源质量基本是全院最差的。比如给4个保研名额，但是只有1人符合保研条件，其他人因有挂科而无法保研。根本原因是书院对学生日常管理和教学管理方面有较大权限，学生对书院的认同感大于学院，对于专业课老师的认同感也会受到影响，这将限制专业课老师对学生培养的参与。"如果导师制工作推进不扎实，有时甚至存在学生和教师互不相识的情况，这样作为育人主体的专业教师的育人功能则受到限制，"三全育人"的全员育人环节将出现明显缺失。

4. 无法摆脱传统管理模式，沟通成本激增

传统的学生管理模式是按照院系班级为单位，对学生进行分散管理。这种模式下的人才培养计划具有实操性，相对简单，并且已有非常丰富的教学管理经验。而书院制是不同专业学生混杂的管理模式，对学生进行书院制改革，可以突破规模化、流水式培养学生的弊端，但当前这种学生管理模式在我国可以借鉴的经验十分有限，在改革制度的路上难免走许多弯路。在本次访谈中，有教师（编号：C9-11、C10-17）反映："书院要开一次专业认知教育就要重复和多个学院沟通，而且不一定能达成一致意见，书院负责对接学院的老师表示非常苦恼，且暂时想不出更好的应对方式，所以要用更加包容、长远的眼光看待书院制改革，要书院改革决策者有更强的定力和魄力，也要书院建设者有更强的抗压力和创造力。"当前，书院对学生的管理功能较为突出，难以摆脱传统管理模式的惯性依赖，书院制在实际运行过程中还没有摆脱学生公寓管理的刻板印象，在实际实行过程中并没有真正考虑实现教育、服务和学生发展"三位一体"的效果。由于一个书院通常是由不同专业的学生构成，书院在培养学生的过程中，往往会对接多个学院。无论书院是以何种渠道与学院进行沟通，其中的沟通成本都是成倍增加的，书院要花费大量的人力、物力资源来对接各个学院。这种跨单位的沟通模式，程序和规模都更加复杂化，工作量也在成倍提升，而工作效率则会大幅下降。

7.5 现代高校书院制人才培养模式机制与成因分析

访谈显示，H大学书院制改革过程中，形成了新的育人场域。首先是重新构建育人模式的政策宏观系统；其次是推行导师制，建设书院社区，改革专业大类课程体系，设计第二课堂活动，系统建设中观系统；再次是聚焦学生个体学业与非学业表现，重视微观系统的反馈与建设。多系统共同作用，相互交融、彼此影响，进而对学生的认知能力与非认知能力产生影响，作用于学生发展。

7.5.1 书院制对人才培养成效影响的作用机理

现代高校书院制改革通过强化公共基础知识教育和各类通识教育，进一步夯实了低年级本科生学业基础。另一个层面，通过现代高校书院制改革配合新校区的建设以及老宿舍区域的改造，升级校园物理空间，彻底改变了传统学院专业条块分割式的育人环境，书院社区公共空间的资源匹配和布局改造，为学生们提供了良好的氛围和软硬件场域。现代高校书院制中突出的导师制度设计，增加了师生互动频次与水平，对大学生的学业与非学业表现均有影响。现代高校书院制打通了传统各类教育壁垒，刺激与激励人员、信息、资源、数据等的交融流动，构建形成了包含"环境因素、学校资源因素、同伴因素、管理制度因素、体系因素、师生关系因素"等大类和若干具体指标的教育场域；以上场域相互融合，促进了学生对学业与非学业活动的参与，进而对学生的认知与非认知能力的改变也起到关键作用。I-E-O理论的"输入—环境—输出"三角场域为本研究做了最初的路径贡献，在书院制运行中形成的物理空间场域和人文精神场域则是实际作用于学生本身的直接因素源。各场域结构蕴含关系空间，各种场域的边界，又衍生出各类关系的作用效力边界。场域是处于发展动态中的，它不是一成不变的。在本研究中将环境、资源、制度、政策、能力、表现等归为宏观、中观和微观的教育场域，共同作用于大学生能力发展。刘文（2019）指出，教育场域系指在教育者、受教育者及其他教育参与者相互之间所形成的一种以知识的生产、传承、传播和消费为依托，以人的发展形成和提升为旨归的客观关系网络。书院制对人才培养成效影响的作用机理如图7.1所示。

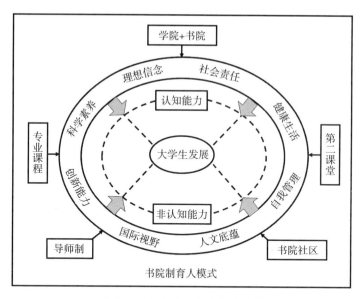

图7.1　书院制对人才培养成效影响的作用机理

7.5.2　现代高校书院制人才培养存在问题的成因分析

在现代高校书院制的改革中仍然存在部分不利于人才培养成效提升的制度、政策、资源和实践性障碍。在一些个别访谈和座谈活动中，本研究就核心问题的成因进行了追问和汇总分析。主要的问题成因可以概括为四个方面。

1. 书院与学院协同关系的失衡

访谈发现，H大学书院制旨在服务于学生能力发展，管理学生专业课学习之外的事务，那么衡量书院制效果的标准之一就是归属感，学生是否在乎书院荣辱，是否为书院荣誉努力。在书院制管理制度下，由书院和学院对学生实行双重管理，学院负责对学生进行专业教育，书院侧重于学生的思想政治教育、通识教育和第二课堂活动教育。在我们访谈的学生中，多人认为在育人过程中书院没有发挥很大作用，甚至有部分学生表示没有参加过书院的活动。相对于学院来说，教师的作用不容忽视，学生在学校最重要的学习交流，来自与教师的互动，书院没有教师团队，因此书院在与专业学院的协同中会出现存在感弱化的情况，尤其是在书院没有足够的经费支持与人员制度保障时，其第二课堂活动的质量和层次会降低，不能有效吸引学生自愿参加，因此有时书院的功能在学生眼里可能会弱化。

2. 导师制度设计实践成效不足

访谈发现，H大学书院制的一大标志就是推进全员导师制，导师制的扎实推进是书院发展的核心。要保障本科生培养质量，师生间交流是关键步骤。引进本科生导师制的利好之一在于学生与导师之间加强交流，导师通过向学生传授学习和科研方法，能引导学生养成自主科研能力，此外也能促进高校教师回归教学，在潜移默化中对学生的思想政治教育、学术与科研精神教育产生影响，履行立德树人的教师本职。但目前H大学的书院推进导师制的成效并不都尽如人意，在访谈的学生中，有超过一半的学生认为导师的作用没有达到自己的期待。造成这一现象的原因，一是大学考核导向依然是以教学科研为主，导师们注重科研成果超过注重学生发展，对于学生辅导投入明显不足，学生发展成果甚微。特立书院的学生（编号：D3、D9、D17、D107）反映："对于当前书院培养的导师制，学生们和导师的联系并不紧密，除了正常的教学，其他校园生活中与导师接触很少，并且导师辅导本科生的热情严重不足，基本上老师只会让学生做一些琐碎的杂活，没有贯彻育人的思想。同时校内师生比率严重失调，同一导师可能身兼多位学生的培养重担，导师的资源与精力不足，培养学生效果不佳也是意料之中。"二是书院与导师的沟通有限，对导师的管理权限也有限，书院无法与专业导师进行高频且有效的沟通，不利于书院与学院协同培养学生。三是书院对导师的考核不严格，支持力度过小。书院占导师整体考核的比重很小，对导师没有严格的考核标准，长此以往导师难免会懈怠。大多数导师指导学生正是因为对教学怀有一腔热情，但是在没有持续支持条件下，情怀不可能一直被透支，导师的热情也会逐渐消退。维持导师制的重要支撑条件就是建立严格的导师考核标准以及给予导师们情感与政策制度上的激励与支持。

3. 书院制理念表达信息传递递减

访谈发现，书院制改革的重中之重是改变教育理念，但H大学传统教育理念根深蒂固，彻底转向书院制人才培养模式不是一件容易的事。在我国千余年的书院发展史中，书院的办学理念和办学实践逐渐凝炼为传统书院精神。这种传统书院精神集中表现为以下几个方面：一是教育理念和宗旨围绕怎样做人、成为怎样的人而展开。坚持德育首位，将知识教育和德行教育相结合。注重道德修养、尊师重道，师生"以道相交，合志同方"，共同探讨和体验道德生活。二是关心国家和社会，体现家国情怀。所谓"风声雨声读书声声声入耳，家事国事天下事事事关心"，读书人将所学之道德和义理用于分析时务，体现了士人的家国情怀。受访谈的一些师生（编号：A2、A39、C8-11、C10-12）反映："虽然书院有一站式的社区空间，但有些导师仍然主要通过线上会议对学生进行指导，这种沟通与交流缺乏情感沟通，仅能对学生的课业进行指导，而无法对学生的思想情感及个人学习状态进行把握与干预。"所谓亲其师，信其道，只有进行线下的指导方能实现导师与学生之间的高效沟通，而书院的生活导师多为一些兼职辅导员，所起的作用有限，育人功能发挥不够全面。现代高校通过书院制模式探索，以一站式书院社区建设为载体，把学校的思政力量、党团力量、组织力量、服务力量汇聚到学生工作第一线，让组织、服务、管理部门的职能延伸到学生的宿舍空间，让思想政治教育融入学生的日常生活，让立德树人能够润物无声，打通思想政治教育的最后一公里。但目前，实行书院制高校的部分学生和教师对书院制改革存在认同感和归属感较低的现象，无论是学术界还是实践界都缺乏统一深刻的认知。到目前为止，书院制是不是一种高等教育改革必然性和普适性的选择模式，在国内学界仍未达成共识。目前，书院制在实践中取得的成果尚处于积累阶段，并未形成规模效应，是不是放之四海而皆准，是否为可以全面推开的制度，还值得商榷，甚至有部分学者对移植西方住宿学院制的书院制改革在中国发展的合理性提出质疑。这些思想都在影响着H大学的教师群体，导致书院制理念在全校师生中普及受阻，认识不到位，执行力就会减弱。

4. 书院制文化内核与秩序培育缺失

访谈发现，H大学改革过程中，对文化内涵的打造仍然任重而道远。书院制本身既具有部分古代书院、西方书院的文化属性，又有现代人才培养的目标任务。H大学同时具有"延安根、军工魂"的红色文化与国防文化背景，如何融合形成完整的现代高校书院制文化内核，如何包容各类文化碰撞，如何有效进行文化表达等仍然道阻且长。而恰恰是由于文化内核的缺失或冲突，带来上述访谈中的各类现实问题，文化问题的传导机制有时候是显性的，而很多时候则是隐性的，对这些问题的研究仍待深入开展。大学教育归根结底是一种文化的影响，现代大学之所以称为现代，就在于其内在的文化精神、组织制度及其生活方式所具有的现代社会所认可的文化价值属性。国内高校实行的书院制之所以区别于西方的"住宿学院制"，最根本的就是沿袭了中国古代书院精神，结合本土的经典传统解决人文教育缺失的问题。书院作为一种高校存在的文化圈，其最大的价值在于培育一种文化和特色，通过文化生活对学生的道德品行、学业、行为产生潜移默化的熏陶和影响，而要形成这种文化特色，需要整体性的宏观顶层设计，既要提供相应的文化空间和场所，也要精心设计书院的内部运作方式，真正从理念到制度再到运行的各个环节，都嵌入独特的文化氛围，让书院教育更具自洽性和不可替代性。当前，高校开展书院制改革基于人才培养目标，侧重提高教育管理的执行力和效率，是以工具理性为价值导向的，是应用型人才培养的辅助模式，但缺乏的是其应有的自己独特的文化内核和人文精神，这已成为书院建设过程中未能取得显著成效的主要制约因素。

7.6 本章小结

本章基于访谈，对H大学书院制改革是否以及如何影响人才培养成效、书院制对人才培养成效提升仍然存在的制约因素、问题和原因进行了系统分析。研究发现，H大学书院制改革取得了一定成效。书院制改革对以学业表现为代表的认知能力和各类非认知能力都起到了影响作用。本研究基于访谈素材，初步绘制了书院制对人才培养成效影响的作用机理图，虽然仍无法达到揭开大学人才培养生成的"过程黑箱"，但也较好揭示出H大学书院制改革对人才培养成效影响的基本原理。这一发现，一方面佐证了第4章有关H大学书院制对大学生全面发展的预期制度设计，说明制度设计在人才培养环节起重要作用；另一方面也显示出人才培养成效评价虽然无法进行完全精确的测量，但实证分析与访谈分析的结果一致性，显示出第5章、第6章实证分析结果具有较高可靠性。同时，作为一篇面向院校研究的学位论文，本研究也全面呈现了H大学书院制改革过程中的各类矛盾与问题，对这些问题的展示和原因剖析，既有助于H大学自身进一步深化书院制面向人才培养成效的各类改革，也有助于同行院校参照借鉴、少走弯路。

第 8 章
CHAPTER 8

研究结论与展望

本章基于全文研究形成研究结论，并结合访谈结果提出研究建议。围绕研究结论，本章还总结了研究的创新之处与不足之处，进而提出研究展望。在此过程中，也将对研究理论、研究方法、研究结果等展开进一步讨论。

8.1　研究结论

本研究通过文献研究、比较研究等方法，对中国古代书院制起源、西方书院制历史以及现代高校书院制改革等问题展开分析归纳，对涉及与高校人才培养相关的政治经济学、心理学、教育学等理论流派展开梳理，对本轮参与现代高校书院制改革的大学展开分析，尤其是对研究对象H大学自中华人民共和国成立以来历次人才培养模式改革进行纵深分析。文献综述显示，新时期经济社会发展对人才能力特征等的需求已发生根本性变化，通过书院制改革以期进一步影响人才培养的成效。书院制人才培养改革与以学生为中心的理念高度契合。本轮书院制人才培养改革理念和设计，将有望深入探索中国高等教育人才培养质量，促进高等教育内涵式发展，提升中国高校毕业生应对"卡脖子"等技术的挑战能力，为实现中国高等教育强国做出贡献。

高校人才培养成效评价，从学术研究角度尤其是评价角度，既存在较大的研究空缺，也存在较大的研究困难，导致以往对书院制改革的研究更偏于宏观和中观论述，直接从书院制改革对人才培养成效评价的角度开展的研究仍然较少。虽已有少数对书院制评价研究或者对人才培养成效的研究成果，但仍然试图通过少数便于采集的小样本数据展开研究活动。书院制改革究竟能否促进人才培养成效提升，学术界没有给出有效研究结论，这在一定程度上导致部分高校对书院制改革仍存观望态度。本研究则显示，书院制人才培养成效评价虽然概念内涵和外延较为宽泛，但高等教育办学活动本身仍然积累了大量可用于观察或评价大学生发展的证据素材，具备研究的可行性。

本研究旨在对本轮现代高校书院制改革过程中人才培养成效展开分析。研究选取了 I-E-O 理论框架，并借鉴基于能力的新人力资本理论部分思路，构建形成研究的总体理论框架，围绕书院制改革重点关注的"能力"要素，按照认知能力与非认知能力，构建学业表现与非学业表现两大类评价指标体系，系统介绍了研究对象高校书院制改革过程与内容，运用双重差分法，系统采集构建研究对象本科生学习大数据库，以及书院制改革人才培养成效两轮次追踪调查问卷，通过实证计量分析，就书院制是否以及如何影响人才培养成效这一议题展开深入研究。同时，在实证计量基础上，配合长周期、大样本、多轮次的访谈调查。在全文研究基础上形成以下结论。

8.1.1 书院制改革通过有效设计对人才培养成效产生显著影响

本研究对比分析了样本高校历次人才培养改革活动，从通才教育改革、专业教育改革、通识教育及素质教育改革，再到书院制改革，H 大学在现代高校书院制改革过程中，核心目标在于提升人才培养成效这一基本理念。研究对象高校在总体制度设计、人才培养总体方案、学生教育管理模式、书院与学院协同机制、导师制、学生思想政治教育等教育教学活动设计和具体执行过程中，全面纳入了书院制人才培养成效的制度目标与政策行动。从实证研究和访谈研究结果来看，这些制度举措推动了人才培养目标的转变，基本实现了显著影响人才培养成效这一政策目标。本项研究说明，以 H 大学为代表的全员书院制，有望在全校范围内重构育人理念和制度架构，通过转变人才培养结构和功能，实现书院制改革育人目标。研究对象高校的具体制度设计和政策举措具有一定的可迁延性，这一推行了四年的制度设计已经较好地实现了制度定型，具有一定的模式输出能力，对后续参与改革高校具有一定的借鉴意义。

8.1.2 书院制改革可以有效作用于学生认知能力与非认知能力改变

本研究以I-E-O理论与基于能力的新人力资本理论为基础，构建形成了面向大学生能力评价的认知能力、非认知能力分析框架，基于文献研究构建形成了两大类（学业表现、非学业表现）共16项具体的评价指标体系。通过采集构建研究对象高校本科生学习大数据库，对数千门本科生课程展开细化分析，发现书院制改革后本科生学业表现产生明显变化；书院制改革期间两次间隔三年的准问卷调查，书院制本科生从进入书院到参与培养活动，其非学业表现各项指标出现提升。为谨慎形成这一结论，本研究先后进行了大数据分析、各类课程对比分析、相关性分析、回归分析和PSM分析等，最终形成了上述研究发现。并通过较大样本、较长时间、多元对象的访谈研究，全面印证了上述研究发现。这说明书院制改革带来的良性改变大于劣性影响。在人才培养领域，书院制改革可有效作用于大学生能力改变，进而影响人才培养成效。按照新人力资本理论的基本框架，应对评价对象能力、技能、健康等多个维度展开分析，本研究虽然只对"能力"进行了指标设定、数据采集和分析评价，但事实上，健康等要素也已经被本研究归纳进非认知能力指标体系。虽然如此，能力具有丰富的外延特征，本研究并不能对书院制人才培养成效涉及的所有能力予以穷尽分析，但本项研究仍然尽最大努力对可评价指标进行了构建，对可分析证据进行了采集（打通了全校多个数据部门），对研究发现进行反复论证和多方法验证。这既是学术界比较系统的对书院制改革成效的客观评价，也是样本高校书院制改革四年来最系统深入完整的一次院校研究和自我评价。研究相关结论经过访谈等方法验证具有稳定性，可以认为书院制改革对人才培养成效提升确有影响，书院制改革具备构建形成新一轮高校人才培养改革模式（乃至中国本土化人才培养模式）的潜力。

8.1.3　形成新的育人场域是书院制实现人才培养成效提升的主要路径

本研究通过访谈分析，既验证了书院制影响人才培养成效的实证结论，也对书院制影响人才培养成效的基本原理进行了过程分析。研究的基本结论是，H大学书院制改革总体理念和方向是准确的。书院制人才培养模式之所以能显著影响大学生认知能力，一方面，是因为书院制改革强化了公共基础知识教育和各类通识教育，夯实了低年级本科生学业基础。另一方面，是因为书院制改革配合研究对象高校新校区的全面使用，通过书院社区物理空间的打造，有效扭转了传统学院专业条块分割式的人才培养育人环境，书院社区公共空间的资源匹配和布局改造，则进一步形成了学习社区的良好氛围和软硬件条件。此外，书院制改革过程中学育导师、朋辈导师等各类制度的设计，也大大提升了师生互动水平，对大学生学业表现起到了关键影响作用。其中，对大学生学业失败的分析，体现在研究结论上就是大学生的学业失败率呈下降态势。书院制人才培养模式之所以能明显影响大学生非认知能力，一方面是因为书院制打通了各类传统教育壁垒，促进了人员、信息、资源等的良性流动，构建形成了包含环境因素、学校资源因素、同伴因素、管理制度因素、体系因素、师生关系因素等大类和若干具体指标（参见7.2三级编码）的教育场域；另一方面则是因为书院制本科生评价导向对学生能力尤其是非认知能力的认可也起到关键作用，书院制改革逐步引导学生评价指标包括评价文化开始转变，在继续保留学业评价的基础上，逐步加大了对体育运动重要性的分析与证明，突出了多元能力评价，尤其是非认知能力评价的专门导向，这对学生全面发展乃至终身学习都将大有裨益。

8.1.4　书院制改革对制度、资源带来冲击性影响

本研究发现，研究对象高校书院制改革在具体教育教学活动中暴露出不少问题，这与案例高校仍处于改革之中有关系，也与书院制人才培养模式特

定属性有关系。书院制改革存在人才培养模式仍未完全理顺、人才培养机制改革不彻底等问题。新制度的出现对旧制度形成冲击。旧制度拥有长期的实践基础与深厚的群众基础,大多数师生习惯于旧制度的稳定性。新制度出现前期势必使师生群体不适应,一旦出现劣于旧制度的方面,会被师生加倍放大。新旧制度的对抗与博弈在任何一次改革中都不可避免,改革力度越大,阵痛越明显。H大学的全员性改革,步子迈得彻底,也不可避免带来多层面制度的转换冲击,这种冲击带来的阻力会减缓甚至阻碍改革的推进以及效果的显现。

书院制人才培养活动是高资源投入性教育活动,资源保障能力很大程度上决定了人才培养成效。研究发现,书院制人才培养活动资源投入存在不少问题,场地投入、软硬件投入、师资投入等尚无法满足大学生全面发展的要求。书院制对功能性物理空间环境与导师人力资本群体的要求颇高,而空间资源与人力资源恰是高校中的稀缺资源。与此同时,学院作为在学校长期存在的实体单位,对资源也有很大的需求空间,于是新出现的书院与学院之间就会存在对有限资源的争夺与拉扯。本研究显示出的这些问题是书院制人才培养模式所特有的,体现出案例高校全员书院制改革可能面临的风险和挑战,也将为后续改革高校提供重要参考。

8.2 研究建议

本研究显示,现代高校书院制人才培养模式改革,顺应了新时期"人全面发展"的教育需求,有助于形成新的大学生培养和发展良性教育场域。现代高校书院制人才培养模式改革,显著影响大学生认知与非认知能力,推动学校进一步理顺招生、培养、专业选择等高校教育管理过程,打通传统人才培养路径、制度与政策壁垒,部分摆脱传统专业学院学科专业固化、知识结构单一、能力迁移不足等问题,提升高等教育人才培养质量,促进高等学校内涵式发展。本研究在访谈过程中大量涉及对进一步优化和完善H大学书院制改革的意见和建议，这些意见和建议来自管理人员、教师、学生、校友等各方的反馈，这些改革意见与建议对案例高校书院制改革具有重要意义。综上，本研究进一步围绕H大学和中国高等学校推进现代高校书院制改革提出以下方面的政策建议。

8.2.1　因校制宜推进书院制改革

当前部分"双一流"高校已经启动书院制改革，其中既包括以本研究案例高校为代表的全员书院制改革，也包含一些仅进行大类招生改革、仅进行本科一二年级改革、仅吸纳部分学生进入书院的局部改革。此外，绝大多数院校对于现代高校书院制改革仍持观望态度。本研究认为，现代高校书院制改革是现阶段中国高等教育人才培养的重要模式，各高校应结合自身学校特征，充分考虑办学目标、办学历史、办学特色和资源禀赋，因校制宜推进书院制改革。

一是建议书院制改革要充分考虑资源约束。类似于本研究案例高校的全员书院制改革，既需要足够的前期改革积淀，又需要充沛的教育资源配套，并不能一蹴而就实现改革目标。案例高校在书院制改革之前，已经过相当长时间的基础教育学院模式、大类招生等试点改革，形成了较为丰富的政策积累和民意积累。案例高校为保证本次全员书院制改革取得实效，还进行了大量的人力、财力、物力资源配套。书院制人才培养生均投入远高于传统专业学院人才培养模式。除此之外，案例高校之所以可以彻底推行全员书院制改革，还与其近年来占地数千亩的新校区全面投入使用密不可分，全新的物理空间准备，为全员书院制改革提供了非常重要的基础保障。

二是建议书院制改革"分步走"。各校因校制宜推进书院制改革，也可以借鉴案例高校改革"分步走"模式。改革早期以大类招生为主要目标，招生过程中整合学科专业资源，分类招生给予学生入学后再次选择学科专业的机会，低年级（尤其是一年级）大力推广基础学科教育和通识教育，帮助学生厚植基础，形成可持续学习的能力。改革中期以全面大类培养为主要目标,在大类招生基础上,全面重构本科生阶段人才培养模式,通过结构化或模块化设置,形成知识、能力以及各类非认知能力养成模块。进一步破除学科与专业壁垒,形成学生多学科专业选择流畅机制,打造以学生为中心的课程模块设计—学生自由选课系统—教师及其他资源灵活配置制度。改革后期则以全员书院制为主要目标,在大类招生、大类培养基础上,进一步构建具有良好物理空间、知识空间、能力空间、文化空间等的书院制度,所有学生进入书院开展教育活动,学生在学习知识能力等过程中,深度浸润在各自书院的"泡菜坛子"之中,并促进书院间良性互动。尊重人才培养客观规律,形成书院制资源配套,形成人才培养成效反馈机制,促进以学生为中心的理念在书院中全面贯彻落实,经过一定周期的制度定型形成稳定的书院制制度体系。

三是建议书院制改革破除传统路径依赖。近年来随着中央"破五唯"等改革的推进,高等学校工作重心进一步回归人才培养核心任务。进入高等教育普及化阶段,各高校也已形成较好的人才培养资源储备。大量高校还进行了新校区等物理环境改造建设。这些都为高校书院制改革提供了坚实基础。近年来,国内部分高校已经形成高校书院制改革联盟及类似机构,已经形成部分改革经验,但相关经验做法模式的推广还不充分,这也是部分高校对改革持观望态度的原因之一。新时期,应加大书院制改革模式推广宣传力度,消除高校改革恐惧心理,扭转高校对书院制改革的认识误区。同时,高等学校自身应破除对传统人才培养模式的路径依赖,主动面向书院制改革前沿寻找发展创新。当然书院制改革也并非"仙丹妙药",可以解决高校人才培养的全部问题,反之,因为新的人才培养模式出现还可能带来各类新的教育问题。各高校在具体改革实践过程中,应做好改革应对。书院制改革也并非适应于所有高校,从全球范围来看,书院制改革也主要集中在研究型大学,这与这类大学人才培养模式的目标和资源约束存在显著关联。

8.2.2 全面提升书院制人才培养质量

书院制人才培养模式改革核心在于提高人才培养质量、促进高等教育内涵式发展。中国大学教育具有高度选拔性特征，从世界范围来看，中国高中生都具有突出的数理、英语等基础优势（如PISA测试结果）。但中国高等教育人才培养阶段中的"钱学森之问"却迟迟得不到解决，原因在于高校人才培养模式存在问题。

书院制改革的核心是营造形成新的全方位的更有利于人才培养成效提升的育人场域。书院制改革打破学科壁垒，以期形成宽广的学科基础，面向学生各类能力与素质养成，形成可持续学习与发展能力等，都是其破解传统高校人才培养困局的重要抓手。本研究也显示，书院制改革在认知与非认知的很多方面显著影响了大学生能力。新时期，要聚焦人才培养质量，形成新的改革抓手，在此过程中有三个方面特别值得注意。

一是细化分解书院制人才培养质量目标。当前各高校书院制改革目标大多面向拔尖创新人才培养、素质教育与通识教育、各类能力素质提升等目标。但如何通过科学的制度设计，通过书院制方式促进人才培养成效提升、提高高等教育人才培养质量，各高校仍然未形成明确的质量目标和路径方案。本研究提出书院制视阈下的认知能力与非认知能力在内的十多项能力指标，首次刻画出书院制改革与学生能力养成的路径关系，但本项研究仍有待深入。高等学校应深入开展相关研究，形成书院制对于人才培养成效提升关系的客观结论，并以此分解形成书院制人才培养细化质量目标，以此指导书院制人才培养活动。不同层次与类型的高校、不同阶段书院制改革的高校人才培养质量目标存在特定差异，要因校制宜开展书院制人才培养活动。尤其是进入知识爆炸时代，四年制本科生培养过程受限于时长、学分等条件，应在书院制改革过程中有针对性地提高人才培养质量，而非面面俱到或贪大求全。以美国麻省理工学院NEET新工程教育改革为例，这一启动于2017年的改革活动就设定了十多项明确的人才培养能力标准。当前中国各高校的书院制改革通常设定了较为宏观的人才培养目标，但十分缺乏知识、能力、素质等细化标准，也缺乏如何通过书院制设计提升各项人才培养质量水平的细化方案，容易导致人才培养目标、过程和结果质量失控，书院制改革目标落空。

二是全过程开展书院制人才培养质量评价。中国本轮现代高校书院制改革已历时十余年，但文献综述显示，学术界和实践界仍然少有对书院制人才培养质量的有效评价。本研究虽然尝试尽最大可能性、最客观呈现书院制人才培养质量变化，但仍然难以形成全过程、（准）因果式质量评价成果，原因在于研究样本高校书院制改革推进速度总体较快，而且存在边上马、边改革、边修正等状况，尤其是改革初期并未搭建好明确的人才培养质量标准、评价框架、数据库结构等，无法全过程采集书院制人才培养各类质量数据，为研究活动带来较大困难。与此同时，一些高校并未树立明确的书院制改革人才培养质量意识，更希望通过书院制改革达到提高生源质量等其他教育目标，重招生轻培养、重入口轻出口、人才培养过程质量检测不足等问题，也不利于全过程开展书院制人才培养质量评价。也恰恰由于书院制人才培养评价研究不足，一些高校对书院制能否提高人才培养质量心存疑虑，对书院制改革持观望态度。下一阶段各高校可开展全过程书院制人才培养质量评价工作，一些尚未开展改革的高校应注意收集非书院制人才培养模式、书院制人才培养模式各类细化质量数据证据，为高校改革提供充分的决策参考。这一评价工作要用好院校研究各类方法工具，除传统的问卷、访谈等方法之外，建议多开展本科生成绩单分析、学生行为大数据分析、图书馆大数据分析等校内大数据分析，提高研究科学化水平，直接服务高校决策。

三是构建完善的人才培养质量保障体系。本研究显示，书院制改革仍然存在各类新的质量问题，如书院制改革带来的书院与学院双轨制培养、通识教育与专业教育的学分争夺、各认知与非认知能力培养之间存在的精力争夺等。研究还显示，书院制人才培养模式调动了全校的人才培养资源，但也因此过多牵扯涉及管理部门、职能部门、业务部门等，"多头管理"也容易引发各类质量问题。本研究在校内数据采集过程中就明显感觉到，各部门间数据互不联通，政出多头，有些工作管理重复，有些工作却管理空白，类似问题留下一定的质量隐患。后续的书院制改革应构建完善的人才培养质量保障体系，形成从招生到培养再到就业的全过程质量保障体系，协调好部门之间、书院与学院之间的关系，厘清各自责权利边界，做到质量监控无死角，出现质量问题可追溯。

8.2.3 探索具有中国特色的书院制改革模式

当前一些高校对书院制改革心存戒备，原因之一也在于各类文献包括部分高校的实践，过度参考英美高校的书院制模式，或过度模仿中国古代书院制模式。事实上，中国现代高校书院制改革与西方书院制、古代书院制都存在根本性差异，但由于名称接近，导致业界形成对书院制改革的各类认知偏差。一些书院制改革高校，则受到西方书院制或古代书院制的理念或模式限制，无法真正放开手脚推动人才培养改革。因此，本研究建议下一阶段中国高校着力探索真正具有中国特色的现代高校书院制人才培养模式，新模式应置身于人工智能时代知识生产的新模式背景下，充分面向国家各类人才培养需求（包括"卡脖子"技术人才和未来技术人才），深度融入社会主义制度和中国文化，这既能满足中国发展对人才的需要，也能形成真正扎根中国大地的本土人才培养改革模式。

一是理论指导实践，在实践中完善具有中国特色的书院制。书院制作为当前H大学主要人才培养模式，必须将理论与实践相结合，从实践中发现问题，进而更好地促进改革。对书院制改革，最终目的必须落实到高校人才培养和社会发展的需求上，否则一切理论研究都将是一纸空谈。当前我国学术界对书院制的研究过于注重理论分析，缺乏对高校学生的实际走访和对数据案例的有效总结，缺乏规范研究和实证研究相结合的成果，特别是将书院制改革目标与社会发展相结合尤为欠缺。在今后对高校书院制的理论探讨中，也要加入大量的数据分析和真实的走访案例，发挥书院的影响力和育人功能。书院制是近十余年来国内高校人才培养模式改革的一个重要方向，作为一种新兴的管理和育人模式，近年来受到越来越多的高校青睐。但由于书院制的内涵目前在学术界尚未形成统一概念，高校在自主选择书院制的过程中也难免会有差异，书院制目前在大学中的发展具有未可知性和多元性。现实境况各不相同的高校为书院制的本土化建构注入多元的价值意蕴，探索具有不同文化特色的多样发展模式和多样评价标准，是书院制研究者共同的责任。高校书院制改革必须根植于中国几千年的传统文化土壤中，不能只是对西方大学制度的简单移植。如何挖掘中华优秀传统文化精髓和内涵并将其植入整合到书院内部，形成"和而不同"的局面，增强书院的生命力和影响力，是未来书院制研究的价值取向。

二是瞄准特色，科学设计改革理念。本文文献综述显示，本轮中国现代高校书院制改革，既不同于中国古代书院制，也不同于西方高校书院制，而是基于中国人才培养转型发展需求由本土生长而成的新的人才培养模式。因此，现代高校书院制不能完全借鉴古代和西方书院改革理念和实践。即使是目前试点的数十家高校之间，也存在着本质差异。前述关于书院制人才培养成效影响因素的编码显示，环境等大量因素影响书院制人才培养成效，而各校办学历史、办学理念、人才培养目标、物理空间涉及、师资配备、资源禀赋等也都严重影响书院制人才培养成效，因此现代高校书院制只能说指的是这一阶段不同高校按照人才培养新目标进行的新的改革尝试，虽然不是千校千面但确实难以整齐划一。这就要求高校科学设计改革理念，既不盲目仿古，也不过度媚外，实事求是但不自以为是，扎实探索符合自身改革目标的改革理念。这一理念的形成往往也不是一蹴而就的，H大学改革过程中也经历了多次波折和反复，通过做中学，与利益方的反复碰撞，以及文化、习惯等的沉淀，最终凝炼成基本一致的改革思路，并初步提取出改革理念。目前一些尚在改革过程中的高校，书院制改革理念提取仍存困难，但并不一定能直接借鉴H大学的改革理念，因为很多高校并非全员书院制改革，其人才培养目标与H大学面向国防等特征也有差异。欣喜的是，近年来部分高校来H大学调研，但回归到自身学校办学理念凝炼时却各有特色，这体现出书院制改革方向总体是一致的，但改革理念本身具有院校特征。因此，尽管本研究通过实证分析得出了不同模式书院制育人成效差异的相关结论，但改革者仍要在书院的性质、定位、培养目标、学科融合程度、办学理念、管理体制、师资队伍、战略规划等方面探索出具有中国特色的书院制改革模式。

三是建议书院制改革破除传统认知。当前部分高校对书院制改革仍持观望态度，这既可能与书院制改革相关配套制度、资源等尚未准备充分有关，也可能与对书院制育人模式存在诸多"误解"有关。一些高校认为，"书院制改革更多是噱头，高校将好坏专业打包在一起，提高生源质量才是根本目的"。一些高校认为，"书院制改革太过于强调学生的基础能力培养，有可能导致所培养的学生既不专又不通，无法被用人单位接受"。还有一些高校认为，书院制是西方"舶来品"，书院制培养模式就是类似于牛津、剑桥的红砖学校，哈佛的哈佛学院，"花里胡哨、成本又高，不一定能达到人才培养效果"。类似批评性意见有很多，部分书院制改革高校也确实出现上述部分问题。本研究无意对这些批评意见进行逐一反驳。从中国高等教育历史发展的视角来看，中华人民共和国成立后中国全面学习苏联的高等教育体制，形成条块分割的人才培养模式，这带来了一定的益处，但也禁锢了人才培养和发展活力，带来了一系列不良后果。改革开放之后尤其是进入高等教育大众化阶段之后，大学与市场互动更为密切，知识和能力更新显著加速，终身学习成为教育主流趋势。此种背景下，以专业学院为代表的学科专业传统培养模式已经面临严峻挑战，尤其是面向知识无人区改革创新过程中，大量新的科学与技术突破更多来源于学科边缘和交叉地带，高等教育知识获取也因互联网技术等而井喷式出现，高校人才培养目标应尽快转向夯实学生基础、提高基础能力、形成可持续发展潜力，书院制改革或者其他类似的大类培养改革是实现这些教育目标转变的关键载体，应该成为改革的主要方向。

8.2.4　理顺书院制本科生人才培养的体制机制

书院制并没有统一固定的模式，每所高校建设书院的目的也不尽相同。

是推动人才培养改革，加强通识教育，还是创新学生管理模式？是建设面向最优学生的"精英化"书院，还是创建面向全体的"大众化"书院？如果要建立书院，明确其定位很关键。特别是学校的主要领导要对是否建书院、建什么样的书院达成共识，并形成一个结合学校自身特点且着眼于未来发展、切实可行的顶层设计方案。当前，国内学者对书院制概念内涵、制度建设、价值层面并未达成共识，书院制相关研究呈现多元分散的趋势。对于书院制，丽正书院院长、中国高等教育学会大学生素质教育研究会常务理事杨国欣这样定义："当前国内高校实行的书院制，也称中国现代大学书院制，是在借鉴西方高校住宿学院制的基础上，融入了中国古代传统书院制度的精神和理念后，形成的一种新型学生教育管理模式。"也有学者认为书院的制度特征是以学生宿舍为主要平台，实行社区化管理，以课外培养为主要渠道，实施跨学科、跨专业的融合教育，以实施导师制为主要举措，进行非形式教育，最终目的是促进学生的全面发展。当然不同的书院制改革理念有可能带来完全不同的人才培养效果，在此方面H大学也曾有过教训，在早期改革形成书院制雏形的过程中，经历过反复，一度从基础教育学院退回至专业学院，导致大量人财物浪费，并导致改革动摇，以及带来双轨制等各类问题。本项研究过程中，全校上下对书院制改革的理念尤其是体制机制问题仍然多有讨论，H大学下一阶段理顺体制机制至少应做好以下工作。

一是保持改革定力，持续优化体制机制。随着书院制改革实践的深入，改革的过程难免出现反复，就国内高校书院而言，有些高校在探索的过程中书院制的特色越来越弱，有些高校则在实体虚体书院之间不停地"翻烧饼"。然而，任何一次改革的反复都是对学校资源的一次调整重构，都是对学校人才培养模式的一次改变，都会付出很大的人力、物力、财力成本，都会对改革者的信心产生很大冲击，甚至可能会严重影响人才培养效果。对于顶层决策者来说应该保持战略定力，应该坚持书院制办学的初衷，既然下决心建设书院，就要一张蓝图绘到底，坚定不移推进改革，从学校层面不断优化体制机制，着力推进导师制落地落实，完善"双院协同"机制，确保

"双院"教育管理的有效衔接、深度融合,以提高管理效率、减少"双院张力",以人才培养为中心,推动体制机制创新,充分发挥书院制的优势来解决学校发展中的问题,打造书院制改革发展的绿色通道。职能部门应该用强有力的制度保障和激励机制,让书院改革的践行者工作有条件、干事有平台、待遇有保障、发展有空间,让书院的辅导员和导师能全身心地投入书院工作,没有后顾之忧。对书院的建设者和导师来说应该始终保持深厚的育人情怀,把情怀贯穿于书院建设发展的全过程,贯穿于人才培养的全过程,始终秉持开放办书院的心态,在交流学习研究中不断开阔视野,碰撞思想,拓展思路。在具体的实践中不断发现、总结、反馈、解决问题,探索书院制建设发展的新理念、新思路、新方法。

二是强化素质教育平台机制建设。坚持"抓引导、重实践、求创新、促成才",搭建书院特色素质教育平台,"德智体美劳"五育并举,助力学生充分发掘特质、培养兴趣、激发潜能、提升能力。一方面以学生为中心,广泛调研学生需求,研究制定核心素质教育课程清单,完善素质教育课程体系。另一方面加强素质教育中心建设,充分调动广大师生、校友、社会力量等,拓展素质教育师资队伍规模,培育优质素质教育课程;充分借助多元平台的素质教育资源,加强优质素质教育资源输入。面向国家重大战略发展需求和学生成长成才的实际需要,按照高校各自改革要求,建议由教务部牵头完善书院制育人模式下的大类培养方案,对标"打通基础、交叉融合、纵向贯通"的改革目标,进一步优化课程体系和学分结构,重构课程体系,通过课程模块化设计,在缩减学分的同时增加博雅通识课程设置和创新实践要求,在给学生合理"减负"的同时科学"增负",促进学生全面发展。

三是持续强化"三全育人"导师制度建设。进一步健全导师队伍管理、培训、考核、激励和退出机制,持续提升导师责任意识,推进导师走进社区、走进学生群体,精准、有序、高效地开展工作,确保导师在思想引领、人文关怀、学业指导、学术引导等方面的积极作用发挥到实处。强化导师队伍培训,特别是加强学育导师、朋辈导师业务培训,强化导师的责任意识,提高导师参与学生教育管理工作的积极性和实效性，确保导师作用发挥到实处；加大对导师工作经费的投入，设置用于导师讲课酬金、活动支持等资金。特别是针对德育导师，出台相关政策保障导师作用发挥，进一步加强朋辈导师作用发挥，以高年级学生的影响辐射带动更多低年级学生。

四是持续加强书院社区制度建设。完善社区硬件设施，拓展外围建设，继续推进书院社区面向全校线上预约功能空间的实现。完善书院社区文化建设，秉持扎根中国大地，培养德智体美劳全面发展的人的育人理念，将书院社区打造成具有纽带作用和文化传承作用的育人平台，确保书院社区文化育人、环境育人作用发挥到实处。指导各书院优化学生自管体系，指定专职工作人员落实社区管理职责，通过设置自管委员会、学生组织、楼长、宿舍长等，形成"学校—书院—社区—宿舍"四级联动的德育工作网络，有效提高学生自我教育、自我管理、自我服务能力。

8.2.5 细化书院制本科生人才培养各个环节

学校应该成立由校领导挂帅、相关职能部门负责人参加的书院制改革领导小组，加强书院制调查研究，定期研判书院制发展趋势，确定发展方向和目标，做好书院发展的指导、监督、评价等工作。作为书院制改革的顶层设计者在改革的进程中必须发挥统一思想、凝聚共识、统筹谋划、强力推进的作用。要吃透中央和地方关于书院制相关政策要求，深刻理解书院制在高校立德树人根本任务中的重大作用和意义，通过多途径、多形式宣传书院制优势，在全校师生中凝聚起强大的改革共识。要遵循高等教育规律，登高望远，高标准规划，把坚持加强顶层设计和问计于师生统一起来，为书院制改革发展提供科学遵循。

一是以问题为导向，按需选择书院模式。书院制改革要坚持问题导向，既要高标准建好书院，充分发挥书院制育人优势，起到示范引领作用，又要立足现实，充分考虑学校资源可承载能力，量力而行，注重实效。书院制改革不能为改革而改革，更不能为创新而创新，大多数高校成立书院的初衷，都是为了解决学校实际工作中的现实问题，试图通过书院制改革探索一条更有效的路径。从前面的分析中可以看出书院制是一把双刃剑，不能因为书院制解决了一个问题，而衍生出更多或更大的问题。所以书院制模式必须坚持问题导向、目标导向，注重因势利导、因情施策、一校一策，把书院制模式与学生成长成才需求相结合，把书院制改革与学校发展需求相结合，审慎选择书院类型，科学规划书院模式，充分发挥书院与学院的各自优势，形成育人合力，用最适合的模式精准解决学校人才培养过程中的痛点和难点。

二是推动第一、第二课堂深度融合。第一课堂的专业学习与学术发展由专业所在院系负责，第一课堂之外的学习生活与养成教育主要由书院负责。紧扣"三全育人"理念，为学生创造一个与院系互补的社区化学习生活环境。在这样的育人系统中，书院与学院的"双院协同"就非常关键。这就要求学校首先要加强顶层设计，推动第二课堂与第一课堂深度融合。其次要强化优势互补，通过每学期举办多项书院与学院的对话活动，保持密切沟通，共同研究、交流"双院协同"育人工作。把院系在专业师资、教学科研、社会资源等方面的优势，与书院在思想引领、组织发动、管理服务方面的专长紧密结合起来，联合推出导师见面会、科创项目交流会、学科交叉前沿讲座、学业交流午餐会等具有鲜明专业特色的活动，让学生在书院与学院的双重关怀下健康、全面成长。

三是细化步骤，促进学科年级的融合。目前H大学书院制改革初步解决了同年级学生大类招生、大类培养、充分互动交流等改革目标，为打破专业壁垒、夯实素质能力基础、实现知识和信息等充分流动做好了准备。但目前纵向的不同年级之间的融合发展仍然处于起步探索阶段。H大学虽然设置了朋辈导师，希望通过高年级学生传帮带的方式促进低年级学生发展，但目前这一朋辈导师群体的规模仍然偏小，多年级互动仍然主要停留在学业辅导方面，尤其是高年级学生在确定专业方向之后往往对书院的归属感下降，跨学科互动仍然不足。针对这一问题，建议H大学打通纵向人才培养壁垒，形成不同学科年级的书院制学生的融合，进一步畅通不同年级学生、知识、信息等流动通道,并通过项目制学习、科研竞赛等纽带,深度促进各方合作,进一步提升书院制人才培养成效。

四是显隐结合,优化升级通识教育体系。书院制和通识教育改革关系极为密切,二者在促进人的全面发展这一总体理念上保持一致,在促进大类招生、大类培养等具体操作上也具有很多同一性特征。H大学书院制改革过程中,一直伴随着通识教育改革,可以说一直受益于通识教育改革。中国高等教育学会大学素质教育研究分会秘书处设置在H大学,因此H大学长期以来就是中国大学素质教育的重要研究单位和实践推动单位,也恰是由于前期的通识教育理念和实践受到学校认可,H大学书院制改革才顺畅很多。截至本书撰写,H大学通识教育体系已经成为支撑书院制改革的关键一环,但仍然存在通识教育体系不完善、通识教育与书院制改革融合不彻底等问题。本研究建议:进一步明确课程建设体系和方向,形成课程与能力、素养等对应关系;进一步提高通识教育课程质量;进一步拓宽通识教育课程网络。H大学目前尝试通过"延河联盟""延河课堂"建设,促进九所高校通识课程的共建共享,尤其是"延河联盟"包含了众多文科类高校、语言类高校、民族类高校和艺术类高校,可以弥补H大学以理工为主的各类不足,这一思路大大畅通了通识教育课程网络,为书院制改革提供了新契机。

8.2.6　增加书院制本科生人才培养的各类投入

书院制建设是一项高投入的改革活动。为了实现书院社区环境建设与育人理念有效执行,高校应积极拓宽投入类型,全方面保障书院制建设,在人力资源保障、场地设施保障、财政经费支持方面加大投入。H大学近年来在书院制改革方面投入巨大,尤其是斥巨资完成物理空间改造,初步形成了良好的书院制育人场域。但与此同时,在软件方面,书院制改革投入仍然不足。

一是增强师资队伍建设。书院制改革并未打破原有的专任教师与学生、行政人员与学生的师生比。面向新的以学生全面发展为中心的改革目标,教师和行政人员的投入并未显著增加,这一方面可能导致改革成效不足,另一方面可能导致现有师资力量压力增大。访谈中发现，教师座谈会中普遍提及的问题就是人手不够、教师生均投入不足。师资力量建设不到位的另一个表现还存在于新老校区对师资力量的争夺上，老校区处于北京核心腹地，但新校区过于偏远，教师在两校区之间往返也稀释了有限的人力资源。尤其是H大学新校区投入初期，每至夜晚新校区留守的专任教师很少，书院制改革面临严峻挑战。近年来H大学通过各类举措逐渐平衡了新老校区的人力资源，新校区发展越来越好，周边配套也日益完善，教师赴新校区授课和办公比例大幅增加，但仍然存在师资力量不足的问题。因此建议下一阶段进一步加大师资投入，尤其是增加直接服务于书院的非事业编人员。

二是完善书院的奖惩与保障制度建设。首先在扩大书院导师队伍的基础上，完善书院导师的激励机制，通过物质激励、精神激励和制度激励相结合的方式，提高书院导师的收入津贴，增强书院导师的地位和荣誉，放宽书院导师的晋升渠道，鼓励引导更多有学识、有修养、有热情的学业导师和生活导师共同参与书院育人。同时，书院应当明确导师的奖惩制度，对工作落实到位、培养学生成效显著的导师给予奖励与鼓励，而对工作作风懈怠、学生评价较低的导师应给予警告甚至解聘。其次建立书院导师和学生常态化交流机制。鼓励书院导师与普通学生交朋友，以平等的身份与学生交流探讨人生经历与社会经验，从而使学生能够敞开心扉主动向导师寻求帮助，推动解决学生学业、思想、心理、生活、就业等方面的实际问题。另外，书院领导及导师应进宿舍、进食堂、进社团、进讲座、进网络，深入一线联系学生，每周至少与学生"面对面"接触一次，每月至少和学生"心与心"交流一次，从而形成书院导师与学生常态化交流机制，将育人工作重心下移到学生中。

三是加大经费投入，建设多功能书院环境。首先，建设全方位服务型书院社区环境。采取重新建造模式与基础改造模式的社区环境都注重构建温馨、和谐、舒适的书院环境，因为校园内的各个场所都有其特殊的育人功能，如教学楼、自习室、实验楼、运动场、图书馆等，而作为升级传统学生宿舍楼的书院社区，需要发挥育人功能。因此，集学生学习、生活、居住、自治于一体的书院社区环境，从书院"家文化"的建设到公共服务设施的配置，从社区规章制度的完善到学生文化活动的策划，都需要遵循服务型的价值取向，全方位、多角度、深层次地满足学生全人发展的需求，从而充分发挥书院自然及人文景观的审美陶冶功能、制度规范的导向教育功能与文化活动的调节凝聚功能。其次，建立书院多渠道财政支持制度。采取重新建造模式与基础改造模式的社区环境有区别的主要原因在于高校对书院的财政支持力度不同，因为完备的硬件设施和高效的软件服务都离不开大量的资金支持。但当前我国大部分书院的建设经费主要来源于高校的财政拨款，缺乏促进书院快速发展的多渠道资金保障，这也成为制约书院充分发挥环境育人功能的现实因素。高校应重新认识书院的育人成效，在资金分配方面适当向书院倾斜。此外，学校与书院要加大利用社会捐赠的力度，为书院的发展提供多渠道的资金保障。

8.3 研究创新

本研究创新之处主要包含三个方面。

一是研究选题创新。当前学术界有关现代高校书院制问题的研究尤其是改革成效评价的研究仍然较为缺乏，已有研究停留在中国古代书院、西方书院制以及各类比较研究等基础上，虽然对现代高校书院制改革具有一定参照意义，但尚未形成对本轮书院制改革成效的直接评价研究，无法真正指导高校改革实践。本研究以案例高校为研究对象，尝试对现代高校书院制改革的整个过程展开系统梳理，对人才培养目标达成度展开深入分析，尤其是首次系统开展书院制人才培养成效评价，研究选题虽具有一定挑战性，但也具有原始创新性，相关研究成果部分弥补了本领域前期研究的不足。

二是研究框架创新。本研究使用I-E-O+基于能力的新人力资本作为研究的理论框架，并围绕书院制人才培养的核心"能力"指标开展理论建构，通过文献研究等方法，最终构建形成"认知能力+非认知能力""学业表现+非学业表现"等16项可评价指标的研究分析框架,具有一定的合理性和可操作性。当前,学术界对"人的能力要素究竟能否进行测评"等仍然存在质疑,本研究创新性围绕能力视角,并基于大量文献工作构建形成书院制人才培养成效的分析框架和指标体系,并通过实证数据和访谈研究印证和修正了这一指标体系,也具有一定的理论创新价值。本研究认为,基于I-E-O理论和聚焦能力的新人力资本理论,通过构建形成细化的分析框架和指标体系,有可能更好运用于高等教育学生培养、人才评价等具体领域,具有较好的理论延展性,也具有中微观层面开展过程性评价、结果性评价的理论工具价值。这一方面有助于细化I-E-O理论研究框架,并推动细化框架在教育研究中的应用;另一方面,构建形成的书院制人才培养成效评价分析框架也有望被广泛用于新时期的高校人才培养成效评价。基于这一研究框架创新,本研究系统开展了指标细化、数据采集、模型构建等工作,相关研究框架、数据库建设方法和数据分析模式也具有创新性和一定的推广价值。

  三是研究方法创新。传统高校人才培养成效评价研究,主要基于问卷调查、访谈调查和观察等方法,研究的科学性水平仍然存在缺陷。本研究首次尝试打通校内各部门"数据孤岛",构建形成研究所需的校内大数据库,并有效采集"书院制改革前""书院制改革后"两个时段各类数据资源,形成了具有创新价值的原始数据库。与此同时,研究引入"准实验"思维,运用双重差分法,既考察书院制改革前后不同届次学生的发展差异,又考察了书院制改革初期和中后期同一届学生的发展变化,通过方法创新最大程度提高研究的可信度水平。此外,本研究的研究方法创新还体现在对传统研究方法的创新使用上。比如在访谈研究方法的使用环节,本研究实现了长历史跨度(历时6年)、多类型访谈(个别访谈、群组访谈与焦点访谈)、大样本访谈(样本数超过500个)等方法的融合,部分弥补了传统访谈研究的不足,部分提高了研究的科学性水平。

8.4 研究展望

本研究尝试通过多种方法，对现代高校书院制人才培养成效问题展开了初步研究，但囿于研究时限较短、研究方法和数据来源本身还存在缺陷以及作者研究能力的不足等，研究还存在很多问题。人才培养成效提升问题本身是长周期、持续性、复杂性问题，作者将在现有研究基础上继续开展后续的研究活动。

8.4.1 加强研究数据库建设和数据分析研究

本研究部分采集了书院制人才培养数据，涉及书院制改革前、改革后部分数据资源，但相关数据仍未涵盖大学生发展的所有维度。比如，本研究曾尝试采集大学生身体健康维度，但多次与校医院沟通仍未获得有效数据；再如，本研究曾尝试采集大学生跨校区流动数据，但最终也并未拿到学生乘坐校车等数据。除此之外，还有部分数据虽然可以获得但可能在使用过程中存在数据伦理问题，比如大学生上课期间的出勤率、抬头率、学生评教等各类数据，因此未用到本项调查研究之中。后续研究过程中，作者将继续加大数据库建设力度，一方面继续按照现有数据框架动态采集各类数据资源；另一方面则继续打通校内其他"数据孤岛"，构建形成以大学生学号为单位的更全面的校内大数据系统。此外将进一步加强数据伦理论证，在确保数据伦理和信息安全的前提下，从更多维度展开人才培养成效提升的大数据研究。作者也建议研究对象高校将大学生非认知能力的追踪纳入日常教育工作范畴，形成对同一学生的持续性追踪数据，这样既便于开展学术研究，也有利于动态调整案例高校办学活动。除此之外，案例高校第一届书院制改革学生于2022年6月后首次进入毕业期，作者在后续追踪研究过程中还将加入学生毕业就业等维度，更全面客观地评价书院制改革成效。

8.4.2　加强书院制改革与人才培养成效作用的过程机理研究

本研究尽最大努力尝试对书院制人才培养投入、产出、环境等总体变化情况进行分析，对书院制人才培养成效的学业表现与非学业表现进行过程性分析，并通过访谈初步揭示了人才培养成效取得的基本原理。但仍然很难实现书院制改革举措与人才培养成效的清晰对应关系，无法有效剥离出真正有效的改革举措。下一阶段应继续运用大数据和大规模访谈方法，形成更为清晰明了的书院制人才培养成效"因果线"，这样便于进一步明确书院制改革成效。这一研究成果对尚不具备全面开展书院制改革的院校而言，也可以选取一些书院制改革最有成效的具体举措，推动局部改革与部分改革。尤其是各类改革活动究竟对应着大学生哪些能力的发展，这种对应关系的建立是破解"过程黑箱"的关键所在，但这一问题也确实存在较大难度。人的能力获得往往是非常复杂的过程，书院制改革也是大学生能力获得的影响因素之一，书院制改革对更为细化的各种具体能力的作用机制则更为复杂。不过本研究所使用的大数据方法可能有望为这一研究推进提供部分思路，下一阶段可以尝试对大数据库本身的信息进行细化的数据标注，对比书院制改革前后的大数据变化与本科生能力水平变化，形成更科学化的研究结论。与此同时，本研究更多从积极视角来看书院制与人才培养的关系，未来研究也可以从负向视角展开分析，考察书院制改革过程带来的各类人才培养的失败案例，通过"一正一反"的分析，进一步对书院制改革人才培养成效作出客观评价。

8.4.3　加强对I-E-O理论模型与新人力资本理论本身的研究

由于作者研究能力有限，对经典的院校影响理论研究不深，对I-E-O理论模型与新时代高等学校人才培养的结合研究仍存在拓展空间。同时新人力资本理论本身出现时间较短，作者对该理论的理解和应用也不够系统深入，但该理论已经在经济学以外的跨领域研究中得到运用，作者认为将该理论引入学生发展领域，结合I-E-O理论模型，可以实现理论间的融合互补。本研究拟在后期对这一理论本身继续展开系统深入研究，对这一经济学理论在高等教育领域的适用性、这一理论的操作化使用、能力等要素的科学评价展开更系统深入的分析。在追求理论创新的同时，也避免理论误用、错用和牵强使用等问题。新人力资本理论引入该研究存在很多质疑的声音，但从研究本身出发，针对H大学的历史发展背景，也结合在人才培养改革背景下，高层决策群体、家长学生群体，以及人才培养本身的投入与产出效益问题，均促使作者尝试使用本理论与I-E-O理论共同进行分析，虽然有许多不足之处，但是仍具有进一步研究的价值。

附件 A

H大学书院制理念下学生全面发展情况调查问卷（2019版）

亲爱的2018级同学：

你好！2018年8月24日你入学报到，成为一名H大学人，成为H大学第一批"书生"。在过去的一年里，你的学习、生活、能力提升方面个人感悟如何？对书院的活动开展是否有好的建议呢？

为深入了解同学们对书院育人工作的真实体验，为书院运行提供良好的意见和建议，更好地推进书院制育人模式，现针对2018级本科生开展全面能力提升的调查。调查问卷数据只用于学校对书院育人工作相关研究，不会以任何形式公开同学们的个人信息和填写内容，希望各位同学能根据自身情况认真如实地填写。

问卷填写时长约为10分钟，完成问卷并成功提交的同学，可于8月27—30日凭借校园一卡通或学生证至辅导员处领取书院定制礼品一份。

祝你在新的学期学习、生活顺利！

H大学
2019年8月

一、基本信息

1.学号（仅用作发放奖品）[填空题]*

_____

2.性别 [单选题]*

○男　　○女

3. 年龄 [单选题] *

　　○17岁　○18岁

　　○19岁　○20岁

　　○21岁　○其他 _____ *

4. 出生地 [单选题] *

　　○城镇　○农村

5. 所在书院 [单选题] *

　　○精工书院

　　○睿信书院

　　○求是书院

　　○明德书院

　　○经管书院

　　○知艺书院

　　○北京书院

　　○特立书院

6. 政治面貌 [单选题] *

　　○群众　○团员　○预备党员　○党员　○其他

二、学习及课余生活

7. 上一学年成绩排名（含综合测评）[单选题] *

　　○20%以内（含20%）　　○20%~40%（含40%）　　○40%~60%（含60%）

　　○60%~80%（含80%）　　○80%以外

8. 你目前的成绩是否达到你的要求 [单选题] *

　　○是　　○否

9. 经过暑期专业确认后，你最终专业的录取结果为 [单选题] *

　　○第一志愿录取

　　○其他志愿录取

附件 A　H 大学书院制理念下学生全面发展情况调查问卷（2019 版）

○未参加专业确认

10. 你对目前的专业领域了解程度如何（1代表完全不了解，7代表非常了解）[单选题] *

　　○1　　○2　　○3　　○4　　○5　　○6　　○7

11. 你是通过哪些方式来了解自己的专业领域的 [多选题] *

　　□阅读相关学科的科普书籍

　　□阅读专业期刊论文或专业书籍

　　□上相关网站查询过资料

　　□参加书院专业开放日、宣讲等

　　□咨询专业教师

　　□咨询高年级同学

　　□曾做过相关的调研、实验或实践活动

　　□其他，请描述 _____ *

12. 下列因素与你在选择专业时考虑因素的符合程度（1代表完全不符合，7代表完全符合）[矩阵单选题] *

	1	2	3	4	5	6	7
①大一学期该专业相关学科成绩较好	○	○	○	○	○	○	○
②对相关专业学科具有浓厚兴趣	○	○	○	○	○	○	○
③有自信在该学科领域取得成功	○	○	○	○	○	○	○
④相关专业的就业前景较好	○	○	○	○	○	○	○
⑤亲友（老师）强烈鼓励（要求）我选择这个专业	○	○	○	○	○	○	○
⑥相关专业未来薪酬较高	○	○	○	○	○	○	○
⑦该专业适应国家发展需要	○	○	○	○	○	○	○
⑧不太关注，随意选择的专业	○	○	○	○	○	○	○

13. 根据你上学年的学习行为，请选择下列情况与你的符合程度（1代表完全不符合，7代表完全符合）[矩阵单选题] *

	1	2	3	4	5	6	7
①课堂上主动提问或回答问题	○	○	○	○	○	○	○

续表

	1	2	3	4	5	6	7
②课前预习，课后复习	○	○	○	○	○	○	○
③主动参与小组合作学习或课堂讨论	○	○	○	○	○	○	○
④利用图书馆资源开展学习活动	○	○	○	○	○	○	○
⑤课后主动与老师或同学讨论专业相关问题	○	○	○	○	○	○	○
⑥主动参加学术讲座和学习类社团活动	○	○	○	○	○	○	○
⑦自觉参加跨学科或跨专业选修课程	○	○	○	○	○	○	○
⑧逃课	○	○	○	○	○	○	○
⑨未按时完成作业或草率完成作业	○	○	○	○	○	○	○

14. 若曾经逃课，请选择逃课原因（选填）[多选题]

□熬夜导致第二天无法早起

□跟不上老师上课进度

□喜欢自学

□心情不好

□参加学生组织或社团活动

□没有原因，就是不想上课

15. 你对下列教师教学行为的喜爱程度如何（1代表很不喜欢，7代表非常喜欢）[矩阵单选题] *

	1	2	3	4	5	6	7
①老师写板书，推导公式	○	○	○	○	○	○	○
②按照PPT内容讲解	○	○	○	○	○	○	○
③组织课堂自由讨论	○	○	○	○	○	○	○
④组织小组汇报展示，教师点评	○	○	○	○	○	○	○
⑤开展翻转课堂	○	○	○	○	○	○	○
⑥指导学生参加"MOOC"（慕课）学习	○	○	○	○	○	○	○

16. 根据你上学年的情况，请选择下列情况与你的符合程度（1代表完全不符合，7代表完全符合）[矩阵单选题] *

附件 A　H 大学书院制理念下学生全面发展情况调查问卷（2019 版）

	1	2	3	4	5	6	7
①能主动关心重大政治和社会事件	○	○	○	○	○	○	○
②能专注地做事	○	○	○	○	○	○	○
③制订计划后能认真完成	○	○	○	○	○	○	○
④能主动发现问题并尽力解决	○	○	○	○	○	○	○
⑤有很强的对美的欣赏与感知能力	○	○	○	○	○	○	○
⑥有信心能够创新性地解决问题	○	○	○	○	○	○	○
⑦喜欢探索复杂新奇的事物	○	○	○	○	○	○	○
⑧即使别人反对你的观点，你也有办法说服他人	○	○	○	○	○	○	○
⑨会从回馈社会的角度来考虑自己的生活	○	○	○	○	○	○	○
⑩喜欢主动交朋友	○	○	○	○	○	○	○
⑪经常与来自其他国家的老师、同学互动	○	○	○	○	○	○	○
⑫在作决策时，基本听从重要人物（老师、家人）的意见	○	○	○	○	○	○	○
⑬在遇到挫折或情绪低落时，能自我调节或主动找朋友/家人倾诉	○	○	○	○	○	○	○

17. 上学年，你平均每周在下列活动中分配多长时间（单位：小时/周）[矩阵单选题] *

	0	1~5	6~10	11~15	16~20	21~25	26~30	31以上
①课后自习（写作业、文献阅读等）	○	○	○	○	○	○	○	○
②娱乐（上网、购物、影视娱乐等）	○	○	○	○	○	○		
③校内社团/课外活动	○	○	○	○	○	○		
④体育健身	○	○	○	○	○	○		
⑤校内外勤工助学或兼职工作	○	○	○	○	○	○		
⑥参加学术竞赛（"挑战杯""大创"、学科比赛等）或开展自主研究	○	○	○	○	○	○		
⑦参与教师课题研究	○	○	○	○	○	○		
⑧读书、绘画、手工、演奏乐器等	○	○	○	○	○	○		
⑨人际交往	○	○	○	○	○	○		

18. 入学后是否参与过国外短期访学或交换留学 [单选题] *

　　○是，最大的收获是：＿＿＿＿＿＿＿＿＿＿＿＿*

　　○否

三、个人素质能力提升

19. 与刚入学时相比，你在以下方面的提升程度如何（1代表完全没有提升，7代表有明显提升）[矩阵单选题] *

	1	2	3	4	5	6	7
①爱国情怀与国防观念	○	○	○	○	○	○	○
②对重大政治、社会事件的关心程度	○	○	○	○	○	○	○
③诚信度与社会规范意识	○	○	○	○	○	○	○
④自我管理与服务能力	○	○	○	○	○	○	○
⑤审美与文化修养	○	○	○	○	○	○	○
⑥批判性思维	○	○	○	○	○	○	○
⑦利用现代信息技术获得和处理信息的能力	○	○	○	○	○	○	○
⑧发现与解决问题的能力	○	○	○	○	○	○	○
⑨实验操作或实践能力	○	○	○	○	○	○	○
⑩组织与领导能力	○	○	○	○	○	○	○
⑪知识面与视野	○	○	○	○	○	○	○
⑫想象力与创新能力	○	○	○	○	○	○	○
⑬身体素质	○	○	○	○	○	○	○
⑭抗挫折能力与心理调节能力	○	○	○	○	○	○	○
⑮人际交往能力	○	○	○	○	○	○	○
⑯清晰有效的口头表达能力	○	○	○	○	○	○	○

20. 上一学年中，你参加下列活动的频率如何（1代表从未参加，7代表经常参加）[矩阵单选题] *

	1	2	3	4	5	6	7
①国防知识类讲座、竞赛	○	○	○	○	○	○	○
②党团活动	○	○	○	○	○	○	○
③百家大讲堂	○	○	○	○	○	○	○

续表

	1	2	3	4	5	6	7
④志愿服务	○	○	○	○	○	○	○
⑤社会实践	○	○	○	○	○	○	○
⑥科技项目/创新创业讲座、竞赛	○	○	○	○	○	○	○
⑦跑早操	○	○	○	○	○	○	○
⑧学校/书院新生运动会	○	○	○	○	○	○	○
⑨学生组织/社团工作	○	○	○	○	○	○	○
⑩"一二·九"系列活动	○	○	○	○	○	○	○
⑪新生素质拓展	○	○	○	○	○	○	○
⑫心理健康节	○	○	○	○	○	○	○
⑬"三全导师"系列活动	○	○	○	○	○	○	○
⑭形势与政策课程/宣讲	○	○	○	○	○	○	○

21. 下列活动对你个人能力提升的帮助程度如何（1代表完全没有帮助，7代表有很大帮助）[矩阵单选题] *

	1	2	3	4	5	6	7
①军事技能训练	○	○	○	○	○	○	○
②国防知识类讲座、竞赛	○	○	○	○	○	○	○
③党团活动	○	○	○	○	○	○	○
④德育开题	○	○	○	○	○	○	○
⑤百家大讲堂	○	○	○	○	○	○	○
⑥志愿服务	○	○	○	○	○	○	○
⑦社会实践	○	○	○	○	○	○	○
⑧科技项目/创新创业讲座、竞赛	○	○	○	○	○	○	○
⑨跑早操	○	○	○	○	○	○	○
⑩学校/书院新生运动会	○	○	○	○	○	○	○
⑪学生组织/社团工作	○	○	○	○	○	○	○
⑫"一二·九"系列活动	○	○	○	○	○	○	○
⑬新生素质拓展	○	○	○	○	○	○	○
⑭心理健康节	○	○	○	○	○	○	○
⑮"三全导师"系列活动	○	○	○	○	○	○	○
⑯形势与政策课程/宣讲	○	○	○	○	○	○	○

22. 对以上活动你有哪些建议（选填）[填空题]

_____

23. 请列举其他对你有帮助的学校或书院活动 [填空题] *

_____

24. 你认为下列导师对你个人能力提升的帮助有多大（1代表完全没有帮助，7代表有很大帮助）

学术导师：由两院院士、"长江学者""万人计划"、教学名师等杰出人才和知名学者担任，引导学生主动学习知识、开展自主研究和创新实践。

学育导师：由具有中级及以上职称的中青年教师担任，参与学生思想引领、学风建设、心理健康等工作，是指导学生了解学科专业背景、教学内容和发展方向的导师，班主任为学育导师组组长。

朋辈导师：由高年级优秀学长担任，指导一年级学生开展第二课堂活动，开展学业辅导和学术沙龙活动。

德育导师：由学校领导、中层领导干部担任，参与学生德育答辩，帮助学生养成良好道德修养、积极规划人生。

通识导师：根据学科交叉原则聘请专业教师，开展通识类活动，培育学生人文情怀和科学精神。

校外导师：由杰出校友或企业高层次人才担任，为学生提供社会/企业实践机会，为指导学生科研、就业提供帮助。[矩阵单选题] *

	1	2	3	4	5	6	7
学术导师	○	○	○	○	○	○	○
学育导师	○	○	○	○	○	○	○
朋辈导师	○	○	○	○	○	○	○
德育导师	○	○	○	○	○	○	○
通识导师	○	○	○	○	○	○	○
校外导师	○	○	○	○	○	○	○

25. 今后你希望提升下列能力的意愿如何（1代表不希望，7代表非常希

望) [矩阵单选题] *

	1	2	3	4	5	6	7
①理想信念	○	○	○	○	○	○	○
②爱国情怀、国防观念和对重大政治、社会事件的关心程度	○	○	○	○	○	○	○
③自我管理服务能力、志愿服务意识	○	○	○	○	○	○	○
④审美与文化修养	○	○	○	○	○	○	○
⑤科学思维能力、实验操作能力	○	○	○	○	○	○	○
⑥思辨能力与实践能力	○	○	○	○	○	○	○
⑦创新创业能力	○	○	○	○	○	○	○
⑧身体素质	○	○	○	○	○	○	○
⑨抗挫折能力与心理调节能力	○	○	○	○	○	○	○

26. 你希望通过何种方式提升上述能力 [多选题] *

□课堂学习

□自主学习或网络学习

□讲座、座谈会等

□实验室、社会实践活动

□社团、学生组织活动

□学校或书院开展的特色专题活动

□其他 _____ *

感谢你对学校工作的理解与支持!

H大学

2019年8月

附件B

H大学书院制理念下学生全面发展情况调查问卷（2022版）

亲爱的2018级同学：

你好！

距离你2018年8月24日入学到今天，已经有3年多的时间了，你已经成长为一名"大四"学生。作为H大学第一批书院制培养的学生，从专业大类到专业分流，从书院到学院，从教室到书院社区，从辅导员到"三全导师"……你的学习、生活、能力提升方面个人感悟如何？对学校的"大类人才培养"以及"书院制"育人是否有好的建议呢？

为深入了解你对大类培养的真实体验，为书院制育人运行提供良好的意见和建议，更好地推进书院制育人工作，实现对本届以及后续学生的有效培养，现对2018级本科生的学业发展情况进行调研。调研问卷数据只用于学校对大类培养背景下书院制育人工作进行相关研究，不会以任何形式公开同学们的个人信息和填写内容，希望各位同学能根据自身情况认真如实地填写。

问卷填写时长约为10分钟，祝你在新的学期学习、生活顺利！

你的填写真的很重要哦！

H大学

2022年1月

附件 B H 大学书院制理念下学生全面发展情况调查问卷（2022 版）

基本信息

1. 学号 [填空题] *

   _____

2. 性别 [单选题] *

   ○男　　○女

3. 政治面貌 [单选题] *

   ○群众　○团员　○预备党员

   ○党员　○其他

4. 生源省份 [单选题] *

   ○安徽　　　　○北京

   ○重庆　　　　○福建

   ○甘肃　　　　○广东

   ○广西　　　　○贵州

   ○海南　　　　○河北

   ○黑龙江　　　○河南

   ○香港　　　　○湖北

   ○湖南　　　　○江苏

   ○江西　　　　○吉林

   ○辽宁　　　　○澳门

   ○内蒙古　　　○宁夏

   ○青海　　　　○山东

   ○上海　　　　○山西

   ○陕西　　　　○四川

   ○台湾　　　　○天津

   ○新疆　　　　○西藏

   ○云南　　　　○浙江

   ○海外

5. 高中学校类型 [单选题] *

　　○1.全国重点/示范　　　○2.省或直辖市级重点/示范

　　○3.地级市重点/示范　　○4.县级重点/示范

　　○5.普通高中　　　　　○6.其他 _____ *

6. 高考录取方式 [单选题] *

　　○1.仅参加高考（高考统招）　　○2.保送　　○3.少数民族

　　○4.特长生　○5.国家农村学生专项　　○6.强基计划

　　○7其他：_____ *

学习情况

7. 目前你的学院/书院身份 [单选题] *

　　○仅有学院身份　○仅有书院身份　○学院和书院身份兼有

8. 请选择你所在的学院 [单选题] *

　　○宇航学院

　　○机电学院

　　○机械与车辆学院

　　○光电学院

　　○信息与电子学院

　　○自动化学院

　　○计算机学院

　　○材料学院

　　○化学与化工学院

　　○生命学院

　　○数学与统计学院

　　○物理学院

　　○管理与经济学院

　　○人文与社会科学学院

○马克思主义学院

○法学院

○外国语学院

○设计与艺术学院

○徐特立学院

9. 请选择你所在书院 [单选题] *

○精工书院

○睿信书院

○求是书院

○明德书院

○经管书院

○知艺书院

○特立书院

10. 你对自己目前的学习成绩状态是否满意（1代表很不满意，7代表非常满意）[单选题] *

○1　　○2　　○3　　○4　　○5　　○6　　○7

11. 哪三个关键因素激发你尽最大努力学习（最多选3项，并排序）[排序题，请在中括号内依次填入数字] *

[　]自我要求

[　]课程（或老师）要求

[　]家长要求

[　]老师的支持（如课业辅导、情感支持等）

[　]同伴竞争

[　]未来发展需要（如留学、保研、就业）

[　]提升自己的能力，实现全面发展

[　]其他：_____

12. 请根据你本科阶段的情况进行评价（1代表非常不符合，7代表非常符

合）[矩阵量表题] *

	1	2	3	4	5	6	7
①我了解所学专业对学习者的素质要求	○	○	○	○	○	○	○
②我了解所学专业的就业前景	○	○	○	○	○	○	○
③我对目前所学专业很感兴趣	○	○	○	○	○	○	○
④我乐意从事和所学专业相关的工作	○	○	○	○	○	○	○
⑤我强烈向朋友推荐我的专业	○	○	○	○	○	○	○
⑥我积极参与和专业相关的实践/科研活动	○	○	○	○	○	○	○
⑦我主动与教师/高年级同学沟通专业相关问题	○	○	○	○	○	○	○
⑧我花很多时间在专业学习上	○	○	○	○	○	○	○
⑨所学专业能够发挥我的特长	○	○	○	○	○	○	○
⑩所学专业能够实现我的理想和价值	○	○	○	○	○	○	○

专业认知与大类培养认同度

13. 你是通过哪些方式来了解自己的专业领域的 [多选题] *

□参加书院/学院专业开放日、导师宣讲等

□咨询高年级同学

□咨询专业教师

□阅读相关学科的科普书籍

□曾做过相关的调研、实验或实践活动

□家人、朋友建议

14. 请根据你的情况进行下列评价（1代表非常不符合，7代表非常符合）

[矩阵量表题] *

	1	2	3	4	5	6	7
①我了解所学专业对学习者的素质要求	○	○	○	○	○	○	○
②我了解所学专业的就业前景	○	○	○	○	○	○	○
③我对目前所学专业很感兴趣	○	○	○	○	○	○	○
④我乐意从事和所学专业相关的工作	○	○	○	○	○	○	○
⑤我强烈向朋友推荐我的专业	○	○	○	○	○	○	○
⑥我积极参与和专业相关的实践/科研活动	○	○	○	○	○	○	○

续表

	1	2	3	4	5	6	7
⑦我主动与教师/高年级同学沟通专业相关问题	○	○	○	○	○	○	○
⑧我花很多时间在专业学习上	○	○	○	○	○	○	○
⑨所学专业能够发挥我的特长	○	○	○	○	○	○	○
⑩所学专业能够实现我的理想和价值	○	○	○	○	○	○	○

15. "大类多专业的学习使我得到了多学科、厚基础的锻炼，为我能力提升打下了基础"，对于这段话你的认同度为（1代表非常不认同，7代表非常认同）[矩阵量表题] *

	1	2	3	4	5	6	7
认同度	○	○	○	○	○	○	○

16. 你认为大类培养的优势有哪些 [多选题] *

　　□增强对多学科、多领域知识的了解

　　□有利于培养交叉复合人才

　　□提供更多人际交往渠道，丰富大学生活

　　□有利于加强"三全育人"德育理念的应用

　　□其他：_____* □没有优势

17. 你认为大类培养的劣势有哪些 [多选题] *

　　□学习课程多且难，很难对自己感兴趣的课程投入更多精力

　　□课程多，没有时间参加课余活动

　　□大一学的一些课程对自己目前专业学习用处不大

　　□学校改革的目标性强于学生个体的收益

　　□其他：_____

　　□没有劣势

18. 大一入学时你希望进入专业学习的状态 [单选题] *

　　○全部通识不分专业，后续细分专业

　　○划分一定的专业大类，后续细分专业

　　○直接进入专业，不要再次分流

与导师交流情况

19. 你与下列导师平均每月交流的时间是多少（单位：小时/月）

（1）学术导师：由两院院士、"长江学者""万人计划"、教学名师等杰出人才和知名学者担任，引导学生主动学习知识、开展自主研究和创新实践。

（2）学育导师：由具有中级及以上职称的中青年教师担任，参与学生思想引领、学风建设、心理健康等工作，是指导学生了解学科专业背景、教学内容和发展方向的导师，班主任为学育导师组组长。

（3）朋辈导师：由高年级优秀学长担任，指导一年级学生开展第二课堂活动，开展学业辅导和学术沙龙活动。

（4）德育导师：由学校领导、中层领导干部担任，参与学生德育答辩，帮助学生养成良好道德修养、积极规划人生。

（5）其他导师：

①通识导师：根据学科交叉原则聘请专业教师，开展通识类活动，培育学生人文情怀和科学精神；

②生活导师：辅导员；

③校外导师：由杰出校友或企业高层次人才担任，为学生提供社会/企业实践机会，为指导学生科研、就业提供帮助。[矩阵单选题] *

	0~1（含）	1~2（含）	2~3（含）	3~4（含）	4~5（含）	5~6（含）	6小时以上
（1）学术导师	○	○	○	○	○	○	○
（2）学育导师	○	○	○	○	○	○	○
（3）朋辈导师	○	○	○	○	○	○	○
（4）德育导师	○	○	○	○	○	○	○
（5）其他导师	○	○	○	○	○	○	○

20. 你与下列导师互动的内容有哪些[矩阵多选题] *

	课程辅导	科研指导	生活帮助与指导	心理关怀	职业规划与培训	创新创业指导	课外实践与技能培养	其他
（1）学术导师	□	□	□	□	□	□	□	□
（2）学育导师	□	□	□	□	□	□	□	□
（3）朋辈导师	□	□	□	□	□	□	□	□
（4）德育导师	□	□	□	□	□	□	□	□
（5）其他导师	□	□	□	□	□	□	□	□

21. 你认为下列导师对你的帮助有多大（1代表基本没有帮助，5代表非常有帮助）[矩阵量表题] *

	1	2	3	4	5
（1）学术导师	○	○	○	○	○
（2）学育导师	○	○	○	○	○
（3）朋辈导师	○	○	○	○	○
（4）德育导师	○	○	○	○	○
（5）其他导师	○	○	○	○	○

活动参与情况

22. 本科期间，你平均每周在下列活动中分配多长时间（单位：小时/周）[矩阵单选题] *

	0	1~10	11~20	21~30	31以上
①课后自习（写作业、文献阅读等）	○	○	○	○	○
②娱乐（上网、购物、影视娱乐等）	○	○	○	○	○
③社区社团/课外活动	○	○	○	○	○
④体育健身	○	○	○	○	○
⑤校内外勤工助学或兼职工作	○	○	○	○	○
⑥参加学术竞赛（"挑战杯""大创"、学科比赛等）或开展自主研究	○	○	○	○	○
⑦参与教师课题研究	○	○	○	○	○
⑧发展课余爱好	○	○	○	○	○
⑨人际交往	○	○	○	○	○

23. 本科学习期间，你参加下列活动的频率如何（1代表很少参加，7代表经常参加）[矩阵单选题] *

	1	2	3	4	5	6	7
①国防知识类讲座、竞赛	○	○	○	○	○	○	○
②党团活动	○	○	○	○	○	○	○
③人文讲座类	○	○	○	○	○	○	○
④志愿服务	○	○	○	○	○	○	○
⑤社会实践	○	○	○	○	○	○	○
⑥科技项目/创新创业讲座、竞赛	○	○	○	○	○	○	○
⑦跑早操	○	○	○	○	○	○	○
⑧学校运动会	○	○	○	○	○	○	○
⑨学生组织/社团工作	○	○	○	○	○	○	○
⑩音乐艺术类活动	○	○	○	○	○	○	○
⑪"三全"导师系列导学活动	○	○	○	○	○	○	○
⑫形势与政策课程/宣讲	○	○	○	○	○	○	○

书院社区设施利用情况与满意度

24. 你认为大学里为住宿书院配套社区的必要性如何（1代表非常没必要，7代表非常有必要）[单选题] *

　　○1　　○2　　○3　　○4　　○5　　○6　　○7

25. 你平均每周利用书院/学院和学校其他公共设施的频率如何？设施包括：自习室、图书角、党员或社团活动室、交流区、茶咖区、体育馆等（1代表很少用到，7代表经常用到）[单选题] *

　　○1　　○2　　○3　　○4　　○5　　○6　　○7

26. 以下书院社区及学校环境设施是否对促进你学习和其他能力提升有帮助（1代表基本没有帮助，7代表有很大帮助）[矩阵量表题] *

	1	2	3	4	5	6	7
①党建活动室	○	○	○	○	○	○	○
②自习室	○	○	○	○	○	○	○

续表

	1	2	3	4	5	6	7
③研讨室	○	○	○	○	○	○	○
④影音室/茶咖室	○	○	○	○	○	○	○
⑤北湖	○	○	○	○	○	○	○
⑥体育馆	○	○	○	○	○	○	○
⑦健身房	○	○	○	○	○	○	○
⑧图书馆	○	○	○	○	○	○	○
⑨宿舍	○	○	○	○	○	○	○

综合能力素养

27. 本科阶段，你的心理健康状态如何

[输入1（非常不健康）到7（非常健康）的数字]*

_____

28. 与刚入学相比，你如今在以下方面的提升程度如何（1代表基本没有提升，7代表有很大提升）[矩阵量表题]*

	1	2	3	4	5	6	7
①爱国情怀与国防观念	○	○	○	○	○	○	○
②对重大政治、社会事件的关心程度	○	○	○	○	○	○	○
③诚信度与社会规范意识	○	○	○	○	○	○	○
④利用现代信息技术获得和处理信息的能力	○	○	○	○	○	○	○
⑤实验操作或实践能力	○	○	○	○	○	○	○
⑥审美与文化修养	○	○	○	○	○	○	○
⑦对国际政治/经济/安全/卫生/文化等的了解	○	○	○	○	○	○	○
⑧通过外刊/国际新闻/外国友人获取信息的能力	○	○	○	○	○	○	○
⑨自我管理与服务能力	○	○	○	○	○	○	○
⑩组织与领导能力	○	○	○	○	○	○	○
⑪人际交往能力	○	○	○	○	○	○	○
⑫清晰有效的口头表达能力	○	○	○	○	○	○	○
⑬批判性思维	○	○	○	○	○	○	○
⑭发现与解决问题的能力	○	○	○	○	○	○	○

续表

	1	2	3	4	5	6	7
⑮想象力与创新能力	○	○	○	○	○	○	○
⑯身体素质	○	○	○	○	○	○	○
⑰抗挫折能力与心理调节能力	○	○	○	○	○	○	○

29. 请根据你的情况进行判断（1代表完全不符合，7代表完全符合）[矩阵量表题] *

	1	2	3	4	5	6	7
①我乐于尝试解决复杂的问题	○	○	○	○	○	○	○
②我喜欢独立思考解决疑难问题	○	○	○	○	○	○	○
③我乐于钻研那些全新的问题	○	○	○	○	○	○	○

30. 你希望通过何种方式提升个人能力 [多选题] *

　　□课堂学习　　　　　　□自主学习或网络学习

　　□实验室、社会实践活动　□书院有针对性开展的第二课堂

大学规划与未来发展

31. 你目前的毕业规划 [单选题] *

　　○1.目前没有考虑　　○2.正在考虑还没有确定

　　○3.就业　　　　　　○4.自主创业

　　○5.海外留学　　　　○6.国内读研

　　○7.其他：_____ *

32. 下列大学生活目标对你有多重要（1代表完全不重要，7代表非常重要）[矩阵量表题] *

	1	2	3	4	5	6	7
①完成学业后，为社会做贡献	○	○	○	○	○	○	○
②了解和认识自我	○	○	○	○	○	○	○
③知道自己想成为什么样的人	○	○	○	○	○	○	○

续表

	1	2	3	4	5	6	7
④获得优异的课程成绩	○	○	○	○	○	○	○
⑤对某一专业领域有深层理解	○	○	○	○	○	○	○
⑥升学（读研）	○	○	○	○	○	○	○
⑦明确未来发展方向	○	○	○	○	○	○	○
⑧获得友谊	○	○	○	○	○	○	○

33. 经历书院的生活后，你最大的收获是什么 [填空题] *

_____

感谢你对学校工作的理解与支持！

H大学

2022年1月

附件 C

书院制改革本科生座谈会提纲

一、高中大学衔接情况

1. 您进入大学后适应吗？
2. 您认为高中教学方式和大学教学方式有哪些不同？
3. 您认为高中学习方式和大学学习方式有哪些不同？

二、大类招生下的培养方案情况

1. 您了解自己的培养方案吗？
2. 您认为当前的培养方案制定和调整工作存在哪些问题？

三、书院学院衔接情况

1. 您喜欢所在的书院吗？
2. 您认为应该先进书院还是直接进入专业学院？
3. 行政班和教学班，您对哪个班级归属感更强，为什么？
4. 您认为书院和学院衔接得怎样？

四、教师教学情况

1. 您认为学院教师的授课效果怎样？
2. 您认为学院教师的授课进度和考试安排怎样？
3. 平时课程学习上遇到困难，您都是选择哪些方法来解决？
4. 您习惯使用学校提供的线上教学平台吗？

五、导师与专业选择情况

1. 您与学育导师、德育导师、朋辈导师、班主任和辅导员的交流频率怎样?

2. 您在哪些情况下会主动寻求各位导师的帮助,与导师获得联系是否方便?

3. 您是如何作出专业选择的,导师指导对你所作选择的影响有多大?

六、课外活动参与情况

1. 您平时参与科创活动、社团活动、图书馆借阅、文体活动等的频率怎样?

2. 您习惯在哪些渠道获取课外活动信息?

3. 您认为当前的课外活动开展存在哪些问题?

4. 对于上述所有问题,您有哪些建议?

附件 D

书院制改革教师/行政人员座谈会提纲

一、高中大学衔接情况

1. 您认为高中教学方式和大学教学方式有哪些不同？
2. 您认为高中学习方式和大学学习方式有哪些不同？
3. 您认为学生在高中大学学习衔接方面有哪些问题？

二、大类招生下的培养方案情况

您认为当前的培养方案制定和调整工作存在哪些问题？

三、书院学院衔接情况

1. 您认为应该先进书院还是直接进入专业学院？
2. 您认为行政班和教学班的管理体制怎样？
3. 您认为书院和学院衔接得怎样？

四、教师教学情况

1. 您认为自己的授课效果怎样？
2. 您认为自己的授课进度和考试安排怎样？
3. 对于学业困难学生，您一般怎样了解其学习成绩，怎样帮扶？
4. 您习惯使用学校提供的线上教学平台吗？

五、导师与专业选择情况

1. 您认为当前的本科生"三全育人"导师制怎样？

2. 您是否担任导师，与学生交流频率如何？

3. 您认为对学生专业分流的指导和引领工作成效怎样？

六、课外活动参与情况

1. 您所了解的学生参加科创活动、社团活动、图书馆借阅、文体活动等的频率怎样？

2. 您认为当前的课外活动开展存在哪些问题？

3. 对于上述所有问题，您有哪些建议？

参考文献

一、中文部分

（一）学术著作

[1] 石佩臣. 教育学基础理论[M]. 北京：教学科学出版社，2018.

[2] [美]诺曼 K 邓津（Norman K. Denzin），[美]伊冯娜 S 林肯（Yvonna S. Lincoln）. 质性研究手册：方法论基础[M]. 朱志勇，等译. 重庆：重庆大学出版社，2018.

[3] 武晓琼，王海萍. 信息化时代的教育教学理论与实践研究[M]. 北京：中国水利水电出版社，2018.

[4] 陈为峰. 美国弱势群体优质高等教育机会研究[M]. 北京：科学出版社，2018.

[5] 金建龙. 新时代背景下高校思想政治教育"精致育人"模式研究[M]. 北京：经济管理出版社，2018.

[6] 刘六生，等. 省域高等教育结构合理性评价研究[M]. 北京：科学出版社，2017.

[7] 何毅. 现代大学制度视域下的大学书院制研究[M]. 北京：中国社会科学出版社，2017.

[8] 王向红. 中国高等教育评估质量保证研究：元评价的视角[M]. 北京：中央编译出版社，2017.

[9] 宫辉. 高校书院发展报告（2017）[M]. 西安：西安交通大学出版社，2017.

[10] 胡中锋. 教育评价学[M]. 北京：中国人民大学出版社，2016.

[11] 谢幼如，等. 引领与推动：教育信息化绩效评价[M]. 北京：高等教育出版社，2016.

[12] 姜华，等. 资源与效率：国外高等教育绩效评价研究[M]. 北京：科学出版社，2015.

[13] 张男星，等. 高等学校绩效评价报告[M]. 北京: 教育科学出版社，2015.

[14] [美]巴格托，[美]考夫曼. 培养学生的创造力[M]. 陈菲，等译. 上海: 华东师范大学出版社，2013.

[15] 殷伯明，等. 教育督导方法论[M]. 上海: 上海三联书店，2013.

[16] 张奇，林崇德. 学习理论[M]. 武汉: 湖北教育出版社，2012.

[17] [英]罗纳德·巴尼特. 高等教育理念[M]. 蓝劲松，译. 北京: 北京大学出版社，2012.

[18] 董云川. 寻找迷失的象牙塔[M]. 北京: 人民出版社，2012.

[19] 史秋衡，吴雪，王爱萍，等. 高等教育大众化阶段质量保障与评价体系研究[M]. 广州: 广东高等教育出版社，2012.

[20] 陈学飞. 教育政策研究基础[M]. 北京: 人民教育出版社，2011.

[21] 丁念金. 人性的力量——中西教育文化变迁[M]. 福州: 福建教育出版社，2011.

[22] 陈新汉. 自我评价论[M]. 上海: 上海人民出版社，2011.

[23] [美]B R 赫根汉，[美]马修 H 奥尔森. 学习理论导论[M]. 郭本禹，等译. 上海: 上海教育出版社，2011.

[24] [美]黄全愈. 美式校园:素质教育在美国[M]. 北京: 中国人民大学出版社，2010.

[25] 邱均平，文庭孝，等. 评价学:理论·方法·实践[M]. 北京: 科学出版社，2010.

[26] 吴明隆. 问卷统计分析实务——SPSS操作与应用[M]. 重庆: 重庆大学出版社，2010.

[27] [美]R 基思·索耶. 剑桥学习科学手册[M]. 徐晓东，等译. 北京: 教育科学出版社，2010.

[28] 王天蓉，徐谊. 有效学习设计——问题化、图式化、信息化[M]. 北京: 教育科学出版社，2010.

[29] 金银珍，牟娟. 书院·闽北[M]. 上海: 同济大学出版社，2010.

[30] [德]尼采. 历史对于人生的利弊[M]. 杨东柱，王哲，译. 北京: 北京出版社，2010.

[31] 哈佛委员会.哈佛通识教育红皮书[M].李曼丽，译.北京: 北京大学出版社，2010.

[32] [美]Airasian，P. 课堂评估：理论与实践[M]. 徐士强，译. 上海: 华东师范大学出版社，2008:9.

[33] 习近平，之江新语[M]. 杭州: 浙江人民出版社，2007.

[34] 叶茂林.科技评价理论与方法[M]. 北京: 社会科学文献出版社，2007.

[35] 胡小林，袁伯诚. 中国学习思想通史[M]. 北京: 人民出版社，2007.

[36] 胡中锋.教育测量与评价[M]. 广州: 广东高等教育出版社，2006.

[37] [美]D.C.菲利普斯，[美]乔纳斯 F 索尔蒂斯.学习的视界[M]. 尤秀，译. 北京: 教育科学出版社，2006.

[38] 申国昌，史降云. 中国学习思想史[M]. 北京: 科学出版社，2006.

[39] 钱穆.新亚遗铎[M]. 北京: 生活·读书·新知三联书店，2005.

[40] 陈玉琨，等.高等教育质量保障体系概论[M]. 北京: 北京师范大学出版社，2004

[41] 吴维宁. 新课程学生学业评价的理论与实践[M]. 广州: 广东教育出版社，2004.

[42] 庞维国. 自主学习：学与教的原理和策略[M]. 上海: 华东师范大学出版社，2003.

[43] 金娣，王刚. 教育评价与测量[M]. 北京: 教育科学出版社，2002.

[44] 李雁冰. 课程评价论[M]. 上海: 上海教育出版社，2002.

[45] 周卫勇. 走向发展性课程评价——谈新课程的评价改革[M]. 北京: 北京大学出版社，2002.

[46] 郝贵生. 大学学习学[M]. 北京: 人民出版社，2001.

[47] 欧阳玉.大学教育思想论要[M].长沙: 湖南大学出版社，2001.

[48] 施良方，崔允漷. 教学理论:课堂教学的原理、策略与研究[M]. 上海: 华东师范大学出版社，1999.

[49] 卫道治.中外教育交流使[M].长沙: 湖南教育出版社，1998.

[50] 胡适. 书院制史略[M]//胡适文集（卷十二）.北京: 北京大学出版社，1998.

[51] 叶瑞祥.学习学概论[M]. 广州: 广东省高等教育出版社，1997.

[52] 滕大春.外国教育通史（第五卷）[M].济南:山东教育出版社,1993.

[53] 刘卫平,第一页与胚胎——明清之际的中西文化比较[M].上海:上海人民出版社,1992.

[54] 廖哲勋.课程学[M].武汉:华中师范大学出版社,1991.

[55] 中共中央马克思恩格斯列宁斯大林著作编译局.马克思恩格斯全集（第3卷）[M].北京:人民出版社,1972.

[56] 马克思,恩格斯.马克思恩格斯全集（第23卷）[M].北京:人民出版社,1972.

（二）期刊论文

[1] 周定财.系统理论视角下军转干部的培训机制研究[J].中国人事科学,2020（1）:69-74.

[2] 崔爱红,靳艳华."互联网+"视域下高校图书馆全人教育探究[J].内蒙古科技与经济.2019,19（437）:153-154.

[3] 张丽娟.复杂系统论对当代大学生社会主义核心价值观养成的启示[J].教育现代化,2019,6（A0）:157-158.

[4] 王婧.系统论视域下高校学生学习成效评价的困境与对策研究[J].福建茶叶,2019,41（11）:151.

[5] 辛涛,张世夷,贾瑜.综合素质评价落地:困顿与突破[J].清华大学教育研究,2019,40（02）:11-16.

[6] 李刚.人的全面发展的理论探讨与时代意蕴[J].中共天津市委党校学报,2019,21（2）:43-49.

[7] 倪永贵.基于系统论的高校教学评价质量提升新路径[J].扬州大学学报（高教研究版）,2019（5）:62-66.

[8] 王登峰.深入学习习近平总书记在全国教育大会上的讲话精神,推动学校体育革命性变革——在全国高等学校体育教学指导委员会副主任以上委员会议上的讲话[J].天津体育学院学报,2019,34（03）:185-187.

[9] 王喜忠.基于第四代评价理论的发展性教学评价体系构建[J].教育教学论坛,2019（47）:221-222.

[10] 刘炳赫,于伟.小原国芳"全人教育"的价值界定与理论探讨[J].贵州民族

研究，2019，40（10）：180-184.

[11] 张航，陈怡.高等教育人才培养目标的时代变迁与路径选择[J].江苏高教，2019（09）：35-40.

[12] 周扣娟.可持续发展视角下的高校学生评价制度研究[J].黑龙江教育（高教研究与评估），2019（05）：64-66.

[13] 辛涛，张世夷，贾瑜.综合素质评价落地：困顿与突破[J].清华大学教育研究，2019，40（02）：11-16.

[14] 杨峰.构建小学数学发展性评价体系的构建思考[J].读与写，2019，16（20）：132.

[15] 舒文琼，陈士燕，刘晓平."新工科"视域下本科生综合素质评价体系建设路径探究[J].高教论坛，2019（07）：17-23.

[16] 杨敏.习近平人的全面发展思想探析[J].科学社会主义，2018（2）：92-96.

[17] 魏霞.基于调查分析的本科生导师制发展动力分析[J].高教学刊，2018（03）：194-196.

[18] 王建方，丁海奎."书院制"背景下高校学生思想引导工作的探索与实践[J]，2018（42）：20-46.

[19] 孙华.北京大学博雅教育的探索与实践[J].高教发展与评估，2018（1）：60-65.

[20] 祝庆轩，关发辉.学生主体性发展视角下高校人才培养模式研究[J].学理论，2018，000（002）：186-187.

[21] 张明.学习贯彻党的十九大精神，深入推进高校党的建设[J].中国校外教育，2018（33）：35，74.

[22] 钟擎.大学英语传统视听说教学模式和网络交互式视听说模式的对比研究[J].教育教学论坛，2018，368（26）：89-90.

[23] 包善驹，杨钊.本科生导师制的实施评价与提升对策[J].安徽师范大学学报（自然科学版），2017，40（02）：200-204.

[24] 刘海燕.我国现代大学书院制改革的现状、问题与对策[J].中国高教研究，2017（11）：43-48.

[25] 魏鹏飞.基于道德认知发展理论的中国高校德育实效性提升探析[J].科教导

刊，2017（12）：55-56.

[26] 董卓宁，曾煜.多学科视角下的书院制师生互动研究[J].黑龙江高教研究，2017（2）：98-100.

[27] 谢娟，张婷，程凤农.基于CIPP的翻转课堂教学评价体系构建[J].现代远程教育研究，2017（05）：95-103.

[28] 单磊. 传统书院教育模式向现代本科生导师制转型的内在机理探研[J].大学教育科学，2017（6）：111-115.

[29] 孟彦，洪成文.我国大学书院制发展之思考[J]. 高教探索，2017（3）：13-17.

[30] 王香平.用习近平新时代中国特色社会主义思想统一思想和行动——学习党的十九大审议并通过的《中国共产党章程（修正案）》[J].党的文献，2017（06）：32-35.

[31] 方勇，杨京宁，颜佳佳，等. 自然指数和基本科学指标在基础研究领域影响力的差异化分析[J]. 科技管理研究，2017，（7）：56-60.

[32] 谢爱明，朱金钟. 中职"五模块四星级"发展性德育评价体系的构建与实践[J]. 职业技术教育，2017，38（29）：69-73.

[33] 陈晓斌. 书院制背景下高校学生评价制度创新研究——以南京审计大学为例[J]. 南京审计大学学报，2017，14（02）：94-101.

[34] 许俊俊，楼甜甜. 高校学生综合素质测评的研究[J]. 教育界，2015，000（021）：148-149.

[35] 李敏. 我国高校书院制育人模式改革现状及背景[J]. 领导科学论坛，2014（7）：29-32.

[36] 郭俊. 书院制教育模式的兴起及其发展思考[J]. 高等教育研究，2013（8）：76-83.

[37] 徐淼，王伟. 性别差异对大学生在校期间成长影响的调查研究——基于中央财经大学应届毕业生截面数据的问卷分析[J]. 北京教育：德育，2013（05）：75-77.

[38] 董泽芳. 高校人才培养模式的概念界定与要素解析[J]. 大学教育科学，2012（3）：30-36.

[39] 耿玉华. 发展性评价在学生教育管理中的运用[J]. 新课程：教育学术，

2012，000（002）：14.

[40] 陈荣. 发展性学业评价的实践与研究[J]. 教育研究与评论（中学教育教学版），2011，000（008）：32-37.

[41] 沈栩. 我国高校书院制与美国高校住宿学院制学生管理模式的比较及启示[J]. 教育学术月刊，2011，000（004）：97-99.

[42] 何志武. 人本主义教育理论的主要观点及其应用[J]. 重庆科技学院学报（社会科学版），2010（11）：181-182.

[43] 韩玉玲. 浅谈马克思主义人的全面发展理论在素质教育中的应用[J].科技信息，2010（15）：195.

[44] 林崇德. 创造性人才特征与教育模式再构[J]. 中国教育学刊，2010（6）：2.

[45] 阎光才. 关于教育评价及其风险[J]. 教育科学研究，2010（4）：17-20.

[46] 崔允漷. 促进学习:学习评价的新范式[J]. 教育科学研究，2010（3）：11.

[47] 黄厚明. 书院制与住宿学院制高校学生管理模式比较研究[J]. 高等工程教育研究，2010（03）：114-119.

[48] 杨叔子，余东升. 素质教育：改革开放30年中国教育思想一大硕果——纪念中共中央国务院《关于深化教育改革全面推进素质教育的决定》颁布十周年[J]. 高等教育研究，2009，030（006）：1-8.

[49] 李翠芳，朱迎玲. 现代高校书院制建设及原因追溯[J]. 煤炭高等教育，2009（03）：52-54.

[50] 王伟忠. 大学生发展性评价体系的构建与实施[J]. 教育探索，2008（06）：84-85.

[51] 朱宏. 高校创新人才培养模式的探索与实践[J]. 高校教育管理，2008（3）：6-11.

[52] 吴云安，王锡刚. 教学不能唯分论[J]. 人民教师论坛，2008，000（006）：14.

[53] 顾明远. 终身学习与人的全面发展.北京师范大学学报：社会科学版，2008（6）：5-12.

[54] 王伟. 高职高专教育人才培养工作水平评估再剖析[J]. 职业技术教育，2006（006）：46-47.

[55] 张传燧，邓素文.自由自主：书院教育精神及其现代启示[J].大学教育科

学，2005，(1)：5-8.

[56] 阎光才. 教育评价的正当性与批判性评价[J]. 北京师范大学学报（社会科学版），2003（2）：124-131.

[57] 苑永波. 信息化教学模式与传统教学模式的比较[J]. 中国电化教育，2001（08）：25-27.

[58] 夏惠贤. 学习风格与学习策略[J]. 外国中小学教育，2000（6）：13-18.

[59] 霍力岩. 加德纳的多元智力理论及其主要依据探析[J]. 比较教育研究，2000（3）：38-43.

[60] 周远清. 素质·素质教育·文化素质教育——关于高等教育思想观念改革的再思考[J]. 清华大学教育研究，2000（3）：1-4.

[61] 张兴国，文雪. 人的全面发展与素质教育[J]. 湖南师范大学教育科学学报，1999（S1）：1-4.

[62] 郭本禹. 柯尔伯格道德发展的心理学思想述评[J]. 南京师大学报（社会科学版），1998（3）：67-73.

[63] 李晓曼、曾湘泉. 新人力资本理论——基于能力的人力资本理论研究动态[J]. 经济学动态，2012（11）：120-126.

[64] 王蓉. 国家与公共教育：新人力资本理论的分析框架[J]. 北京大学教育评论，2009（3）：84-98.

[65] 王蓉. 人力资本理论的批判与突破——"新人力资本理论"十年之后再反思[J]. 北京大学教育评论，2020（01）：42-59.

[66] 刘冠军，尹振宇. 能力和教育：人力资本理论发展中两个核心概念转换研究[J]. 国外理论动态，2020（02）：91-98.

[67] 孙冉，杜屏，杨靖. 特岗教师会促进农村学生发展吗——基于新人力资本理论的视角[J]. 湖南师范大学教育科学学报，2022（01）：105-114.

[68] 商娜娜. 人的全面发展——马克思主义人学的理论归宿[J]. 现代交际，2020（13）：230-231.

[69] 陈晓斌，龚诗昆. 现代大学书院制教育模式的建构路径——评《现代大学制度视域下的大学书院制研究》[J]. 高教学刊，2019（4）：52-54.

[70] 李孟贾，霍楷，籍亚玲. 全面推进以学生为主体的素质教育教学改革研究

[J]. 2021（14）：187.

[71] 傅程，黄斌，才馨竹. 教育评价导向的转变与高等教育发展[J]. 黑龙江高教研究，2019，37（6）：20-23.

[72] 王黎黎. 本科教学合格评估与新建高等学校教学质量的评价指标体系[J]. 文教资料，2020（1）：170-171.

[73] 王莉韵. 在灵动的课堂韵律中促进学生品德发展[J]. 思想理论教育，2013（16）：12-15.

[74] 梁俊凤，孙丹. 书院制下大一新生学业规划的群体差异性分析[J]. 高校辅导员学刊，2018，10（1）：78-83.

[75] 李怀珍，贾宝先. 基于大学生四年教育发展规划的全程育人体系探索[J]. 河南教育：高教版（中），2018（2）：79-82.

[76] 张欣. 我国古代书院教育对本科生导师制实践困境的启示[J]. 教育评论，2021（5）：120-127.

[77] 张哲，叶邦银. 现代大学书院制教育对本科生学习成绩的影响研究[J]. 宿州教育学院学报，2020，23（4）：44-49.

[78] 王晓龙，张春生. 宋代书院教育与宋代理学的传播[J]. 贵州社会科学，2005（1）：133-136.

[79] 刘美灵. 宋代书院教学方式的传承与发展探析[J]. 新丝路，2020（1）：0214-02141.

[80] 郭娅，曹宁. 清末教育"新政"面临的困境及原因分析——以《教育官报》为中心的考察[J]. 河北师范大学学报（教育科学版），2021（6）：40-48.

[81] 朱晓楠. 传统儒家伦理对新时代思想政治教育的启示[J]. 青岛职业技术学院学报，2022，35（1）：48-53.

[82] 韩琳. 校本研究化让家国情怀生根[J]. 今日教育，2018（9）：24-25.

[83] 杨早. 从会读书到读书会，需要几步[J]. 同舟共进，2022（1）：17-21.

[84] 杨阿敏. 以朱解经：朱子视域中的《白鹿洞书院揭示》[J]. 生活教育，2021（8）：6.

[85] 刘河燕. 宋代书院与欧洲中世纪大学教学方法的比较[J]. 甘肃社会科学，2021（2）：119-121.

[86] 车今花. 山长的出身与岳麓书院的千年发展[J]. 湖南大学学报（社会科学版），2021（2）：127–130.

[87] 吴国盛. 功利主义损害了中国创新[J]. 上海教育科研，2021（3）：81.

[88] 高军，眭国荣. 中国近代大学通识教育的思想内涵与现代启示[J]. 齐鲁师范学院学报，2019，34（1）：1–7.

[89] 胡瑰. 近代中国知识分子的批判精神[J]. 山西高等学校社会科学学报，2008，20（3）：23–25.

[90] 黄彦菲，张彤. 高校思想政治工作进学生宿舍的实践与路径——以中国人民大学住宿辅导工作为例[J]. 北京教育：德育，2021（4）：37–40.

[91] 杨国欣. 现代大学书院教育体系何以构建——来自河南科技大学丽正书院的探索与实践[J]. 河南教育（高教版），2022（1）：42–45.

[92] 武闯. 中国古代书院制度对现代高等教育的启示[J]. 山西档案，2019（3）：175–176.

[93] 杨元建. 香港中文大学书院制的特色及优势[J]. 教育学术，2021（4）：29–34.

[94] 王玉明. 高职院校"书院制"宿舍社区化管理创新实践研究[J]. 科技风，2020（19）：190–190.

[95] 许晓平，张泽一. 完全学分制下"专业导师制"和"书院制"的协同模式构建[J]. 教育理论与实践，2017，37（6）：41–43.

[96] 秦奎伟，张宏亮. 书院制模式下"三全育人"导师制的探索与实践研究——以北京理工大学为例[J]. 工业和信息化教育，2021（3）：19–24.

[97] 莫梓雯. 高校书院制教育建设的探析——以肇庆学院为例[J]. 教育研究，2021，4（6）：179–180.

[98] 肖永明，潘彬. 书院教育传统与现代大学教育的融合——岳麓书院实施本科生导师制的探索与思考[J]. 大学教育科学，2017（2）：40–46.

[99] 施常州. 实施因材施教提升书院导师理论能力[J]. 区域治理，2019（31）：164–166.

[100] 王琦，叶明，赵欣. 新时代提升高校辅导员思想政治工作能力路径研究——以西安交通大学彭康书院为例[J]. 北京教育：德育，2019（6）：

79-82.

[101] 安翔，韩睿，杨帆. 书院制背景下高校学生社区安全稳定防控体系的构建[J]. 教育探索，2021（4）：90-93.

[102] 曾艳. "刚柔并济"的大学教育管理模式的构建[J]. 教育科学文摘，2014（5）：34-35.

[103] 李星. 教育研究转型背景下从旁观走向介入的现实意蕴[J]. 教育科学探索，2022，40（2）：32-38.

[104] 谢明琨. 浅析马克思人的全面发展理论在教育中的作用[J]. 新闻研究导刊，2021（18）：239-240.

[105] 魏波，邝薪颖. 新发展阶段社会与人的全面发展的辩证思考[J]. 中国特色社会主义研究，2021（3）：712-718.

[106] 牛海群，郭本禹. 埃里克森对自我心理学的贡献[J]. 南京晓庄学院学报，2021，37（2）：70-74.

[107] 李健. 改革开放以来中国特色高等教育演进的历程、特征、趋势及经验探析[J]. 2021（2）：130.

[108] 胡佳佳. 大学生心理健康教育的发展新趋势[J]. 考试周刊，2016（21）：148.

[109] 张文强，高恩明. 基于学生日常行为分析的责任感教育实践探索——以"四感教育"实践与探索为例[J]. 教学管理与教育研究，2021，6（8）：103-105.

[110] 王雪雪. 人本主义教育思想对中学历史教学的启示[J]. 基础教育论坛，2021（35）：99-100.

[111] 施晓慧. 基于全面育人教育观的基础日语课程教学困境及策略探究[J]. 西部学刊，2021（14）：122-124.

[112] 徐亚军. 寻找班级最美的风景——多元智能理论指导下的学生行为评价[J]. 教育研究与评论，2021（2）：94-97.

[113] 傅林. 乔尔·斯普林的多元文化教育思想探析[J]. 教育学报，2020，16（5）：97-109.

[114] 吴康宁. 教师引导学生成长发展的前提性条件[J]. 新教师，2021（10）：

6-8.

[115] 王文章，张文明，郑文栋. 新时期综合素质测评对大学生思想价值引领的作用发挥探究[J]. 高教学刊，2021，7（15）：168-171.

[116] 梁军，侯迪波. 适应新工科要求的教学质量评价体系构建和量化模型研究[J]. 现代教育科学，2022（1）：123-130.

[117] 汪庆华，何心，张清宇. "双一流"建设背景下社会参与大学治理的评价指标体系构建[J]. 黑龙江教师发展学院学报，2021（7）：1-6.

[118] 李可嘉，沈进东，李慧娟，等. 主成分分析方法在学生评价体系中的应用[J]. 高等数学研究，2013（1）：66-68.

[119] 闵文斌，茹彤，史耀疆. 幼年贫困经历对农村青少年非认知能力的影响——基于生命历程理论的视角[J]. 当代教育论坛，2019（5）：90-98.

[120] 乔治·库，金红昊. 非认知能力：培养面向21世纪的核心胜任力[J].北京大学教育评论，2019（3）：2-12.

[121] 乐君杰，胡博文. 非认知能力对劳动者工资收入的影响[J]. 中国人口科学，2017（4）：66-76.

[122] 许多多. 大学如何改变寒门学子命运：家庭贫困、非认知能力和初职收入[J].社会，2017（4）：90-118.

[123] 王春超，钟锦鹏. 同群效应与非认知能力——基于儿童的随机实地实验研究[J].经济研究，2018，53（12）：177-192.

（三）学位论文

[1] 张翠霞. 新高考背景下普通高中综合素质评价实施的调查研究——以潍坊市为例[D]. 曲阜：曲阜师范大学，2019.

[2] 余戡. 大数据时代背景下大学生综合素质评价体系研究——以安庆师范大学为例[D]. 安庆：安庆师范大学，2017.

[3] 牛亏环. 大学生学习过程评价研究[D]. 上海：上海师范大学，2015.

[4] 李伟燕. 基于CIPP评价模式对项目教学法的评价研究[D]. 沈阳：东北大学，2014.

[5] 冯慧. 大学生拔尖创新人才个性化思想政治教育研究[D]. 郑州：郑州大学，2014.

[6] 郭梅. 面向创新型国家建设的我国大学本科生培养质量问题研究[D]. 沈阳: 东北大学, 2012.

[7] 刘珍. 我国研究型大学本科拔尖创新人才培养质量保障体系研究[D]. 武汉: 华中科技大学, 2011.

[8] 吕洁. 综合性研究型大学本科生综合素质评价研究[D]. 兰州: 兰州大学, 2010.

[9] 刘琴. 大众化教育背景下我国大学评价模式探析[D]. 重庆: 西南大学, 2009.

[10] 唐仁春. 我国普通高校本科生综合素质多重视角评价研究[D]. 长沙: 中南大学, 2009.

[11] 赵士果. 促进学习的课堂评价研究[D]. 上海: 华东师范大学, 2013.

[12] 黄剑飞. 大学生时间管理倾向、学生内生动机、学生能力自我效能感与心理健康的关系模型构建[D]. 长沙: 中南大学, 2012.

[13] 张宝峰. 高校学生学习评价系统研究[D]. 长沙: 中南大学, 2008.

[14] 张生. 混合式学习环境下给予学习活动的形成性评价的理论与实践[D]. 吉林: 东北师范大学, 2008.

[15] 张向东. 大学生参与高校管理理论与实践研究[D]. 南昌: 江西师范大学, 2006.

[16] 张红梅. 美国高校学生评价方法研究[D]. 上海: 华东师范大学, 2005.

[17] 张海燕. 网络学习评价系统的设计与实现[D]. 曲阜: 曲阜师范大学, 2005.

[18] 黄韶斌. 关于学生学习的过程性评价的理论与方法研究[D]. 广州: 华南师范大学, 2005.

[19] 梁惠燕. 过程性学习评价行动研究[D]. 广州: 华南师范大学, 2004.

[20] 张炳意. 小学数学新课程实施中学生数学学习过程性评价研究[D]. 兰州: 西北师范大学, 2003.

[21] 沈志莉. 发展性高等教育评价研究[D]. 武汉: 华中师范大学, 2003.

[22] 陈敬全. 科学评价方法与实证研究[D]. 武汉: 武汉大学, 2003.

[23] 苏为华. 多指标综合评价体系和评价方法[D]. 厦门: 厦门大学, 2002.

二、英文部分

[1] Shannon Guss, Chelsea E. Bullard, Ashley Keener, Sarah Gordon. Using Program Theory to Evaluate a Graduate Student Development Program[J]. Journal of MultiDisciplinary Evaluation, 2019, 33 (15) : 1556-8180.

[2] Xiaoli Shi. Research on Performance Evaluation System of College Entrepreneurship Education Level Based on CIPP Model[J]. Educational Sciences: Theory & Practice, 2018, 18 (5) : 1494-1506.

[3] Susan R Elling, Theodore W Elling. the Influence of Work on College Student Development[J]. Journal of Student Affairs Research and Practice, 2015, 37 (2) : 141-157.

[4] Arsen Azidovich Tatuev, Alim Beslanovich Nagoev, Anzor Hasanbievich Zhankaziev, Violetta Valerievna Rokotyanskaya, Lubov Viktorovna Bondarenko. Evaluation and Prospects of the Cluster Model of Industrial Development[J]. Biosciences Biotechnology Research Asia, 2015, 12 (2) : 591-600.

[5] Gilbert B L, Banks J, Houser J H W, et al. Student Development in an Experiential Learning Program[J]. Journal of College Student Development, 2014, 55 (7) : 707-713.

[6] Xuan Wang, Massimiliano Spotti, Kasper Juffermans, Leonie Cornips, Sjaak Kroon, Jan Blommaert. Globalization in the Margins: toward a Re-evalution of Language and Mobility[J]. Applied Linguistics Review, 2014, 5 (1) : 23-44.

[7] Gross M, Latham D. What's Skill Got to Do With It? Information Literacy Skills and Self-Views of Ability Among First-year College Students[J]. Journal of the American Society for Information Science and Technology, 2012, 63 (3) : 574-583.

[8] Sanders M R. Development, Evaluation, and Multinational Dissemination of the Triple P-Positive Parenting Program[J]. Annual Review of Clinical Psychology, 2011, 8 (1) : 345-379.

[9] Vlamis E, Bell B J, Gass M. Effects of a College Adventure Orientation Program on Student Development Behaviors[J]. Journal of Experiential Education, 2011,

34 (2) : 127–148.

[10] Pike G R. Using College Students' Self-reported Learning Outcomes in Scholarly Research[J]. New Directions for Institutional Research, 2011 (150) : 41–58.

[11] Coldwell M, Simkins T. Level Models of Continuing Professional Development Evaluation: a Grounded Review and Critique[J]. Professional Development in Education. 2011, 37 (1) : 143–157.

[12] de Lourdes Machado M, Brites R, Magalhães A, Sá MJ. Satisfaction with Higher Education: Critical Data for Student Development[J]. European Journal of Education, 2011, 46 (3) : 415–432.

[13] Hunt J, Eisenberg D. Mental Health Problems and Help-Seeking Behavior Among College Students[J]. J Adolesc Health, 2010, 46 (1) : 0–10.

[14] Felder P. On Doctoral Student Development: Exploring Faculty Mentoring in the Shaping of African American Doctoral Student Success[J]. Qualitative Report. 2010, 15 (2) : 455–474.

[15] Gaytan J A, McEwen B C. Instructional Technology Professional Development Evaluation: Developing a High Quality Model[J]. Delta Pi Epsilon Journal, 2010, 52 (2) : 77–94.

[16] King P M, Howard-Hamilton M F. Using Student Development Theory to Inform Institutional Research[J]. New Directions for Institutional Research, 2000, (108) : 19–36.

[17] Astin A W, Achiving Education Excellence:A Critical Assessment of Priorities and Practices in Higher Education[M]. San Franciscso: Jossey-Bass, 1985.

[18] Drummond M J. Assessing Children's Learning[M]. 2nd Revised edition. London:David Fulton Publishers Ltd, 2003.

[19] David Satterly. Assessment in Schools[M]. Basil Blackwell Ltd, 1989.

[20] Feldman D H. Beyond Universals in Cognitive Development[M]. Norwood, Nj: Ablex, 1994.

[21] Heidi, L, Andrade, Gregory J Cizek. Handbook of Formative Assessment[M]. Routledge: Taylor&Francis Group, 2010.

[22] Kuh G D. Assessing What Really Matters to Student Learning Change: Inside the National Survey of Student Engagement[J]. Change, 2001, 33 (3): 10.

[23] Kaufman J C. Beghetto R A. Beyond Big and Little: the Four C Model of Creativity[J]. Review of General Psychology, 2009, (13): 1-12.

[24] Robert Kegan. What Form Transforms et al.: A Constructive-Developmental Approach to Transformative Learnin. In Jack Mezirow et al.: Learning as Transformation: Critical Perspectives on a Theory in Progress[M]. San Francisco, CA: Jossey-Bass, 2000.

[25] Marsh C. Planning, Management & Ideology: Key Concepts for Understanding Curriculum[M]. London: Falmer Press, 1997.

[26] Richard I Arends, Ann Kilcher. Teaching for Student Leanring: Becoming an Accomplished Teacher[M]. New York And London: Routledge, 2010.

[27] Swaffield S. Getting to the Heart of Authentic Assessment for Learning[J]. Assessment in Education: Principles, Policy & Practice, 2011, 18 (12): 443-449.

[28] Roberts B W. Back to the Future: Personality and Assessment and Personality Development[J]. Journal of Research in Personality, 2009, 43 (2): 137-145.

[29] Almlund M, Duckworth A L, Heckman J, et al. Personality Psychology and Economics[M]// Hanushek E A, Machin S, Woessmann L. Handbook of the Economics of Education (Volume 4). Amsterdam: Elsevier, 2011.

[30] Heckman J J, Stixrud J, Urzua S. the Effects of Cognitive and Noncognitive Abilities on Labor Market Outcomes and Social Behavior[J]. Journal of Labor Economics, 2006, 24 (3): 411-482.

[31] Edin P A, Fredriksson P, Nybom M, et al. the Rising Return to Non-cognitive Skill[R]. IZA Discussion Papers, 2017.

[32] Hilger A, Nordman C J, Sarr L. Cognitive and Non-cognitive Skills, Hiring Channels, and Wages in Bangladesh[R]. IZA Discussion Papers, 2018.

[33] Bowles S, Gintis H, Osborne M. the Determinants of Earnings: A Behavioral Approach[J]. Journal of Economic Literature, 2001, 39 (4): 1137-1176.

[34] Palczyńska M. Wage Premia for Skills: the Complementarity of Cognitive and

Non-cognitive Skills[J]. International Journal of Manpower, 2021, 42 (4)：556-580.

[35] Mrm A, Mtw B, Dfk C. Escaping the Knowledge Corridor: How Founder Human Capital and Founder Coachability Impacts Product Innovation in New Ventures[J]. Journal of Business Venturing, 2020, 35 (6)：1060.

[36] Weller I, Hymer C B, Nyberg A J, et al. How Matching Creates Value: Cogs and Wheels for Human Capital Resources Research[J]. The Academy of Management Annals, 2019, 13 (1)：1884.

[37] Teixeira, Pedro. Conquering or mapping? Textbooks and the Dissemination of Human Capital Theory in Applied Economics[J]. European Journal of the History of Economic Thought, 2018, 25 (1)：106-133.

[38] Prakhov I. the Determinants of Expected Returns on Higher Education In Russia: A Human Capital Theory Perspective[J]. HSE Working papers, 2019 (1)：25-27.

[39] Belmar C L. Of Human Capital and Human Rights: Educational Reform and Institutional Hierarchies in Chilean Higher Education[J]. 2022.

[40] Song W, Yu H, Xu H. Effects of Green Human Resource Management and Managerial Environmental Concern on Green Innovation[J]. European Journal of Innovation Management, 2021, 24 (3)：951-967.

[41] Choi Y H, Bouwma-Gearhart J, Lenhart C A, et al. Student Development at the Boundaries: Makerspaces as Affordances for Engineering Students' Development[J]. Sustainability, 2021, 13 (6)：3058.